Collection dirigée par M. DEPREZ et M. DUVANT

M. Deprez M. Duvant

Contrôle de gestion et comptabilité analytique

B.T.S.

Tome 1

TECHNIPLUS
HACHETTE LICET

ISBN 2-85232-348-6

HACHETTE
79, boulevard Saint-Germain
Paris 6[e]

Editions LICET
Galeries du Pont-Neuf
2, rue du Pont-Neuf
Paris 1er

SOMMAIRE

Page

Référentiel 4

Introduction

1 - Contrôle de gestion et comptabilité analytique. Principes 7

Première partie : La comptabilité analytique — Principes

2 - Objectif de la comptabilité analytique 11
3 - Les coûts et les marges 21
4 - L'organisation d'une comptabilité analytique 37

Deuxième partie : Les coûts complets

5 - Coûts complets constatés : éléments constitutifs des coûts 47
6 - Coûts complets constatés : charges directes, charges indirectes 57
7 - Coûts complets constatés : la méthode des centres d'analyse — choix de l'unité d'œuvre 83
8 - Coûts complets constatés : mise en œuvre de la méthode. Cas de l'entreprise industrielle 91
9 - Coûts complets constatés : l'organisation comptable 109
10 - La saisie des éléments de coûts : matières premières, main-d'œuvre, charges diverses 131
11 - Les mouvements de matières et produits. L'inventaire permanent 137
12 - Les coûts : les en-cours, les déchets, les rebuts, les sous-produits 153
13 - Les opérations particulières : la production immobilisée, les cessions internes, les emballages 183
14 - Synthèse sur les coûts complets 197

Troisième partie : Charges variables, charges de structure. L'imputation rationnelle, les coûts partiels

15 - L'analyse des coûts : la variabilité des charges appréciée en fonction de l'activité 215
16 - L'imputation rationnelle des charges de structure 225
17 - Coûts variables, marges, seuil de rentabilité 243
18 - Coûts directs 277
19 - Coût marginal 283
20 - La comptabilité analytique et la gestion 301

Quatrième partie : Sujets de synthèse

Sujets de synthèse 305

RÉFÉRENTIEL

CONTRÔLE DE GESTION ET COMPTABILITÉ ANALYTIQUE

Contenus	Relevé indicatif des savoirs et des savoir-faire
1. Principes généraux	
1.1. Définition et objectifs du contrôle de gestion	
1.2. La comptabilité analytique, outil du contrôle de gestion	— justifier la nécessité de sélectionner des informations utiles pour les décideurs
1.3. Autres outils du contrôle de gestion ; recherche opérationnelle, statistique, budget...	— caractériser les principales utilisations de chaque outil
2. L'objet de la comptabilité analytique	— rechercher les informations correspondant aux besoins d'analyse de l'entreprise — mettre en évidence les rôles de la comptabilité analytique — définir un coût, une marge, un résultat — classer les coûts : coûts complets ou coûts partiels, coûts constatés ou coûts préétablis
3. Le réseau général d'analyse comptable	
3.1. L'organisation d'une comptabilité analytique	— traduire l'organisation d'une production de biens ou de services en schéma
3.2. Les charges à introduire dans le réseau de comptabilité analytique	— déterminer les diverses charges incorporables
— les matières	— tenir l'inventaire permanent des stocks — valoriser les entrées et les sorties des comptes de stock (coût moyen pondéré, premier entré-premier sorti, dernier entré-premier sorti, coût de remplacement, coût approché) — choisir une méthode de valorisation des sorties de stocks
— la main-d'œuvre	— repérer les différents types de main-d'œuvre (directement productive, indirectement productive) — distinguer les différents temps de travail
— les autres charges	— déterminer les autres charges — évaluer les différences d'incorporation
3.3. Le traitement analytique des charges	— distinguer les charges directes des charges indirectes — définir les centres d'analyse dans l'entreprise ou l'organisation — choisir des unités d'œuvre — calculer la valeur des transferts entre centres d'analyse — calculer les coûts d'unités d'œuvre et les taux de frais — caractériser les modes de saisie des données.

4. Les coûts complets — coûts d'acquisition et coûts d'achat — coûts de production — coûts hors production — coûts de revient	— présenter le calcul des coûts de produits (biens ou services) ou de commandes et des résultats analytiques correspondants — établir des devis — évaluer les produits en cours de fabrication — prendre en compte les en-cours dans le calcul des coûts — repérer et évaluer les produits résiduels — analyser l'incidence des produits résiduels sur les coûts — évaluer les cessions internes entre établissements d'une même entreprise — estimer la production immobilisée
5. Les coûts partiels et les marges	
5.1. Le coût direct	— analyser les coûts directs et les coûts indirects — calculer les coûts directs et les marges correspondantes — justifier le calcul d'un coût direct
5.2. Le coût variable — les marges sur coûts variables — applications aux seuils de rentabilité	— apprécier la variabilité des charges en fonction de l'activité — repérer les charges de structure — calculer les coûts variables et les marges — apprécier l'utilité des marges sur coûts variables pour les décisions de gestion
5.3. Le coût spécifique	— calculer les coûts spécifiques et les marges correspondantes ; les analyser en vue des décisions de gestion
5.4. Le coût marginal	— déterminer un coût marginal — reconnaître les situations nécessitant l'utilisation d'un coût marginal — apprécier l'utilité d'un coût marginal pour la gestion
6. Le coût d'imputation rationnelle des charges de structure	— évaluer l'activité normale d'une entreprise et l'activité normale d'un centre — calculer un coût d'imputation rationnelle — calculer une différence sur niveau d'activité — apprécier l'utilité de ces calculs pour la gestion
7. Le rapprochement avec la comptabilité générale	— analyser les causes de divergences — comparer l'évaluation des stocks en comptabilité analytique et en comptabilité générale — assurer la concordance des résultats — appliquer un plan comptable analytique
8. La comptabilité analytique et la gestion	
8.1. Centres de coûts, de responsabilité, de profit	— définir chaque type de centre — déterminer les liens des centres avec l'organisation de l'entreprise ou de l'unité
8.2. Notions de coûts pertinents	— choisir un type de coût en fonction des besoins pour la gestion

Chapitre 1

CONTRÔLE DE GESTION ET COMPTABILITÉ ANALYTIQUE PRINCIPES

I - L'ENTREPRISE ET SON SYSTÈME DE GESTION (1)

On peut considérer que l'entreprise est un système « ouvert » et finalisé doté d'organes de commandes qui fixent les objectifs à atteindre.

Ces organes de commandes doivent pouvoir disposer d'un système d'information et de direction : le système de gestion, qui lui permet de gérer avec efficacité le système physique et financier.

Le système de gestion doit fournir aux décideurs des informations :

— fiables (qui ne demandent plus à être vérifiées) ;
— pertinentes (qui répondent aux besoins de chaque responsable) ;
— cohérentes (qui correspondent à la fonction, à la responsabilité du responsable) ;

pour atteindre les principaux objectifs qui sont :

— connaître et comprendre la performance de l'entreprise,
— donner les moyens d'une prévision à court, à moyen ou à long terme,
— permettre de prendre les décisions correctrices qui s'imposent.

Les objectifs qui viennent d'être précisés peuvent donner naissance à deux sous-systèmes :

— le sous-système d'information de gestion,
— le sous-système d'information stratégique.

Le système d'information de gestion assure le suivi des « constats » quantitatifs ; il sera nécessaire de le réguler :

— par la procédure d'alerte : détection des anomalies constatées dans le fonctionnement,
— par la procédure d'erreur : détection des déviations constatées entre les résultats obtenus et les objectifs.

Le système d'information stratégique prend en compte le « futur et l'environnement » et permet d'induire la régulation par anticipation, c'est-à-dire de détecter les évolutions pour réaliser les adaptations nécessaires du système.

L'autorégulation est réalisée dans le cadre des traitements automatisés, ou lorsque le travail est partagé ; elle permet une régulation automatique sans l'intervention de l'organe de commande. Elle s'applique aux différents systèmes.

(1) Voir : Economie d'entreprise.

Le système comptable adapté aux besoins remplit une partie des fonctions dégagées dans les deux sous-systèmes. Il peut être divisé lui-même en deux sous-systèmes :

— le sous-système « comptabilité générale » (1) qui a pour objectif de présenter des états reflétant une image fidèle de la situation et des opérations de l'entreprise dans le respect de la règle de prudence et dans le cadre des obligations de régularité et de sincérité (PCG) ;
— le sous-système contrôle de gestion qui représente l'ensemble des dispositions prises pour fournir aux dirigeants et aux divers responsables des données chiffrées périodiques caractérisant la marche de l'entreprise (PCG).

II - LE CONTRÔLE DE GESTION :

Le système contrôle de gestion inclut tous les systèmes d'analyse et de contrôle qui vont permettre de donner aux organes de commande les informations pertinentes :

— sur l'exploitation de l'entreprise en fonction des particularités du système,
— sur le contrôle de la réalisation des objectifs,
— sur l'évaluation d'une action,...

Ces systèmes utilisent les outils traditionnels de l'aide à la prise de décision (statistiques, recherche opérationnelle...).

Le système n'est pas figé, il doit être essentiellement adaptable et structuré pour évoluer avec l'entreprise et les besoins des organes de commande.

Le contrôle de gestion comprend :

— les systèmes d'analyse fournis par la comptabilité analytique,
— les systèmes budgétaires et de planification (2),
— les outils d'aide.

III - LA COMPTABILITÉ ANALYTIQUE

La comptabilité analytique, système d'analyse du contrôle de gestion, fournit les informations nécessaires aux décideurs sur la base des éléments quantitatifs constatés :

— sous la forme des coûts et résultats :
  — coûts complets : il s'agit de donner le coût d'un produit, d'une activité, dans les conditions réelles et habituelles de production ainsi que le résultat correspondant ;
  — coûts partiels : il s'agit de fournir le coût constitué par des charges intervenant à un stade d'analyse intermédiaire.
  Ils comprennent principalement le coût direct, le coût variable, le coût marginal.
— sous la forme du tableau de bord :

Les informations fournies par le système comptable sont multiples, il est nécessaire de présenter aux « pilotes » les informations pertinentes « indispensables » pour contrôler la bonne marche de l'entreprise. Pour être efficace, ce tableau doit être :

— établi dans des délais très courts,
— comprendre les seuls indicateurs nécessaires, puisés dans la comptabilité mais également dans toute autre source. Il faut d'ailleurs considérer que le tableau de bord est issu du système entreprise et pas simplement du système comptable.

L'étude de la comptabilité analytique fait l'objet de ce présent ouvrage.

---

(1) Voir livre « Comptabilité générale », Editions Techniplus.
(2) Voir livre « Contrôle de gestion et gestion prévisionnelle », Tome 2, Techniplus.

LA COMPTABILITÉ ANALYTIQUE

PRINCIPES

Chapitre 2

OBJECTIFS DE LA COMPTABILITÉ ANALYTIQUE

I - LIMITE DE L'ANALYSE DES CHARGES PAR NATURE

La comptabilité générale est un système synthétique de traitement comptable des informations quantitatives monétaires :

— qui donne le classement par nature des opérations,
— qui fournit la synthèse de l'exercice sous la forme :
    — du résultat « global » : compte « Résultat de l'exercice »,
    — de la situation patrimoniale d'ensemble : Bilan,
    — d'une explication complémentaire : Annexe.

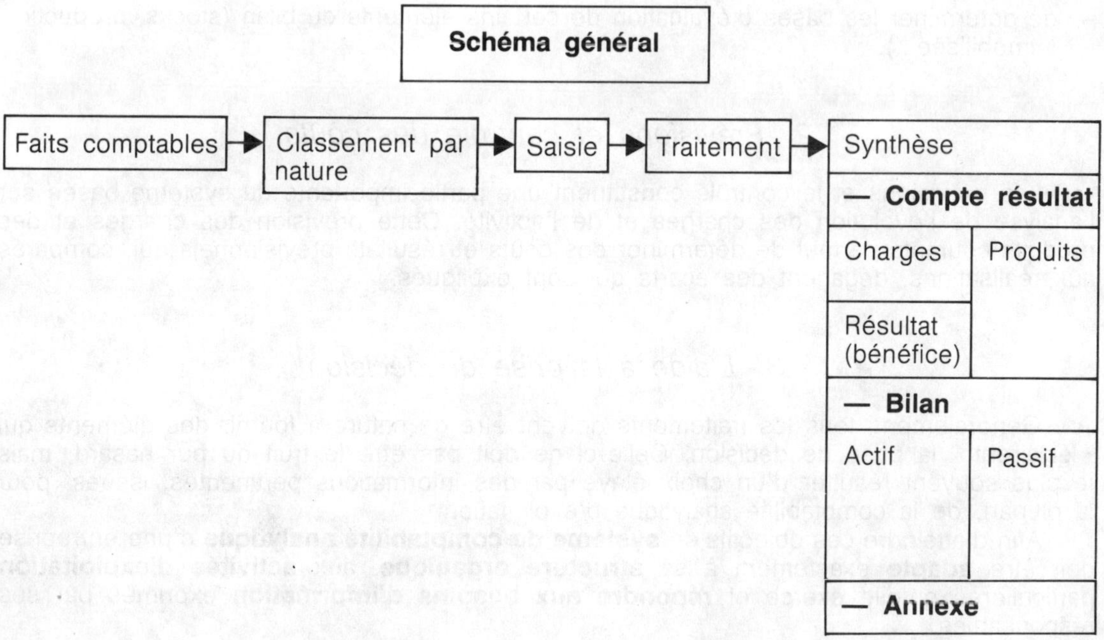

Le traitement traditionnel des informations par la comptabilité générale ne permet pas d'avoir des informations correctes :

— sur la fixation du prix de vente,
— sur le coût des produits, des services,
— sur la rentabilité d'une branche, d'une activité...

puisqu'elle est maintenue dans un cadre juridique et fiscal rigoureux.

L'entrepreneur prend à tout moment des décisions qui orientent l'activité, et modifient souvent les conditions de vie de l'entreprise. Il est donc très important d'apporter au « décideur » des informations complémentaires économiques significatives, libérées des contraintes de la comptabilité générale, et adaptées aux besoins. Ce système « vivant » (dynamique et adaptable) représente la comptabilité analytique.

Ce système est adaptable, car il doit tenir compte, en permanence :

— de l'évolution de l'entreprise (conditions d'exploitation internes),
— de l'évolution de l'environnement (conditions d'exploitation externes),
— des besoins d'information exprimés par les divers responsables.

II - OBJECTIFS DE LA COMPTABILITÉ ANALYTIQUE

Les objectifs de la comptabilité analytique sont :

— le calcul des coûts et l'analyse du résultat,
— les prévisions et le contrôle des coûts,
— l'aide à la prise de décision.

1 - Calcul des coûts et analyse du résultat

Selon la situation de l'entreprise et en fonction de son activité, il est nécessaire :

— de calculer les coûts des différentes fonctions,
— de calculer les coûts des différents produits fabriqués et vendus afin d'expliquer les résultats,
— de déterminer les bases d'évaluation de certains éléments du bilan (stocks, production immobilisée...).

2 - Prévisions et contrôle des coûts

Les prévisions et le contrôle constituent une partie importante du système basée sur l'analyse de l'évolution des charges et de l'activité. Cette prévision des charges et des produits courants permet de déterminer des coûts et résultats prévisionnels qui, comparés aux réalisations, dégagent des écarts qui sont expliqués.

3 - L'aide à la prise de décision

Généralement, tous les traitements doivent être de nature à fournir des éléments qui « éclairent » la prise de décision. Celle-ci ne doit pas être le fruit du pur hasard, mais le plus souvent résulter d'un choix étayé par des informations pertinentes, issues, pour la plupart, de la comptabilité analytique d'exploitation.

Afin d'atteindre ces objectifs, le **système de comptabilité analytique** d'une entreprise doit être **adapté** exactement à sa **structure organique**, aux **activités d'exploitation** particulières qu'elle exerce et **répondre aux besoins d'information** exprimés par ses responsables.

III - DÉFINITIONS

1 - Les coûts

Le coût d'un produit est la somme des charges relatives à ce produit.

Le terme **coût** ne **s'applique pas seulement aux produits**, mais **à toute chose désignée** pour laquelle il peut être jugé utile d'attribuer des charges et d'en faire la sommation.

Exemple :

— coût d'un service,
— coût d'une fonction,
— coût d'un secteur d'activité, ...

Il est possible de déterminer ces coûts à des stades différents d'élaboration du produit, ceci afin de satisfaire un besoin exprimé d'information.

Par exemple :

— après approvisionnement : coût du produit approvisionné,
— après fabrication : coût du produit fabriqué,
— après distribution : coût du produit distribué.

A chaque type de coût, il faut faire correspondre :

a) Son champ d'application :

Le calcul des coûts doit correspondre à la structure organisationnelle de l'entreprise ; par exemple :

— Coût par fonction :
  — approvisionnement
  — services techniques
    • études techniques et recherches
    • production

— Coût par moyen d'exploitation :
  — usine,
  — ...
    • atelier 1
    • atelier 2
      — machine
      — poste de travail

— Coût par activité d'exploitation
  — toutes les activités
    • famille de produits
      — unité de produit
        — stade d'élaboration

— Coût par responsabilité
  — Centre de responsabilité
    • décomposition selon le niveau hiérarchique

b) Son contenu :

Le coût est obtenu, pour une période déterminée, en incorporant :

— soit **toutes les charges** de la comptabilité générale : c'est le **coût complet traditionnel,**
— soit **toutes les charges ajustées** de la comptabilité générale pour tenir compte des conditions économiques particulières : c'est le **coût complet économique,**
— soit une **partie des charges** de la comptabilité générale : c'est le **coût partiel**,
  — appelé **coût variable** : lorsque seules les charges qui varient avec la production sont prises en compte ; les autres dépenses non liées à l'activité sont intitulées **coûts fixes** (ou de structure) et ne sont pas réparties entre les produits, ils représentent des charges communes,
  — appelé **coût direct** : lorsque seules les charges qui sont propres aux produits sont prises en compte, elles incluent les **charges variables** et les **charges fixes directes** ; les autres dépenses non réparties entre les produits représentent des charges communes.

Afin de réaliser une analyse économique comparative plus significative, il peut être calculé un coût complet économique qui n'inclut les charges fixes que proportionnellement à l'activité.

Lorsque les dirigeants doivent prendre des décisions sur des modifications d'activité entraînant des investissements, il est important de leur donner le coût de cette modification, ou le coût de l'unité supplémentaire de ce produit. Ce coût peut inclure uniquement des charges variables, ou des charges variables et fixes. Il prend le nom de coût marginal.

c) Son moment de calcul :

Le coût est obtenu :

— **postérieurement** aux faits qui ont engendré les dépenses : c'est le **coût constaté** ou **coût réel**,
— **antérieurement** aux faits afin de réaliser des prévisions de dépenses : c'est le **coût préétabli**.

L'analyse précédente peut être schématisée de la façon suivante :

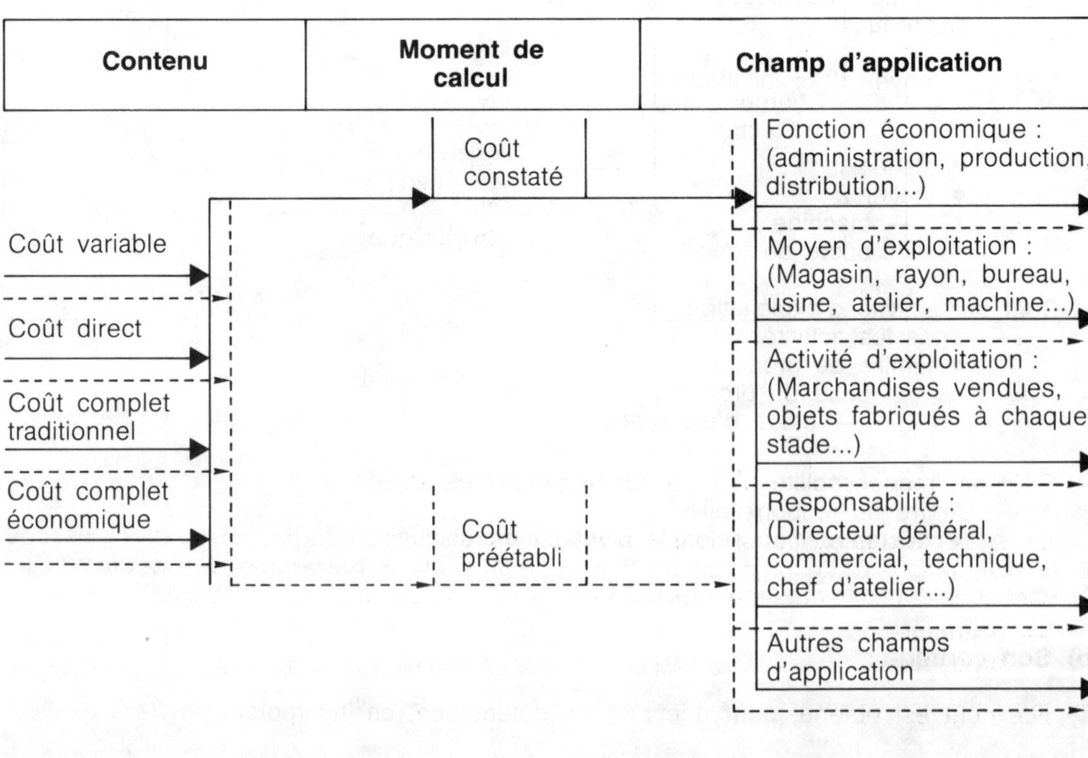

Le choix du contenu, du moment de calcul et du champ d'application sera fonction des besoins, de l'activité et des moyens de l'entreprise.

2 - Le calcul des coûts

Les charges de la comptabilité générale sont réparties entre les différents produits en fonction de leur destination.

Une charge peut concerner un seul produit, service,... elle est alors affectée directement au coût recherché et porte le nom de **charge directe**.

Exemple : le salaire de l'ouvrier qui n'intervient que pour un article.

Une charge peut concerner plusieurs produits, services,... elle est alors analysée pour être ensuite répartie entre les différents coûts recherchés et porte le nom de **charge indirecte**.

Exemple : le salaire de l'ouvrier qui utilise une machine par laquelle transitent toutes les catégories d'articles fabriqués par l'entreprise ne peut être affecté ; il faut d'abord analyser le temps de travail pour chaque catégorie d'articles, puis faire ensuite une répartition de la charge entre les différents coûts, proportionnellement au temps dans l'exemple.

Le calcul des coûts peut être schématisé de la façon suivante :

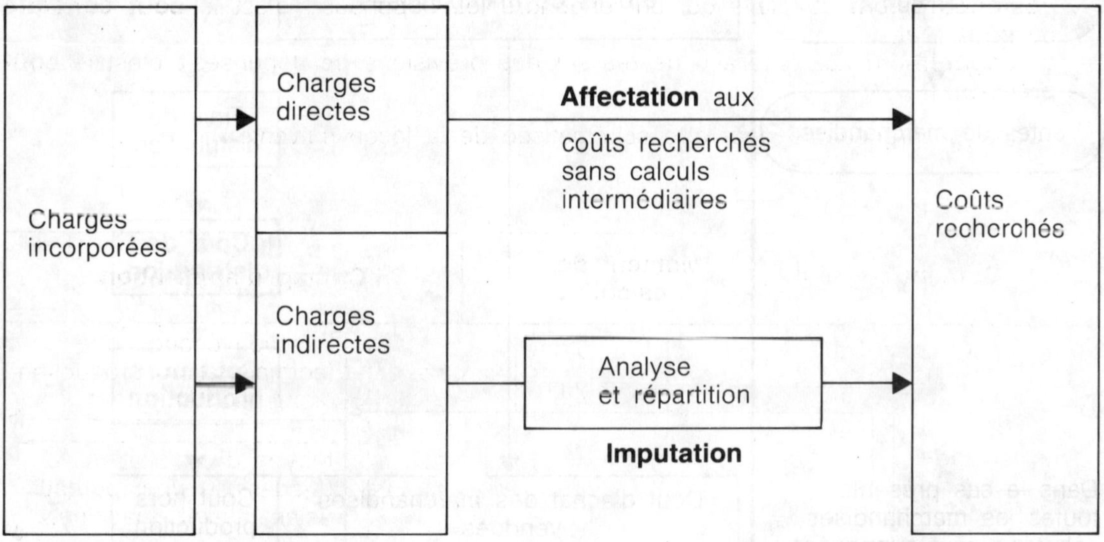

3 - La hiérarchie des coûts

Le système des coûts est adapté aux besoins en fonction du processus de production et de distribution. Cette organisation logique représente la **hiérarchie des coûts**.

Cette hiérarchie peut être représentée dans les deux activités de base :

— distribution,
— production,

par les schémas ci-après.

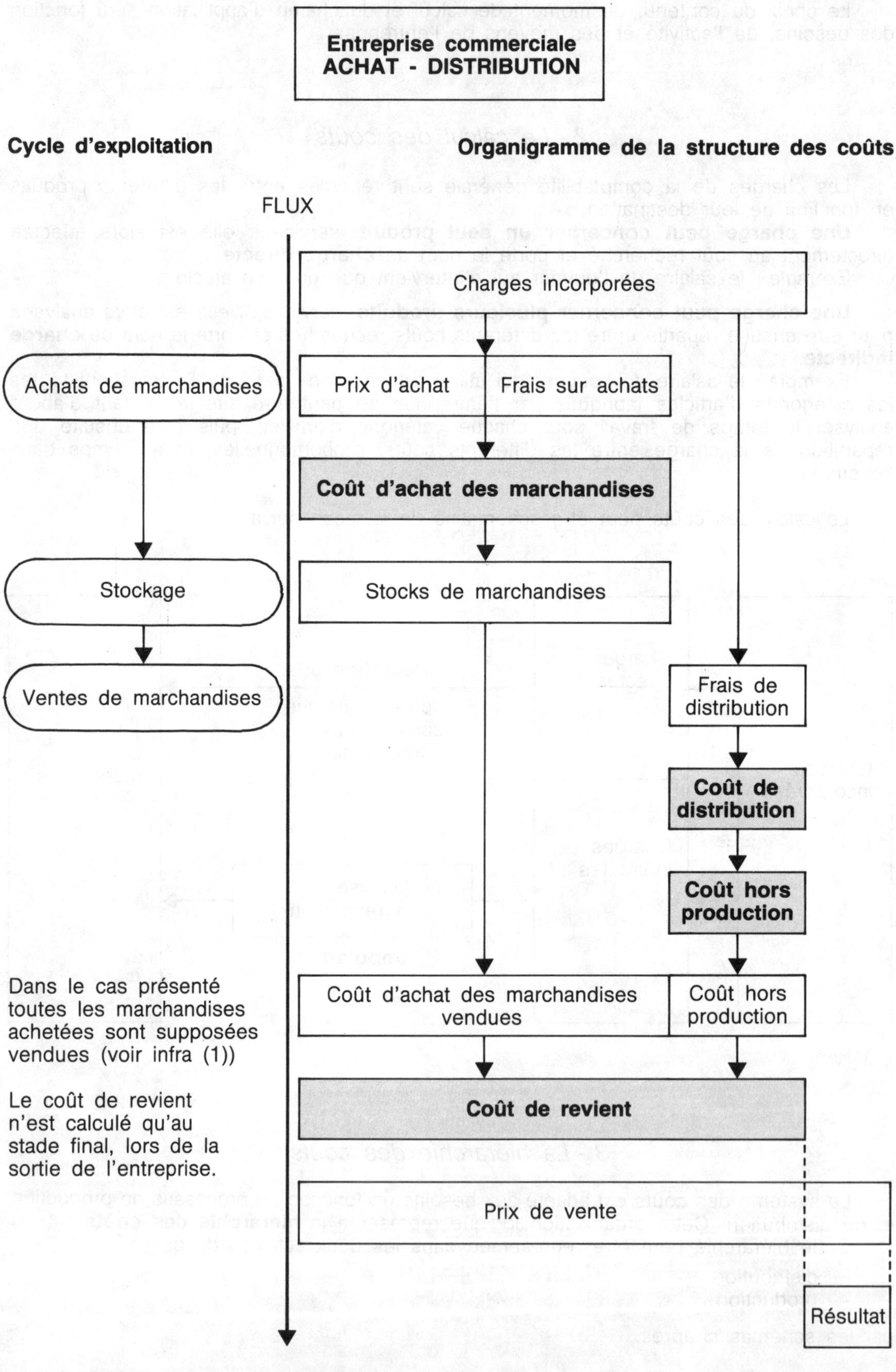

Dans le cas présenté toutes les marchandises achetées sont supposées vendues (voir infra (1))

Le coût de revient n'est calculé qu'au stade final, lors de la sortie de l'entreprise.

Entreprise industrielle
ACHAT - PRODUCTION - DISTRIBUTION

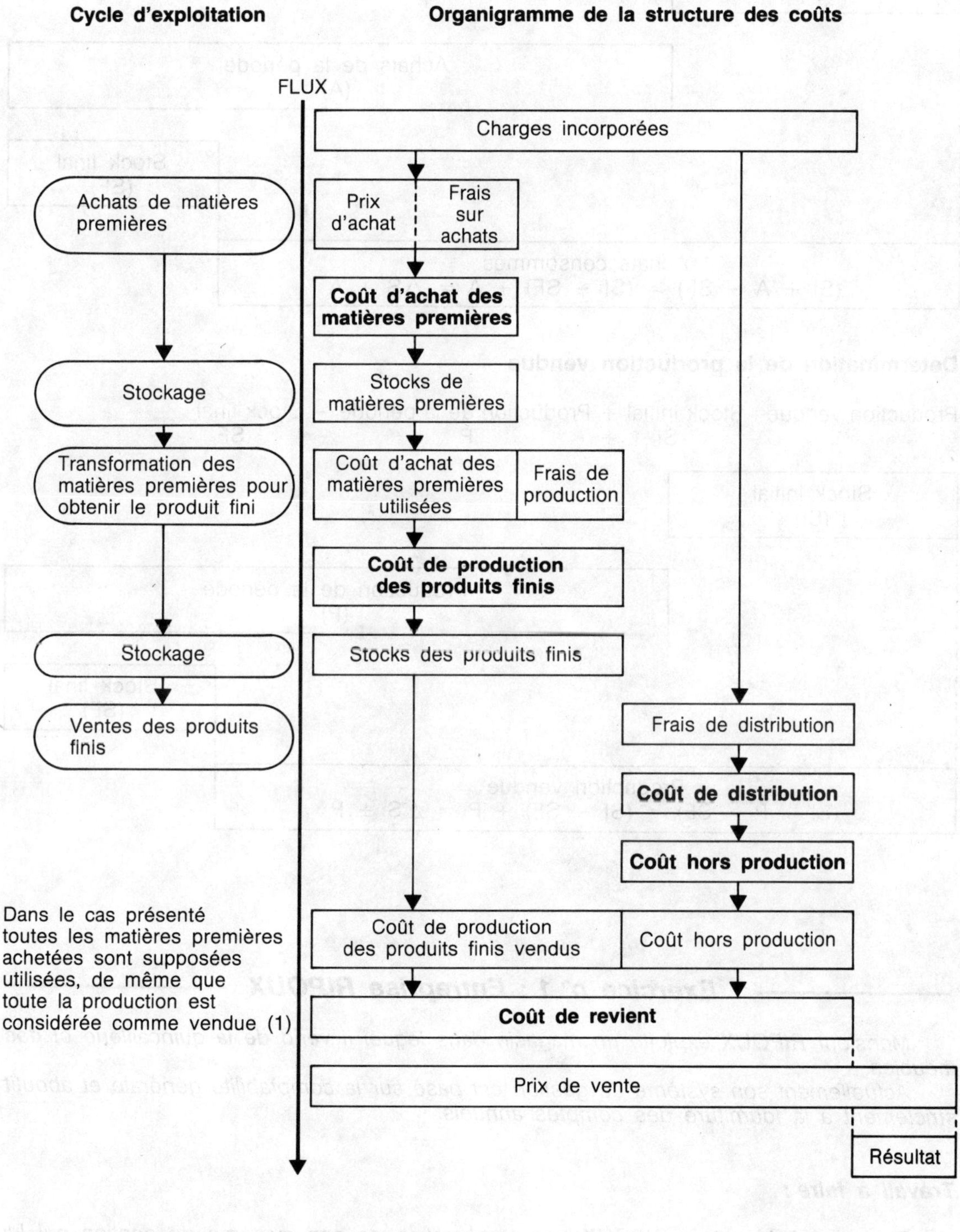

Dans le cas présenté toutes les matières premières achetées sont supposées utilisées, de même que toute la production est considérée comme vendue (1)

(1) **Détermination des achats consommés**

Achats consommés : Stock initial + Achats de la période − Stock final
SI + A − SF

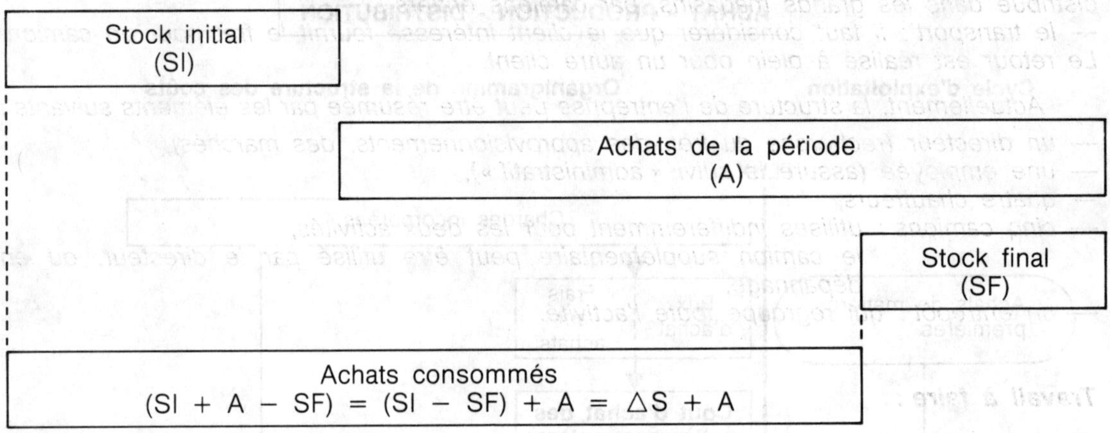

Détermination de la production vendue

Production vendue : Stock initial + Production de la période − Stock final
SI + P − SF

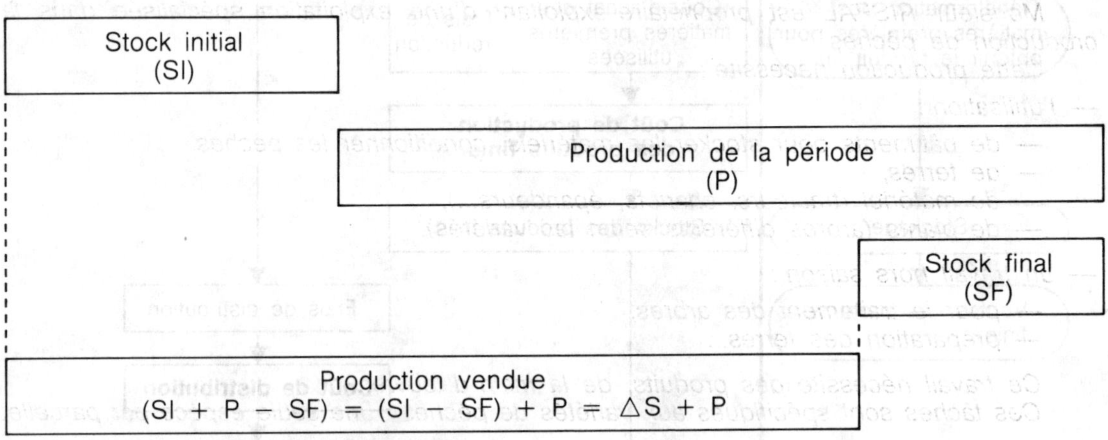

Exercice n° 1 : Entreprise RIPOUX

Monsieur RIPOUX exploite un magasin dans lequel il vend de la quincaillerie et des meubles.

Actuellement son système de gestion est basé sur la comptabilité générale et aboutit strictement à la fourniture des comptes annuels.

Travail à faire :

Proposez à Monsieur RIPOUX une amélioration de son système de gestion qui lui permettra d'analyser la rentabilité des deux secteurs d'activité.

Exercice n° 2 : Entreprise LIOL

Monsieur LIOL exploite une entreprise avec deux activités distinctes :

— la vente de fruits en gros : il s'approvisionne directement auprès des coopératives et distribue dans les grands magasins, par camions entiers ;

— le transport : il faut considérer que le client intéressé fournit le fret pour un camion. Le retour est réalisé à plein pour un autre client.

Actuellement, la structure de l'entreprise peut être résumée par les éléments suivants :

— un directeur (recherche du fret, des approvisionnements, des marchés),

— une employée (assure le suivi « administratif »),

— quatre chauffeurs,

— cinq camions : utilisés indifféremment pour les deux activités, le camion supplémentaire peut être utilisé par le directeur, ou en dépannage,

— un entrepôt : qui regroupe toute l'activité.

Travail à faire :

Proposez à Monsieur LIOL un système de gestion qui lui permettra d'analyser la rentabilité des deux secteurs d'activité.

Exercice n° 3 : Entreprise RISPAL

Monsieur RISPAL est propriétaire-exploitant d'une exploitation spécialisée dans la production de pêches.

Cette production nécessite :

— l'utilisation :

— de bâtiments pour stocker les matériels, conditionner les pêches,

— de terres,

— de matériel (tracteurs, chariots, épandeurs...),

— de plants (arbres différents selon les variétés).

— un travail hors saison :

— pour le traitement des arbres,

— préparation des terres...

Ce travail nécessite des produits, de la main-d'œuvre,...

Ces tâches sont spécifiques aux variétés de pêches : une seule espèce par parcelle.

La culture des pêches est répartie sur 40 hectares pour 5 variétés.

— un travail de saison :

— pour la cueillette,

— le conditionnement en caisses.

Ces travaux sont manuels.

Le transport à la coopérative est réalisé à l'aide du matériel de l'exploitation.

Le personnel comprend :

— du personnel permanent pour l'ensemble des travaux,

— du personnel saisonnier pour le travail de saison.

Travail à faire :

Sachant que l'exploitant désire connaître la rentabilité de son entreprise et des diverses variétés de pêches, proposez-lui un système de coûts après avoir classé les charges en charges directes, charges indirectes.

Chapitre 3

LES COÛTS ET LES MARGES

I - PRINCIPE

Le système de calcul des coûts dans une entreprise doit être adapté à son activité, sa structure, et déterminé en fonction des objectifs définis.

Les différents coûts (voir page 14) ne s'excluent pas mais se complètent le plus souvent. Leur choix doit être réalisé selon leur pertinence dans le cadre défini en vue d'une analyse de gestion.

II - LES COÛTS COMPLETS

1 - Définition

Ces coûts sont constitués par la totalité des charges qui peuvent leur être rapportées. Ils sont :

a) Réels ou préétablis :

— réels ou constatés : lorsque leurs éléments correspondent aux opérations réalisées ;
— préétablis ou prévisionnels : lorsque leurs éléments sont évalués à priori.
Un coût préétabli avec précision par une analyse à la fois technique et économique est dit « standard », il présente généralement le caractère d'une « norme » (PCG82).

b) Traditionnels ou économiques :

— traditionnels : lorsqu'ils sont calculés en incorporant, sans modification, toutes les charges de la comptabilité générale ;
— économiques : lorsqu'ils sont calculés en incorporant les charges de la comptabilité générale après ajustements (ajouts, réductions) pour leur donner une meilleure expression économique.

2 - Application

La société LOVIE fabrique et distribue un produit unique sur commande, à partir d'une matière première dont elle s'approvisionne selon ses besoins. Les stocks sont toujours considérés comme nuls.

Les opérations du mois de mars sont résumées ci-après :

— Ventes : 5 000 articles à 320 F l'un.
— Achats : 15 000 kg de matière première à 20 F.
— Charges :
Les charges par nature sont analysées et reclassées en :
— charges indirectes :
• frais sur achats : 90 000
• frais de production : 330 000
• frais d'administration générale : 65 000
• frais de distribution : 35 000
— charges directes :
• main-d'œuvre de production uniquement : 160 000

Travail à faire :

1 - Schématiser le cycle d'exploitation.
2 - Calculer les différents coûts complets.
3 - Calculer le résultat :
— global,
— unitaire.

Solution :

1° Question : Schéma du cycle d'exploitation.

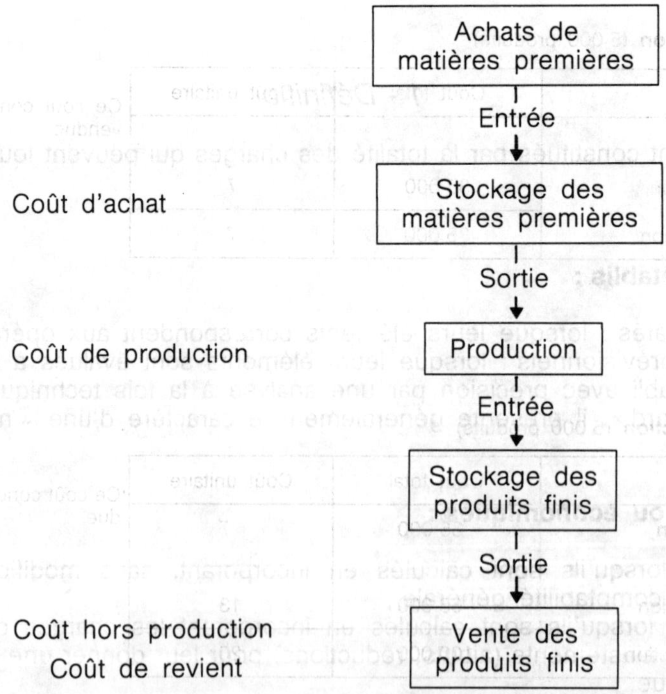

2° Question : Calcul des différents coûts.

Principe : à chaque stade correspond un coût qui permet au responsable d'avoir une information de base dont il pourra suivre l'évolution.

— **Coût d'achat des matières premières** (15 000 kg)

Eléments	Coût total	Coût unitaire
Charges directes Prix d'achat **Charges indirectes** Frais sur achats	 300 000 90 000	 20 6
Coût d'achat	390 000	26

Coût unitaire : $\frac{\text{Coût total}}{\text{Nombre d'unités}}$

— **Coût de production des produits finis** (5 000 produits)

Eléments	Coût total	Coût unitaire
Charges directes — Coût d'achat des matières premières utilisées — Main-d'œuvre directe **Charges indirectes** — Frais de production	 390 000 160 000 330 000	 78 32 66
Coût de production	880 000	196

Toutes les matières premières achetées ont été utilisées. Le coût d'achat a donc été repris intégralement.

— **Coût de distribution** (5 000 produits)

Eléments	Coût total	Coût unitaire
Charges directes **Charges indirectes** — Frais de distribution	 35 000	 7
Coût de distribution	35 000	7

Ce coût concerne la production vendue

— **Coût hors production** (5 000 produits)

Eléments	Coût total	Coût unitaire
Coût de distrubution **Charges directes** **Charges indirectes** — Frais d'administration générale	35 000 65 000	7 13
Coût hors production	100 000	20

Ce coût concerne la production vendue

— **Coût de revient** (5 000 produits)

Eléments	Coût total	Coût unitaire
Coût de production des produits vendus	880 000	196
Coût hors production	100 000	20
Coût de revient	980 000	216

Ce coût ne concerne que la production vendue, soit :
— le coût de production des produits finis vendus
— l'intégralité du coût hors production

3° Question : Calcul du résultat.

— **Résultat analytique** (5 000 produits)

Eléments	Coût total	Coût unitaire
Prix de vente	1 600 000	320
— Coût de revient	980 000	216
Résultat analytique	620 000	104

Ce résultat est déterminé par comparaison du prix de vente et du prix de revient

3 - Avantages et inconvénients de la méthode

Avantages :

Cette méthode permet :

— de connaître les coûts aux différents niveaux du processus de réalisation et de distribution du produit, donc de déterminer le prix de vente et le résultat dans certains cas. Cette information est importante pour la prise de décision : le chef d'entreprise est toujours confronté aux choix suivants :

Produire — Sous-traiter — Interrompre

— de donner aux responsables des centres le volume des charges contrôlables (organisation en centres de responsabilités) et des charges incontrôlables pour lesquelles ils n'ont pas d'influence notable.

Inconvénients :

Ces inconvénients sont dus à la « lourdeur » de la procédure :

— elle met en œuvre des traitements longs, parfois complexes et dans certains cas très approximatifs ;

— elle ne permet pas de dégager aisément les responsabilités puisque les causes des variations des coûts (volumes, prix...) sont intégrées et non dissociées, son utilisation prévisionnelle est délicate.

Une amélioration peut être apportée par la méthode de l'imputation rationnelle qui est basée sur l'analyse des charges ou charges variables et charges fixes. Les coûts sont alors calculés avec imputation des charges fixes après une correction due à la variation de l'activité. Cette méthode élimine un des inconvénients de celle du coût complet.

4 - L'imputation rationnelle

a) Principe :

Les coûts sont calculés en incorporant :

— l'intégralité des charges proportionnelles,

— les charges fixes corrigées par le taux d'activité : rapport entre l'activité réelle et l'activité normale.

b) Application :

La société LAVIE a procédé à l'analyse des charges ce qui l'a conduit à distinguer les montants suivants :

— charges variables : 500 000

— charges fixes : 480 000

L'activité de la période a été une production de 5 000 articles alors qu'elle est normalement de 6 000 articles.

Les ventes de mars s'élèvent à 5 000 articles à 320 F l'un.

Travail à faire :

1 - Calculer le taux d'activité.

2 - Déterminer le montant des charges imputées, et interpréter la différence.

3 - Calculer le coût de revient et le résultat. Comparer avec les éléments du coût constaté.

Solution :

1° Question : Taux d'activité

$$\textbf{Taux d'activité : } \frac{\textbf{Activité réelle}}{\textbf{Activité normale}} = \frac{\textbf{5000}}{\textbf{6000}} = \frac{\textbf{5}}{\textbf{6}}$$

2° Question : Charges imputées

- Charges fixes imputées : $480000 \times \frac{5}{6} =$	400000
- Charges variables :	500000
Coût de revient avec imputation rationnelle	900000

La différence sur activité est représentée par l'écart entre les charges fixées et les charges fixes imputées. Elle donne par sa valeur l'indication du coût de la sous-activité ou le boni de la suractivité :

Différence d'activité : 480 000 − 400 000 = 80 000 coût de la sous-activité.

3° Question : Coûts et résultats

Eléments	avec imputation rationnelle		sans imputation rationnelle	
	Global	Unitaire	Global	Unitaire
Prix de vente	1 600 000	320	1 600 000	320
Coût de revient	900 000	180	980 000	196
Résultat analytique	700 000	140	620 000	124

80 000

Différence sur activité, coût de la sous-activité

c) Avantages et inconvénients de la méthode

Avantages :

Cette méthode permet :

— de « normer » les coûts, donc de les rendre comparables d'une période à l'autre pour faire apparaître la performance de l'entreprise, l'évolution des prix et des paliers de frais fixes ;
— de mettre en évidence l'incidence de la sous-activité ou de la suractivité sur les coûts ;
— d'évaluer les stocks en cas de sous-activité : système d'évaluation retenue par le PCG en 82 (application de la règle de prudence).

Inconvénients :

Ces inconvénients résident :

— dans la difficulté de définir et de déterminer l'activité normale ;
— dans l'évaluation des stocks qui est faussée par la sous-activité ou la suractivité.

III - LES COÛTS PARTIELS

1 - Définition

Ces coûts sont constitués par des charges qui interviennent à un stade d'analyse donné. Les principaux coûts partiels sont :

— le coût variable,
— le coût variable évolué,
— le coût direct.

Ces coûts sont, comme les coûts complets :

— réels ou constatés,
— préétablis ou prévisionnels,
— traditionnels ou économiques,

selon la référence employée.

2 - *Les coûts variables (Direct-Costing simple)*

a) Principe :

Les coûts calculés aux différents stades n'incluent que des charges variables ou proportionnelles. Les charges fixes ou de structure ne sont pas réparties.

Cette méthode permet de déterminer les marges sur coûts variables des produits, véritables indicateurs de performance des produits. Elles sont égales à la différence entre le prix de vente et le coût variable.

b) Application :

A partir des données de la page 25 sur la société LAVIE.

Travail à faire :

1 - Calculer le coût variable total, la marge correspondante, le résultat.
2 - Déterminer le nombre minimum d'articles à vendre pour assurer un résultat positif.

Solution :

1° Question : Coûts et marges.

Eléments	Global	Unitaire	
Prix de vente	1 600 000	320	
— Coût variable	500 000	100	500 000/5 000 articles
Marge sur coût variable	1 100 000	220	
— Coût fixe	480 000		
Résultat analytique	620 000		

Le coût variable total a été calculé par simplification ; la méthode complète inclut les différents coûts variables fonctionnels ainsi que les marges pour les différents produits.

2° Question : Marge sur coût variable et minimum.

La marge sur coût variable représente la contribution du produit à la formation du résultat par absorption des charges fixes. A partir de cette analyse, il est possible de déterminer le nombre minimum d'articles à vendre pour rentabiliser l'entreprise ; ce minimum est encore appelé seuil de rentabilité.

Résultat = marge sur coût variable unitaire × Quantité - Frais fixes

$R(x) = 220\,x - 480\,000$

Seuil de rentabilité $\rightarrow R(x) \geqslant 0 \Rightarrow 220x - 480\,000 \geqslant 0$

$\Rightarrow x \geqslant 2181{,}82 \simeq \underline{2182}$

c) Avantages et inconvénients de la méthode

Avantages :

Cette méthode permet :
— de déterminer les produits à plus forte marge ;
— de responsabiliser les opérationnels du niveau des charges engagées ;
— de déterminer des indicateurs de risque : marges, seuil de rentabilité ;
— de faire les choix économiques relatifs à la rentabilité de l'entreprise sur une courte période : indicateurs de gestion ;
— de simplifier le calcul des coûts ;
— de réaliser une gestion prévisionnelle.

Inconvénients :

Les inconvénients résident :
— dans la difficulté de séparer les frais fixes et les frais variables ;
— dans le fait que les décisions sont prises sur la base des marges sur coûts variables sans tenir compte des frais fixes spécifiques aux produits qui peuvent fausser les résultats ;
— dans la valorisation des stocks qui sont sous-évalués.

3 - Les coûts variables évolués (Direct-Costing évolué)

a) Principe :

Les coûts calculés aux différents stades incluent les charges variables (ou opérationnelles) et les charges fixes propres au produit (charges fixes spécifiques).
Les charges indirectes ou communes ne sont pas réparties.
Cette méthode permet de déterminer la véritable contribution (marge de contribution) du produit à la formation du résultat. La marge de contribution est égale à la marge sur coût variable diminuée des frais fixes spécifiques.

b) Application :

A partir des données de la page 25 sur la société LAVIE et des informations ci-après :
— charges fixes spécifiques : 200 000
— charges fixes communes : 280 000

Travail à faire :

Calculer les différents coûts, marges et résultats.

Solution : coûts, marges et résultats

Eléments	Global	Unitaire
Prix de vente — Coût variable	1 600 000 500 000	320 100
Marge sur coût variable — Coût fixe spécifique	1 100 000 200 000	220
Marge sur coût spécifique (ou marge de contribution) — Coût fixe commun	900 000 280 000	
Résultat analytique	620 000	

c) Avantages et inconvénients de la méthode :

Ils sont identiques, à un près, à ceux de la méthode des coûts variables. Elle permet de mieux cerner la rentabilité du produit par la marge spécifique (suppression du 2e inconvénient de la méthode du Direct-Costing simple).

4 - Les coûts directs

a) Principe :

Les coûts directs sont constitués des charges variables et fixes qui leur sont propres. Les charges indirectes ne sont pas réparties.

Cette méthode permet de déterminer les marges sur coûts directs donc d'apprécier l'apport fait par les différents secteurs à la couverture des charges et coûts communs afin de détecter les activités les plus rentables.

b) Application :

La société LAVIE a procédé à l'analyse des charges ce qui l'a conduit à distinguer les montants suivants :

— matières consommées : 1 000 000
— charges directes de production : 360 000
— charges directes de distribution : 180 000
— charges communes : 340 000

Les ventes de la période s'élèvent à 5 000 articles à 320 F l'un.

Travail à faire :

Calculer les coûts, marge et résultat.

Solution : Tableau d'exploitation

Eléments	Montant
— Matières consommées — Charges directes de production — Charges directes de distribution	100 000 360 000 180 000
Coût de revient direct — Chiffre d'affaires	640 000 1 600 000
Marge sur coût direct de revient — Charges communes non réparties	960 000 340 000
Résultat analytique	620 000

c) Avantages et inconvénients

Avantages :

Cette méthode permet :

— de déterminer la contribution du produit à la formation du résultat par la couverture des frais communs ;
— de réduire le calcul des coûts ;
— de supprimer dans les coûts les erreurs dues à la répartition parfois arbitraire des charges indirectes.

Inconvénients :

Ces inconvénients résident :

— dans la difficulté d'imputer certaines charges de centres ;
— dans la sous-évaluation des stocks.

5 - Les coûts marginaux

a) Principe :

Le coût marginal est représenté par la différence entre les charges courantes pour une production donnée et l'ensemble de celles qui sont nécessaires à cette même production majorée ou minorée d'une unité. Il se compose de charges variables, de charges fixes éventuellement.

Cette analyse « au coût marginal » est une des bases de l'aide à la prise de décision. Le coût supplémentaire (coût marginal) est comparé à la recette supplémentaire (recette marginale) pour donner le résultat supplémentaire (résultat marginal) dû à l'opération.

Le résultat marginal est un indicateur de choix.

b) Application :

A partir des données de la page 28, il est envisagé de réaliser une opération très spécifique avec un client, tout à fait indépendant des autres clients de l'entreprise, dans les conditions suivantes :

— fabrication et vente de 1 200 produits,
— prix de vente 300 F,
— coût variable, hausse de 10 % pour tenir compte de la qualité exigée,
— charges fixes, hausse de 50 000 F pour tenir compte du palier franchi.

Travail à faire :

Calculer les éléments marginaux pour aider à la prise de décision.

Solution : Coûts, résultats marginaux

Eléments	Global	Unitaire	
• Coût variable	132 000	110	100 × 110/100 110 × 1 200
• Coût fixe	50 000	41,67	50 000/1 200
• Coût marginal	182 000	151,67	
• Recette marginale	360 000	300	300 × 1 200
Résultat marginal Bénéfice	178 000	148,33	

Ce résultat montre l'intérêt pour la rentabilité de l'entreprise de réaliser l'opération, son résultat augmenté de (178 000/620 000) × 100 = 28,71 %

c) Avantages et Inconvénients :

Ils sont sensiblement identiques à ceux des coûts directs, avec bien sûr, un objectif différent puisqu'ils ne concernent que les opérations à la marge.

IV - CONCLUSION

La présentation réalisée a permis de mettre en évidence les avantages et les inconvénients des différentes méthodes qui tendent toutes à servir les dirigeants.

Il faut dans tous les cas retenir le principe suivant : tout système mis en place doit fournir l'information pertinente dans les délais corrects, à un coût raisonnable, avec une précision suffisante.

Tableau de synthèse des différents coûts

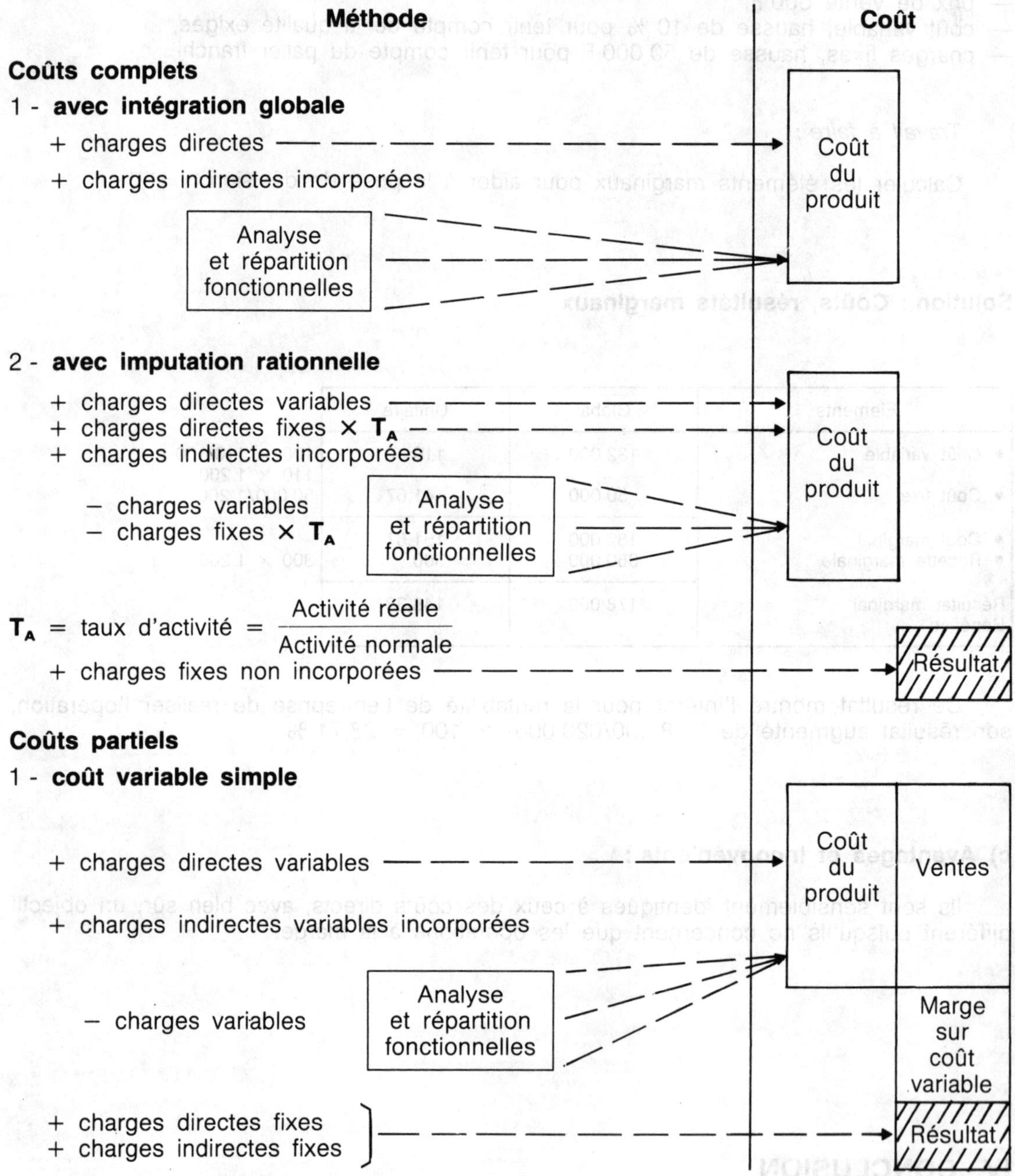

Tableau de synthèse des différents coûts (suite)

Méthode	**Coût**

2 - **Coût variable évolué**

+ charges directes variables
+ charges indirectes variables incorporées
  − charges variables — Analyse et répartition fonctionnelles → Coût du produit | Ventes
+ charges directes fixes
+ charges indirectes fixes incorporées
  − charges fixes non réparties → Marge spécifique | Résultat

3 - **Coût direct**

+ charges directes variables (1)
+ charges directes fixes (1) → Coût du produit | Ventes
+ charges indirectes fixes et variables (1) → Marge directe | Résultat

Coûts marginaux

+ charges variables supplémentaires
+ charges fixes supplémentaires → Coût du produit

(1) L'analyse du comportement des charges n'est pas un des fondements de la méthode.

Exercice n° 1 : L'entreprise COURT

L'entreprise COURT distribue un article qu'elle achète à un grossiste.

Les opératons du mois de juin 1989 peuvent être résumées ainsi :

— Ventes de 2 000 produits à 450 F.

— Les charges par nature sont analysées et reclassées en :

— frais sur achats : 260 000

— frais adminitratifs : 140 000

— frais de distribution : 170 000

— achats de 2 000 produits à 100 F

— Toutes les marchandises achetées ont été vendues : les stocks sont nuls.

Travail à faire :

1 - Analyser le cycle d'exploitation. Réaliser une présentation graphique.

2 - Calculer les différents coûts complets constatés

3 - Calculer le résultat global et unitaire.

Exercice n° 2 : L'entreprise OLIVIA

L'entreprise OLIVIA fabrique et distribue un produit unique sur commande, à partir d'une matière première dont elle s'approvisionne selon ses besoins. Les stocks sont toujours considérés comme nuls.

Les opérations du mois de mars 1989 peuvent être résumées ainsi :

— Ventes de 4 000 produits à 180 F l'un ;

— Les charges par nature sont analysées et reclassées par fonctions :

— frais sur achats : 14 000

— frais de production : 246 000

— frais administratifs : 82 100

— frais de distribution : 29 900

— Achats de 20 000 kg de matière première à 8 F le kg.

Tous les produits fabriqués ont été vendus. Les stocks sont nuls.

Travail à faire :

1 - Analyser le cycle d'exploitation — Réaliser une présentation graphique.

2 - Calculer les différents coûts complets constatés.

3 - Calculer le résultat global et unitaire.

4 - L'analyse du comportement des charges a permis de distinguer la partie proportionnelle et la partie fixe détaillées ci-après :

— frais sur achats partie proportionnelle : 14 000 partie fixe : /

— frais de production partie proportionnelle : 200 000 partie fixe : 46 000

— frais administratif partie proportionnelle : / partie fixe : 82 100

— frais de distribution partie proportionnelle : 18 000 partie fixe : 11 900.

41 - Sachant que l'entreprise a une activité normale :

— premier cas : 5 000 produits

— deuxième cas : 3 000 produits

Calculer les coûts, et résultats avec imputation rationnelle dans chaque cas.

42 - Calculer le coût variable, la marge, le résultat ainsi que le seuil de rentabilité.

Exercice n° 3 : Société PLIPRIS

Une fabrique d'imperméables, la société PLIPRIS, réalise sa production et sa vente dans les conditions suivantes :

— *pour une unité produite :*
    — *Matière première : 3 m à 40 F le mètre,*
    — *Main-d'œuvre : 4 h à 90 F l'heure,*
— *production mensuelle : 5 000 unités*
— *charges indirectes de production :*
    — *Frais fixes : 300 000 F*
    — *Frais proportionnels (à l'unité vendue) : 50 F*
— *charges indirectes de distribution :*
    — *Frais fixes : 100 000 F*
    — *Frais proportionnels (à l'unité vendue) : 20 F*
— *charges indirectes d'administration :*
    — *Frais fixes : 50 000 F*
    — *Frais proportionnels : néant*
— *prix de vente unitaire : 740 F*

Travail à faire :

1 - Calculer le résultat pour la production et la vente de 5 000 unités : (coût complet).
2 - Supposer que la production puisse évoluer entre 6 000 unités et 3 000 unités.
Calculer le coût le plus élevé, le plus bas.
Un client hors du marché potentiel de l'entreprise propose d'acheter, mensuellement 800 produits. Cette vente serait additionnelle par rapport à la production de 5 000 unités. Calculer le prix de vente minimum, après avoir justifié la méthode utilisée.
3 - Calculer les coûts variables, la marge et le résultat (coût variable).
4 - Calculer le seuil de rentabilité (quantité — valeur).

Exercice n° 4 : Entreprise MUL

L'entreprise MUL fabrique et vend trois produits : TI, PRI, SOEU
A la clôture de l'exercice, les données ont été reclassées de la façon suivante :

	TI	*PRI*	*SOEU*
Prix de vente unitaire	*50*	*250*	*400*
Quantités fabriquées et vendues	*2 000*	*2 500*	*3 000*
Coût proportionnel de production	*30*	*160*	*210*
Coût fixe direct de production	*20 000*	*45 000*	*180 000*
Coût proportionnel de distribution	*5*	*40*	*25*
Coût fixe direct de distribution	*5 000*	*21 000*	*15 000*
Charges fixes communes non réparties	*140 000*		

Travail à faire :

1 - Calculer la marge sur coût variable pour chaque produit.
2 - Calculer la marge spécifique et le résultat global.

3 - Que penser de l'incidence sur le résultat de la suppression de la fabrication et de la vente du produit SOEU. La capacité employée est alors utilisée pour fabriquer et vendre :

— 1er Cas : 3 500 produits TI en plus, PRI ne change pas.

— 2e Cas : 1 500 produits PRI en plus, TI ne change pas.

Le niveau des frais fixes ne change pas.

Quelle solution choisir ?

Chapitre 4

L'ORGANISATION D'UNE COMPTABILITÉ ANALYTIQUE

I - PRINCIPE

L'organisation de la comptabilité analytique doit, comme cela a déjà été dit, être adaptée à l'activité, au processus de réalisation, à la spécificité structurelle de l'entreprise pour sa parfaite intégration dans le système d'informations.

Le plan comptable a proposé un réseau général de comptabilité analytique et générale qui résume bien les relations logiques : voir schéma ci-après.

Afin de bien structurer l'organisation de la comptabilité analytique, il est souhaitable de réaliser une représentation schématique, sous la forme d'organigramme :

— du processus physique de réalisation : Organigramme Technique ;
— du processus comptable : Organigramme du réseau de la comptabilité analytique.

Double page suivante :
Schéma simplifié du réseau comptable d'une entreprise

COMPTABILITÉ GÉNÉRALE

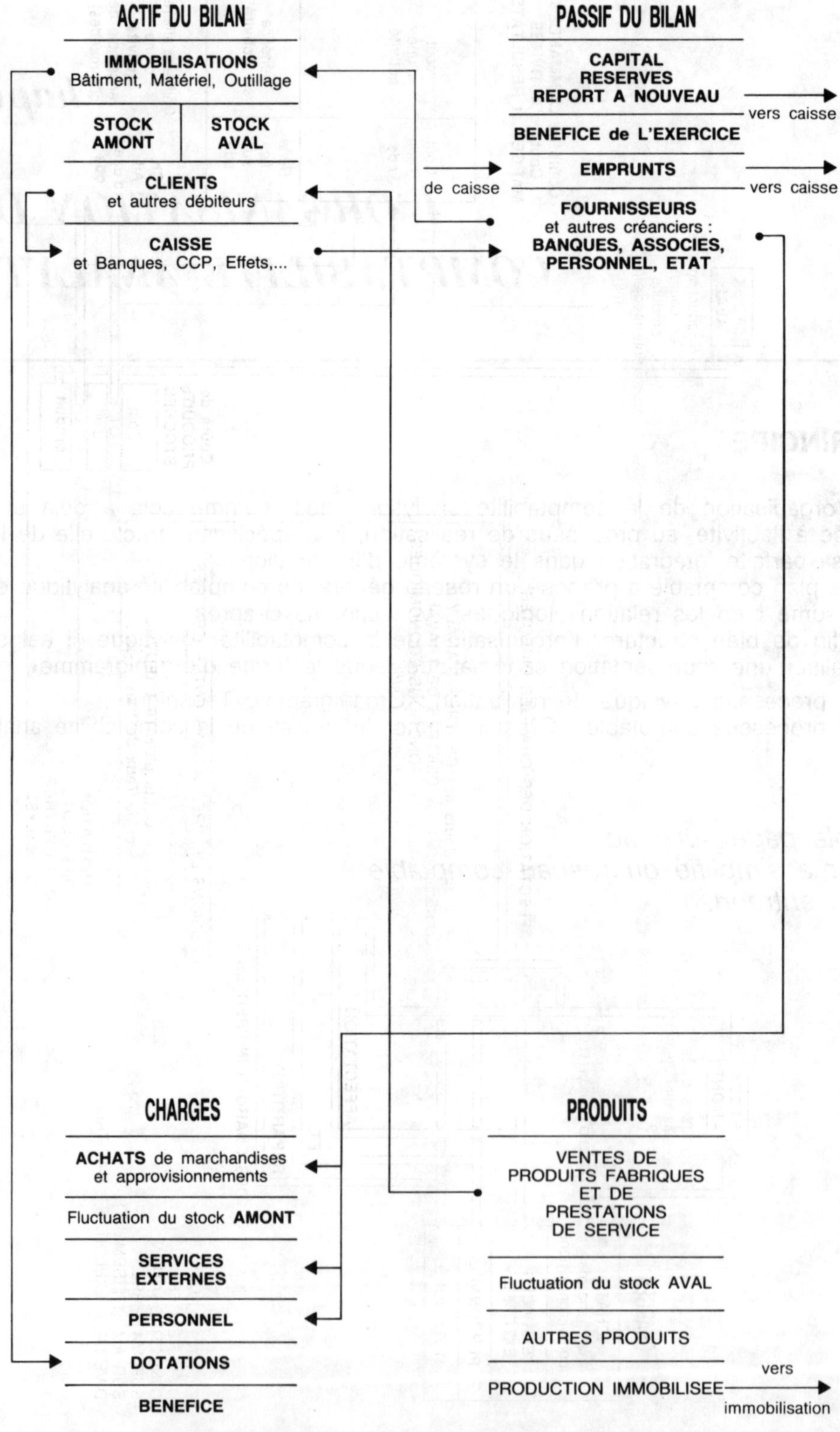

COMPTABILITÉ ANALYTIQUE

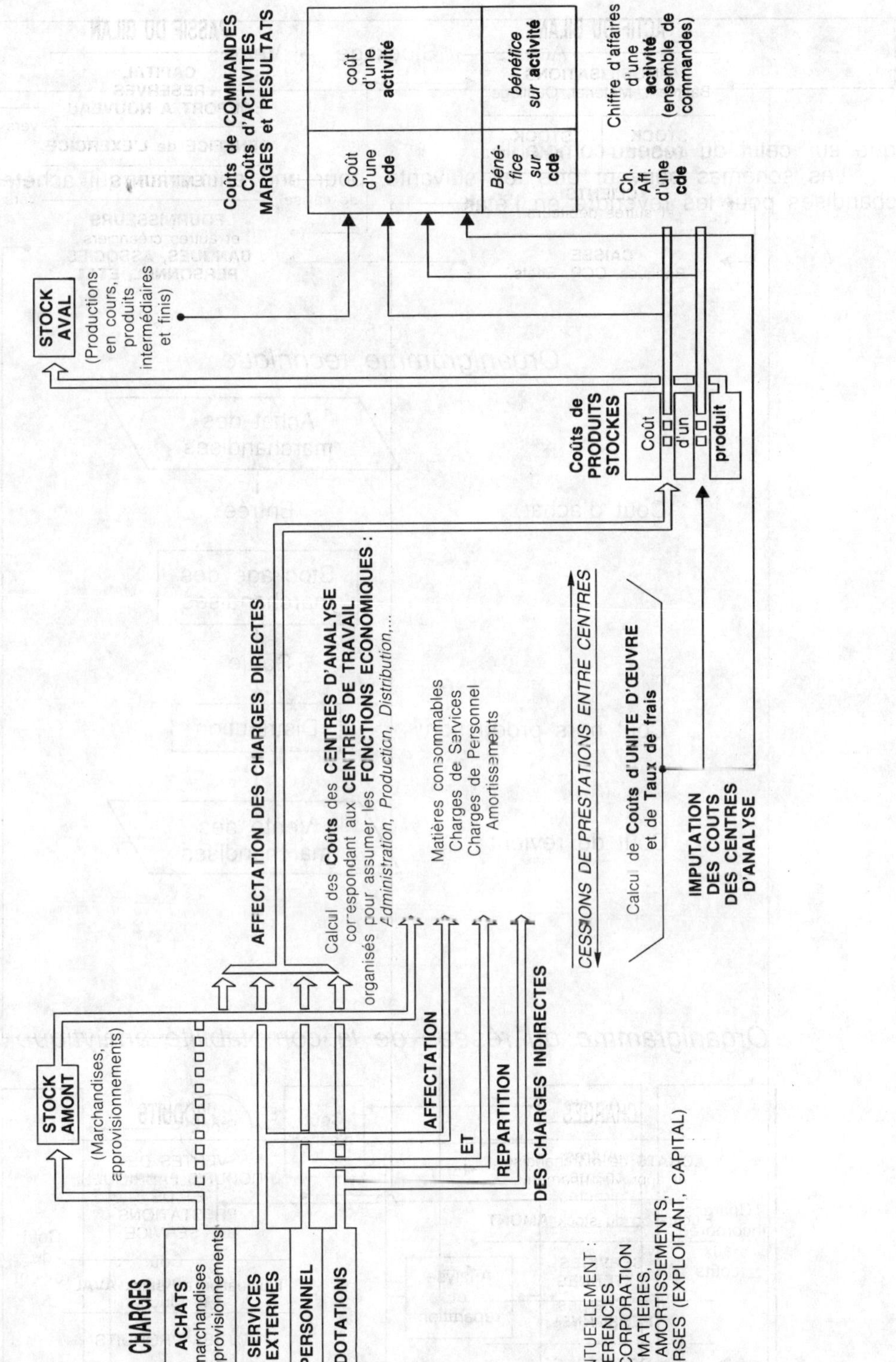

II - CAS DE L'ENTREPRISE COMMERCIALE

Les schémas doivent mettre en évidence les particularités de cette entreprise : tant sur le plan de l'exploitation :

Achats → Stockage → Ventes

que sur celui du réseau comptable.

Les schémas peuvent être les suivants, pour une entreprise qui achète des marchandises pour les revendre en l'état.

Organigramme technique

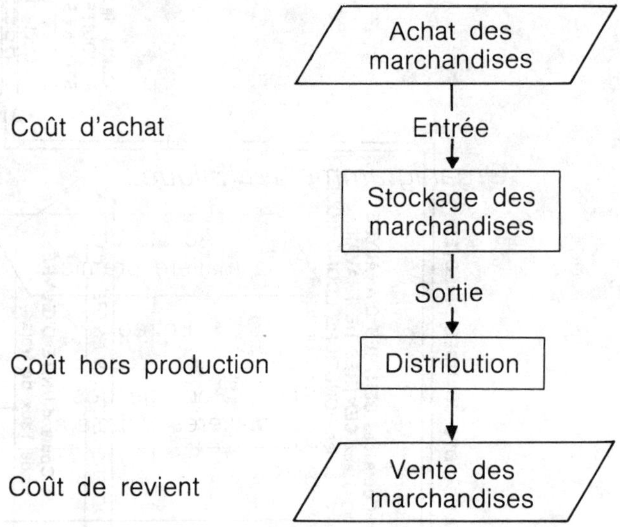

Organigramme du réseau de la comptabilité analytique

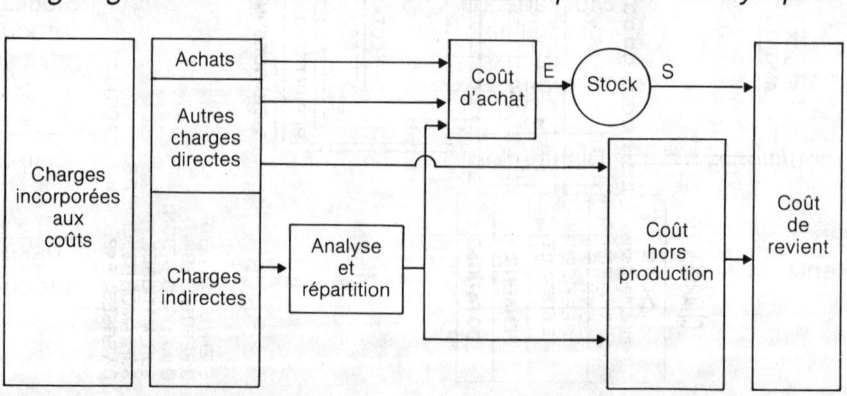

III - CAS DE L'ENTREPRISE INDUSTRIELLE

Les schémas doivent mettre en évidence les particularités de cette entreprise tant sur le plan de l'exploitation :

> Achats des Matières Premières → Stockage → Transformation → Produits finis → Stockage → Ventes

que sur celui du réseau comptable.

La complexité du réseau dépendra de celle de la production.

Les schémas peuvent être les suivants, pour une entreprise qui fabrique et distribue deux produits à partir d'une matière première (la production est stockée avant d'être vendue) :

Organigramme technique

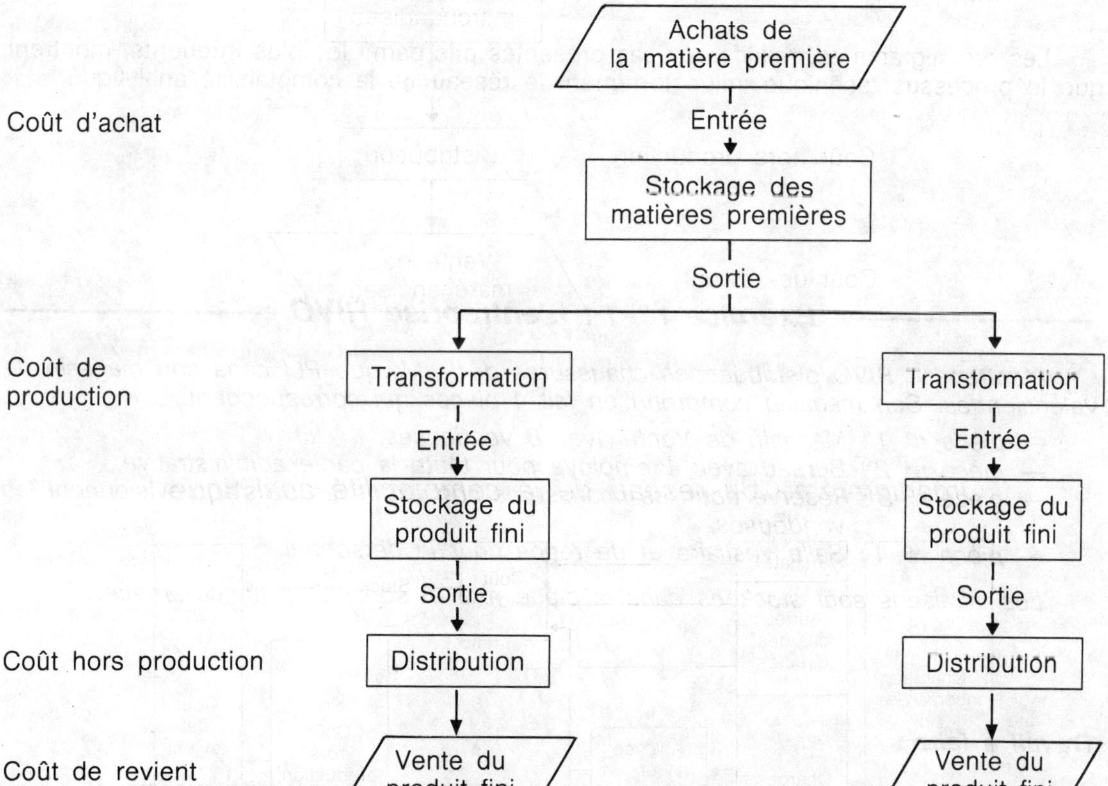

Organigramme du réseau de la comptabilité analytique

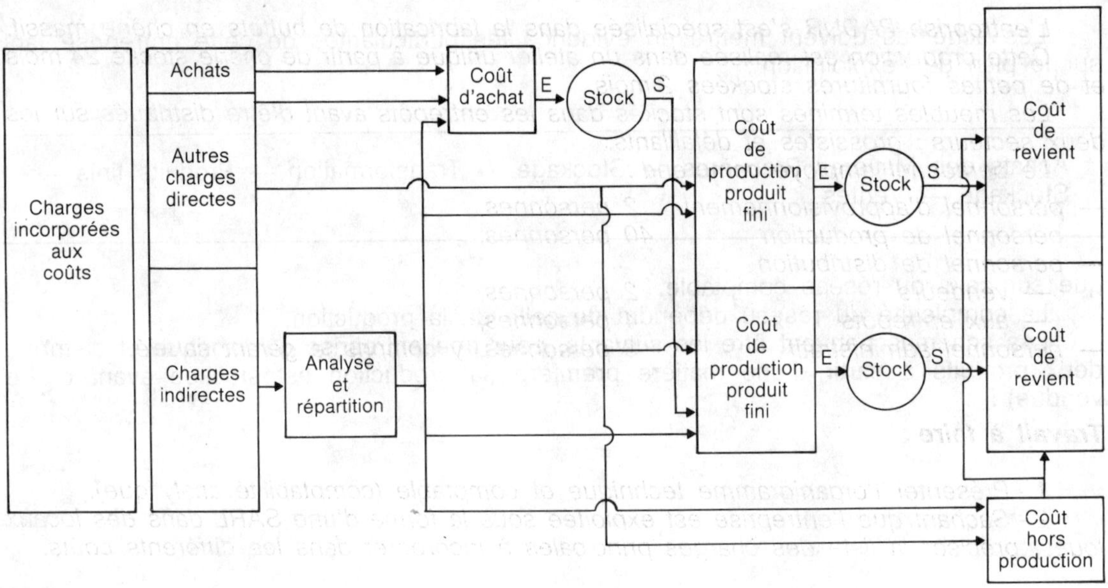

IV - CONCLUSION

Les organigrammes, relatifs aux cas présentés pris parmi les plus fréquents, montrent que le processus technique influe fortement le réseau de la comptabilité analytique.

Exercice n° 1 : L'entreprise RIVO

L'entreprise RIVO distribue des chaussures de la Marque PLI dans son magasin de Valenciennes. Son magasin comprend en fait 4 pièces qui correspondent :

— pièce n° 1 : Magasin de Vente avec 6 vendeuses,
— pièce n° 2 : Bureau avec 1 employé pour toute la partie administrative,
— pièce n° 3 : Réserve pour les chaussures non exposées où s'approvisionnent les vendeuses,
— pièce n° 4 : Salle vestiaire et de repos pour le personnel.

Les livraisons sont stockées dans la pièce n° 3 et sont faites franco-arrivée.

Travail à faire :

1 - Présenter l'organigramme technique et comptable (comptabilité analytique).

2 - Sachant que l'entreprise est exploitée sous la forme individuelle dans des locaux dont elle est propriétaire, donner la liste des charges principales à incorporer dans les différents coûts.

Exercice n° 2 : L'entreprise PADUR

L'entreprise PADUR s'est spécialisée dans la fabrication de buffets en chêne massif.

Cette production est réalisée dans un atelier unique à partir de chêne stocké 24 mois et de petites fournitures stockées 2 mois.

Les meubles terminés sont stockés dans les entrepôts avant d'être distribués sur les deux secteurs : grossistes et détaillants.

Le personnel employé comprend :

— personnel d'approvisionnement : 2 personnes,
— personnel de production : 40 personnes,
— personnel de distribution :
  — vendeurs : 2 personnes,
  — aux entrepôts : 4 personnes,
— personnel administratif : 3 personnes, y compris le gérant salarié.

Travail à faire :

1 - Présenter l'organigramme technique et comptable (comptabilité analytique).

2 - Sachant que l'entreprise est exploitée sous la forme d'une SARL dans des locaux loués, préciser la liste des charges principales à incorporer dans les différents coûts.

Exercice n° 3 : L'entreprise BATRI

La société anonyme BATRI est spécialisée dans le reponçage sur métaux.

Les fabrications sont réalisées sur commandes dans des ateliers communs pour toutes les tâches relatives aux différents produits. Les commandes terminées sont immédiatement livrées aux clients. Il n'y a pas de stockage intermédiaire.

La matière première est fournie par l'entreprise.

Le personnel employé comprend :

— personnel d'approvisionnement : 4 personnes,
— personnel de production : 60 personnes,
— personnel de distribution :
  — un représentant
  — à l'expédition : 6 personnes,
— personnel administratif : 4 personnes non compris le directeur salarié.

Travail à faire :

1 - Présenter l'organigramme technique et comptable (comptabilité analytique).

2 - Donner la structure du coût de production sur commande (1).

3 - En supposant que l'entreprise travaille pour certains clients à façon, donner la structure du coût de production, du coût de revient (1).

Exercice n° 4 : L'entreprise POTIRON

La société anonyme POTIRON fabrique deux grandes catégories de robots destinés aux industriels. Ces machines sont spécifiques et peuvent être considérées comme produites à la chaîne dans deux ateliers distincts à partir de matières premières identiques.

(1) Indiquer uniquement les grandes masses.

Le personnel employé comprend :

- — *personnel d'approvisionnement : 6 personnes,*
- — *personnel de production : 100 personnes,*
- — *personnel de distribution*
  - — *représentants : 6 personnes,*
  - — *aux entrepôts : 5 personnes,*
- — *personnel administratif : 8 personnes y compris les directeurs salariés.*

Travail à faire :

1 - Présenter l'organigramme technique et comptable (comptabilité analytique).

2 - Les responsables considèrent que les stocks représentent des dépenses importantes, ils vous demandent de lui trouver une organisation qui lui permet de réduire les coûts et d'exposer la solution dans une courte note.

LES COÛTS COMPLETS

Chapitre 5

COÛTS COMPLETS CONSTATÉS : ÉLÉMENTS CONSTITUTIFS DES COÛTS

I - LES CHARGES INCORPORABLES DE LA COMPTABILITÉ GÉNÉRALE

Coût d'un produit

Le coût d'un produit est représenté par la somme des charges relatives à ce produit, service ou fonction. Il est lié à l'activité de l'entreprise et déterminé à partir des charges de la comptabilité générale.

Les charges de la comptabilité générale sont retraitées pour ne prendre en compte que les charges normales courantes : **les charges exceptionnelles sont toujours exclues** du calcul.

Voir schéma n° 1 page 48.

1 - La détermination des charges incorporables

Le montant des charges incorporables est égal à la somme des éléments suivants :

Signes	Eléments
+ + – + –	Charges d'exploitation Charges financières Charges non incorporables Différences sur charges de substitution : — en augmentation : lorsque les charges de substitution sont supérieures aux charges enregistrées. — en diminution : lorsque les charges de substitution sont inférieures aux charges enregistrées
=	Charges incorporables

Schéma n° 1 : retraitement des charges

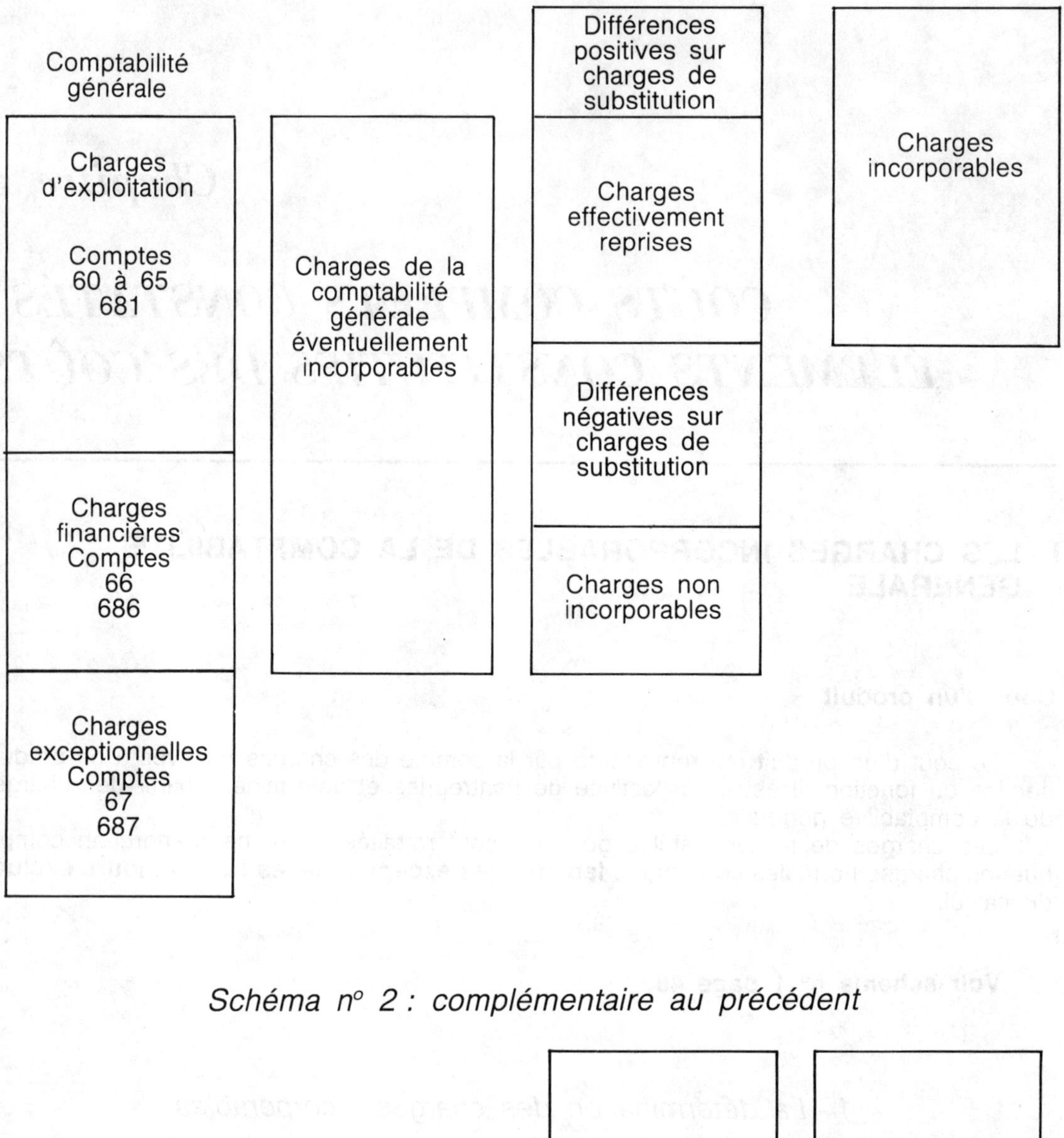

Schéma n° 2 : complémentaire au précédent

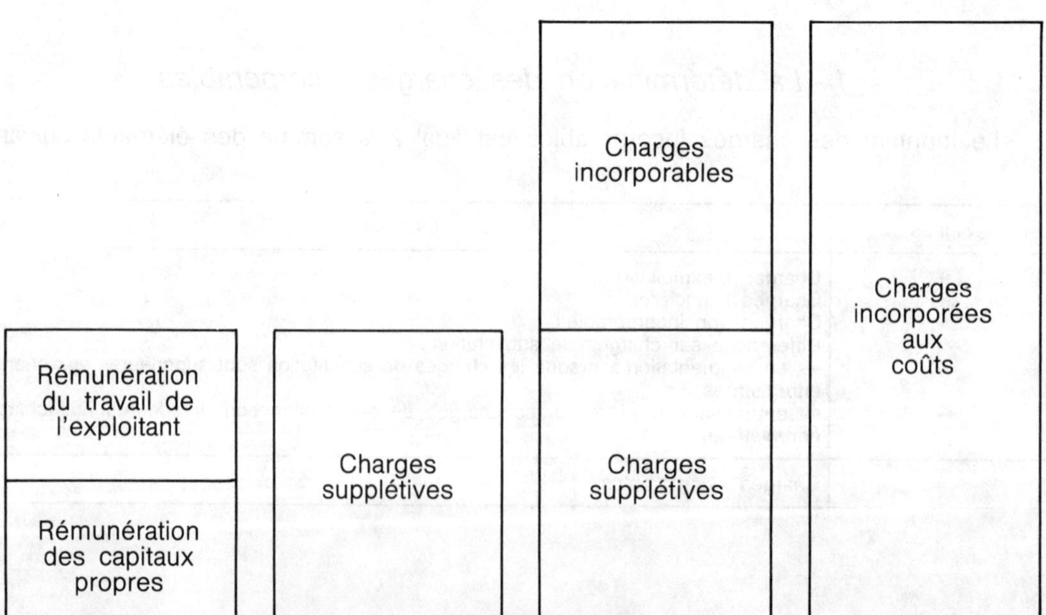

2 - Les causes des corrections

L'enregistrement des charges de la comptabilité générale obéit à des règles très strictes qui nécessitent des corrections pour « **éliminer les anomalies** » :

a - dues aux événements exceptionnels :

Les charges entraînées par des phénomènes anormaux ne sont pas reprises.

Exemples : dotations aux provisions pour dépréciation de nature exceptionnelle ou irrégulière.

b - dues à des différences dans les méthodes d'évaluation :

Les valeurs retenues en comptabilité générale sont liées aux règles juridiques, fiscales parfois à l'opposé de celle de la gestion ; il est donc normal de procéder à des remplacements afin d'obtenir une meilleure information.

Exemple n° 1 : Amortissement

La dépréciation constatée forfaitairement en comptabilité générale peut être remplacée par la perte estimée à la valeur d'usage en gestion.

Un matériel acheté le 10 juin 1988 pour 100 000 F est amorti sur 5 ans.

Opération de 1989 :

-Dépréciation forfaitaire sur la base du coût historique qui représente la charge de la comptabilité générale :

$$100\,000 \times \frac{20}{100} = 20\,000 \text{ F.}$$

-Dépréciation sur la base de la valeur d'usage, estimée à 140 000 F. en 1989 qui représente la charge de la substitution :

$$140\,000 \times \frac{20}{100} = 28\,000 \text{ F.}$$

-Différence d'incorporation, calculée par comparaison des deux sommes :

$$28\,000 - 20\,000 = 8\,000 \text{ F}$$

Cette différence augmente les coûts.

Exemple n° 2 : Valorisation des mouvements relatifs aux stocks

La comptabilité générale valorise les mouvements au coût moyen alors que la comptabilité analytique peut utiliser un coût de référence économiquement justifié : le coût de remplacement.

Une matière a été acquise et enregistrée en comptabilité générale dans les conditions suivantes :

1 - 1 000 kg à 15 F
2 - 3 000 kg à 18 F

La valeur de remplacement est estimée, au dernier cours, à : 16 F.

— **Charge de la comptabilité générale** au coût réel constaté :
$15 \times 1\,000 + 18 \times 3\,000 = 69\,000$ F

— **Charge de substitution** au coût de remplacement :
$16 \times 1\,000 + 16 \times 3\,000$. 64 000 F

— **Différence d'incorporation**, calculée par comparaison des deux sommes :
64 000 − 69 000 = − 5 000 F
Cette différence négative réduit les coûts.

Exemple n° 3 : Provisions d'exploitation

La provision constatée en comptabilité générale n'est pas conforme à la réalité économique.

Les comptes clients ont fait l'objet d'une provision pour dépréciation de 10 % de 213 480 F TTC alors que normalement la dépréciatin est de 6 % de 177 900 F TTC (TVA à 18, 60 %).
Les provisions sont calculées sur la valeur hors TVA des créances.

— **Charge de la comptabilité générale** :

$$213\,480 \times \frac{100}{118{,}6} \times \frac{10}{100} = 18\,000 \text{ F.}$$

— **Charge de substitution** :

$$177\,900 \times \frac{100}{118{,}6} \times \frac{6}{100} = 9\,000 \text{ F.}$$

— **Différence d'incorporation**, calculée par comparaison des deux sommes :
9 000 − 18 000 = − 9 000 F
Cette différence négative réduit les coûts.

c - dues à des différences dans la durée de la période de référence :
Certaines charges constatées sont reprises, après ajustement prorata temporis à la période de référence.

Exemple :

La comptabilité générale a enregistré :
— la prime d'assurance : 18 000 F pour 12 mois ;
— la taxe professionnelle : 72 000 F pour 12 mois ;
— le loyer professionnel : 60 000 F pour 6 mois.

Les coûts analytiques sont calculés pour une période de un mois.
La charge à imputer est calculée sur la période de calcul du coût, soit pour un mois :
— assurance : 18 000/12 = 1 500 F
— taxe professionnelle : 72 000/12 = 6 000 F
— loyer professionnel : 60 000/6 = 10 000 F

Cette méthode qui consiste à imputer une charge par fractions proportionnelles au temps est appelée **Méthode de l'abonnement**. Elle doit être appliquée à toutes les charges enregistrées qui ont une référence périodique différente de celle du calcul des coûts.

II - LES CHARGES SUPPLÉTIVES DE LA COMPTABILITÉ ANALYTIQUE

Les coûts déterminés par les entreprises doivent inclure tous les coûts des facteurs économiques qui interviennent dans le processus d'exploitation courante. Or, il apparaît que le coût de certains facteurs n'est pas pris en considération en comptabilité générale du fait de l'application des règles comptables dans le cadre juridique défini pour l'entreprise.

C'est le cas, par exemple :
— de la rémunération du travail de l'exploitant, dans l'entreprise individuelle, qui n'est pas considérée comme une charge,
— de la rémunération des capitaux propres utilisés, puisque la charge est fonction de la politique financière de l'entreprise.

Ces charges, non inscrites en comptabilité générale, sont incorporées aux coûts en comptabilité analytique, sous la responsabilité du chef d'entreprise. Elles portent le nom de **charges supplétives** et sont considérées comme des **différences d'incorporation**.

Voir schéma n° 2 page 48.

1 - Détermination des charges incorporées

Le montant des charges incorporées est égal à la somme des éléments suivants :

Signes	Eléments
+ +	Charges incorporables Charges supplétives
=	Charges incorporées

2 - Exemple

Pour le calcul mensuel de ses coûts, le directeur de l'entreprise individuelle RIVOIR désire tenir compte des éléments suivants :
— salaire mensuel brut de l'exploitant : 20 000 F,
— rémunération du capital de 100 000 F à 9 % l'an.

Et des charges incorporables estimées à 840 000 F.

Travail à faire :

1 - Calculer les éléments supplétifs.
2 - Déterminer le montant des charges incorporées.

Solution :

1° Question : Charges supplétives

- Salaire mensuel	20 000
- Rémunération du capital propre pour un mois : $1\,000\,000 \times \frac{9}{100} \times \frac{1}{12}$	7 500
Charges supplétives	27 500

2° Question : Charges incorporées

+ Charges incorporables	840 000
+ Charges supplétives	27 500
Charges incorporées	867 500

III - DE LA COMPTABILITÉ GÉNÉRALE A LA COMPTABILITÉ ANALYTIQUE

1 - Organisation du retraitement

Les charges par nature de la comptabilité générale doivent être retraitées pour :
— éliminer les opérations exceptionnelles,
— corriger les charges enregistrées (charges de substitution, méthode de l'abonnement),
— ajouter éventuellement les éléments supplétifs.

Voir schéma page 53.

2 - Détermination des charges

— Charges incorporées :

Signes	Eléments
+	Charges d'exploitation
+	Charges financières
+	Différences positives sur charges de substitution
–	Différences négatives sur charges de substitution
–	Charges non incorporables
+	Charges supplétives
=	Charges incorporées

— Différences d'incorporation

Signes	Eléments
+	Charges non incorporables
+	Différences négatives sur charges de substitution
–	Différences positives sur charges de substitution
–	Charges supplétives
=	Différences d'incorporation

— Charges de la comptabilité générale

— **Charges de la comptabilité générale**

Signes	Eléments
+	Charges incorporées
+	Différences d'incorporation
=	Charges de la comptabilité générale

Schéma d'ensemble

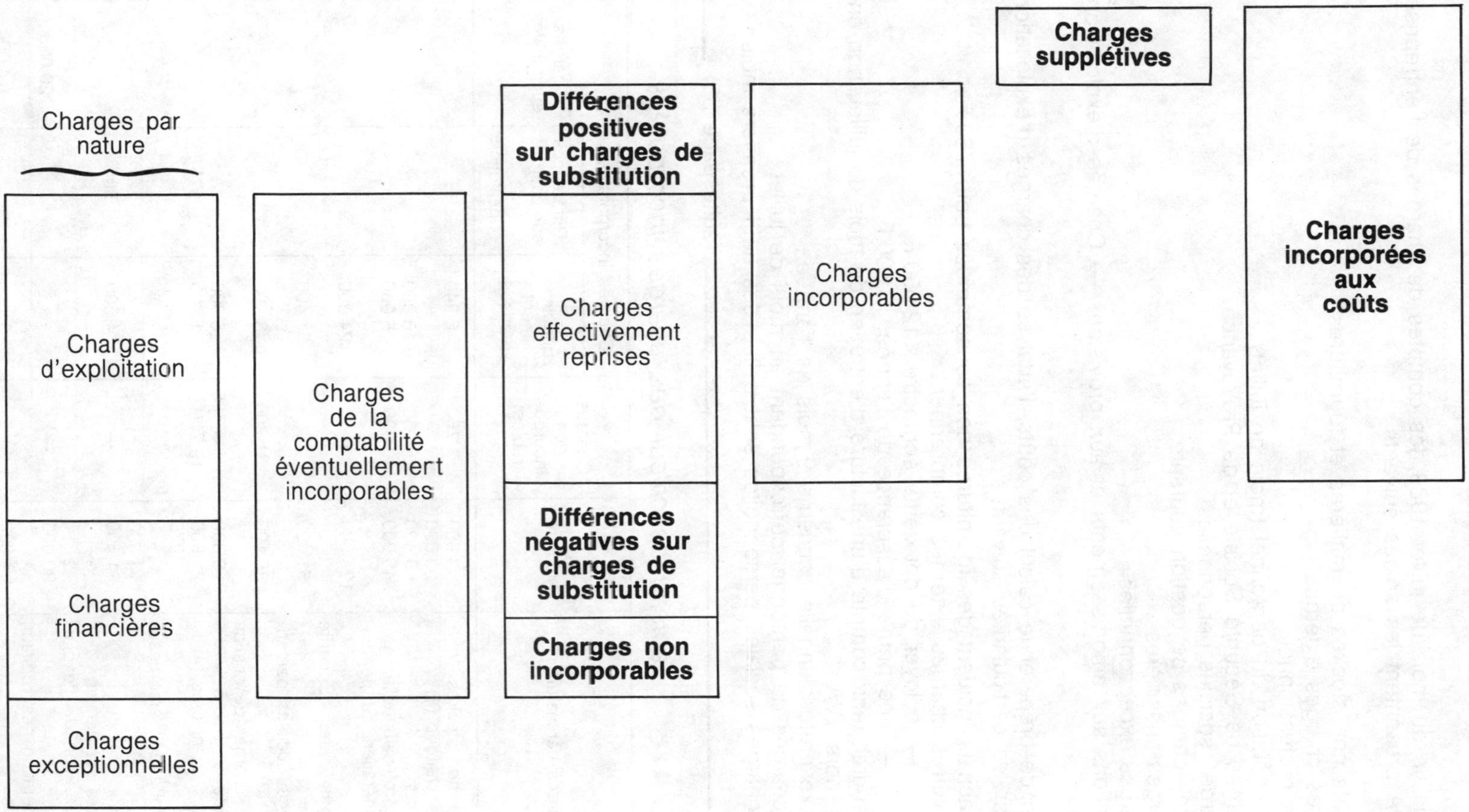

IV - APPLICATION

A la fin du mois de juillet 1989, les comptes de charges de l'entreprise individuelle QUIQUA présentent les soldes suivants :

— Achats non stockés de matières et fournitures	9 600
— Autres charges externes	29 400
— Taxe professionnelle	45 000
— Rémunération du personnel (mois de juillet)	124 000
— Charges de Sécurité Sociale et de Prévoyance	51 400
— Charges sociales personnelles	35 100
— Autres charges de gestion courante	6 300
— Charges financières	21 600
— Charges exceptionnelles	3 240
— Dotations aux amortissements et aux provisions — Charges d'exploitation	—

Afin de préparer le calcul des coûts, l'analyse des charges d'exploitation permet de constater les particularités suivantes :

— les achats incluent des fournitures non consommées pour 760 F ;

— les autres charges externes comprennent :

— le loyer du deuxième semestre : 12 000 F

— une prime d'assurance de l'année : 6 600 F.

Il faudrait tenir compte d'une facture d'entretien du mois de juillet, non encore reçue : 3 400 F, hors TVA ;

— la taxe professionnelle concerne 9 mois de l'année ;

— les charges de personnel correspondent au mois de juillet ;

— les charges sociales personnelles sont celles des neuf premiers mois ;

(suite page 55)

Tableau de calcul des charges incorporées

Charges par nature	Montant	Charges non incorporables	Charges incorporables		Charges supplétives	Charges incorporées
			Effectivement reprises	Différences sur charges de substitution		
— Achats non stockés	9 600	760	8 840			8 840
— Autres charges (1) externes	29 600 3 400	16 050	16 950			16 950
— Taxe professionnelle	45 000	40 000	5 000			5 000
— Rémunération du personnel	124 000	—	124 000			124 000
— Charges de Sécurité sociale	51 400	—	51 400			51 400
— Charges Sociales personnelles (3)	35 100	31 200	3 900			3 900
— Autres charges de gestion courante	6 300	—	6 300			6 300
— Charges financières (4)	21 600 975	19 700 —	1 900	975		2 875
— Dotations aux amortissements (5)	4 500 1 500	—	4 500	1 500		6 000
— Charges supplétives						
— rémunération de l'exploitant	20 000	—	—		20 000	20 000
— rémunération des capitaux propres	4 000				4 000	4 000
Totaux	356 975	107 710	222 790	2 475	24 000	249 265

— les autres charges de gestion courante n'appellent aucune remarque ;
— les charges financières incluent :
   — les intérêts pour 12 mois, 18 000 F au taux de 8 % ;
   — les intérêts pour 9 mois, 3 600 F au taux de 4 % ;
Le chef d'entreprise considère que le taux normal est de 10 % ;
— les charges exceptionnelles doivent être exclues ;
— les amortissements annuels s'élèvent à 54 000 F lorsqu'ils sont calculés sur les valeurs historiques, mais à 72 000 F s'ils le sont sur les valeurs d'usage ;
— il faut également tenir compte :
   — de la rémunération mensuelle de l'exploitant : 20 000 F,
   — de la rémunération des capitaux propres : 48 000 F à 10 % l'an.

Travail à faire :

Présenter le tableau de calcul des charges incorporées dans les coûts.

Solution : Voir tableau page 54

Détail des calculs

(1) — Loyer d'un mois : 12 000/6 = 2 000
— Assurance d'un mois : 6 600/12 = 550
Charges non incorporables
(12 000 + 6 600) − (2 000 + 550) = 16 050

(2) Taxe professionnelle d'un mois : 45 000/9 = 5 000
Charges non incorporables
4 500 − 5 000 = 40 000

(3) Charges sociales personnelles d'un mois : 35 100/9 = 3 900
Charges non incorporables
35 100 − 3 900 = 31 200

(4) Charges financières d'un mois :
— 18 000/12 = 1500
— 3 600/9 = 400
Charges non incorporables
21 600 − (1500 + 400) = 19 700

Charges de substitution

$$— 1\,500 \times \frac{10}{8} + 400 \times \frac{10}{4} = 2\,875$$

Différence sur charges de substitution :
2 875 − 1 900 = 975

(5) Amortissements :
— constatés pour un mois
54 000/12 = 4 500
— Valeur d'usage
72 000/12 = 6 000
Différence sur charges de substitution
6 000 − 4 500 = 1 500

(6) Rémunération des capitaux propres pour un mois :

$$480\,000 \times \frac{10}{100} \times \frac{1}{12} = 4\,000$$

Exercice n° 1 : Entreprise VIRULE

L'entreprise VIRULE utilise une matière première achetée dans les conditions suivantes pour réaliser sa fabrication au cours du mois de mai :

4/5 — 2 000 kg à 10,40 F
12/5 — 3 000 kg à 12,00 F
10/5 — 4 000 kg à 15,00 F
25/5 — 1 000 kg à 16,00 F.

Le chef d'entreprise considère que le coût d'achat de référence pour le calcul des coûts doit être la valeur de remplacement, soit au prix du marché futur : 19,00 F le kg.

Travail à faire :

Calculer le coût d'achat de la comptabilité générale, le coût de substitution et la différence d'incorporation correspondante.

Exercice n° 2

La société DUPOT utilise pour sa production un matériel acheté 200 000 F hors TVA déductible, le 27 juillet 1988.

Ce matériel est amorti linéairement sur 10 ans.

Les responsables considèrent que les coûts doivent comprendre l'amortissement linéaire sur la valeur de remplacement, soit 320 000 F hors TVA déductible.

Travail à faire :

Calculer l'amortissement historique, de substitution et la différence pour le mois de mai 1989.

Exercice n° 3 : Entreprise PETARD

Des charges de l'entreprise PETARD, on extrait les renseignements suivants pour le mois de septembre :

— charges d'exploitation	*: 1 273 627*
— charges financières	*: 141 122*
— charges exceptionnelles	*: 43 631*

Les amortissements et les provisions sont les suivants pour l'année :

— constructions techniques	*: 120 000*
— installations techniques	*: 221 400*
— frais d'établissement	*: 27 000*
— valeurs mobilières de placements	*: 2 600*
— créances douteuses	*: 65 000*
— stocks	*: 28 400*

Le chef d'entreprise désire tenir compte des valeurs de remplacement pour le calcul des coûts, ce qui donne :

— amortissements des constructions	*: 144 000*
— installations techniques	*: 272 400*

et demande également de constater :
— que la provision pour dépréciation des clients est anormale ;
— que la provision pour dépréciation des stocks est normalement de : 19 600 ;
— la rémunération des capitaux propres à 9 % l'an sur 800 000 F ;
— le salaire du dirigeant : 21 000 l'an.

Travail à faire :

Calculer le montant des charges incorporables, incorporées, et la différence d'incorporation pour le calcul des coûts du mois de septembre.

Exercice n°4 : Entreprise MOUILLET

La comptabilité analytique de l'entreprise MOUILLET a enregistré dans les coûts du mois de novembre 2 644 000 F de charges. Ce montant a été déterminé à partir des charges de la comptabilité générale et des retraitements suivants :
— salaire estimé du dirigeant 300 000 F par an ;
— rémunération des capitaux propres à 12 % l'an sur 600 000 F ;
— amortissement économique du matériel 12 000 F par mois, supérieur de 20 % à l'amortissement comptable ;
— amortissement des frais d'établissement : 20 000 F l'an ;
— provisions pour dépréciation des comptes clients, considérées comme charges normales à hauteur de 5 000 F et comme anormales pour le reste, soit 7 600 F ;
— matières estimées au coût de remplacement, soit 24 F le kg, pour 34 000 kg. Ce coût est supérieur de 40 % au coût comptabilisé.

Travail à faire :

Calculer les charges de la comptabilité générale après avoir justifié les retraitements.

Chapitre 6

COÛTS COMPLETS CONSTATÉS
CHARGES DIRECTES
CHARGES INDIRECTES

I - L'ANALYSE DES CHARGES INCORPORÉES

L'étude détaillée des charges incorporées permet de distinguer :

— les **charges directes** : charges pour lesquelles l'affectation aux coûts se fait immédiatement.

Exemple :

— Salaire de l'ouvrier qui ne travaille que pour un produit, un service.
— Matières consommées pour une production déterminée.

— les **charges indirectes** : charges qui ont des destinations multiples et qu'il sera nécessaire de répartir avant d'imputer.

Exemple :

— Consommation de l'électricité de toute l'usine qui fabrique de nombreux produits,
— Charges du service comptable,
— Charges du magasin.

Cette étude critique peut être conduite à partir de la réponse à la question suivante posée pour chaque charge incorporée :

— Quelle destination ?
— un produit
— plusieurs produits

La réponse induit le classement de la charge et son traitement (voir tableau de synthèse ci-après).

Tableau des charges

Charges incorporées	Destination		Nature		Traitement	
	Un produit	Plusieurs produits	Charge directe	Charge indirecte	Affectation	Répartition
— Matières premières et fournitures	×	×	×	×	×	×
— Matières consommables	×	×	×	×	×	×
— Services externes	×	×	×	×	×	×
— Impôts, taxes...	×	×	×	×	×	×
— Salaires + charges sociales	×	×	×	×	×	×
— Autres charges de gestion courante	×	×	×	×	×	×
— Charges financières	×	×	×	×	×	×
— Dotations	×	×	×	×	×	×

II - LA RÉPARTITION DES CHARGES INDIRECTES

Lorsque le montant des charges indirectes est connu, il est nécessaire d'en faire la répartition entre les différents coûts selon les besoins de la gestion. Cette répartition, plus ou moins arbitraire, est :

— soit liée aux charges directes,

exemple : partage proportionnel à un montant, un poids, une quantité,

— soit liée aux grandes fonctions de l'entreprise.

La répartition fonctionnelle, la moins arbitraire de toutes, est préconisée par le plan comptable, sous le nom de « Méthodes des Centres Homogènes ». Le réseau comptable proposé par le plan comptable est alors le suivant :

CHARGES DIRECTES ET INDIRECTES
AFFECTATION — RÉPARTITION — IMPUTATION

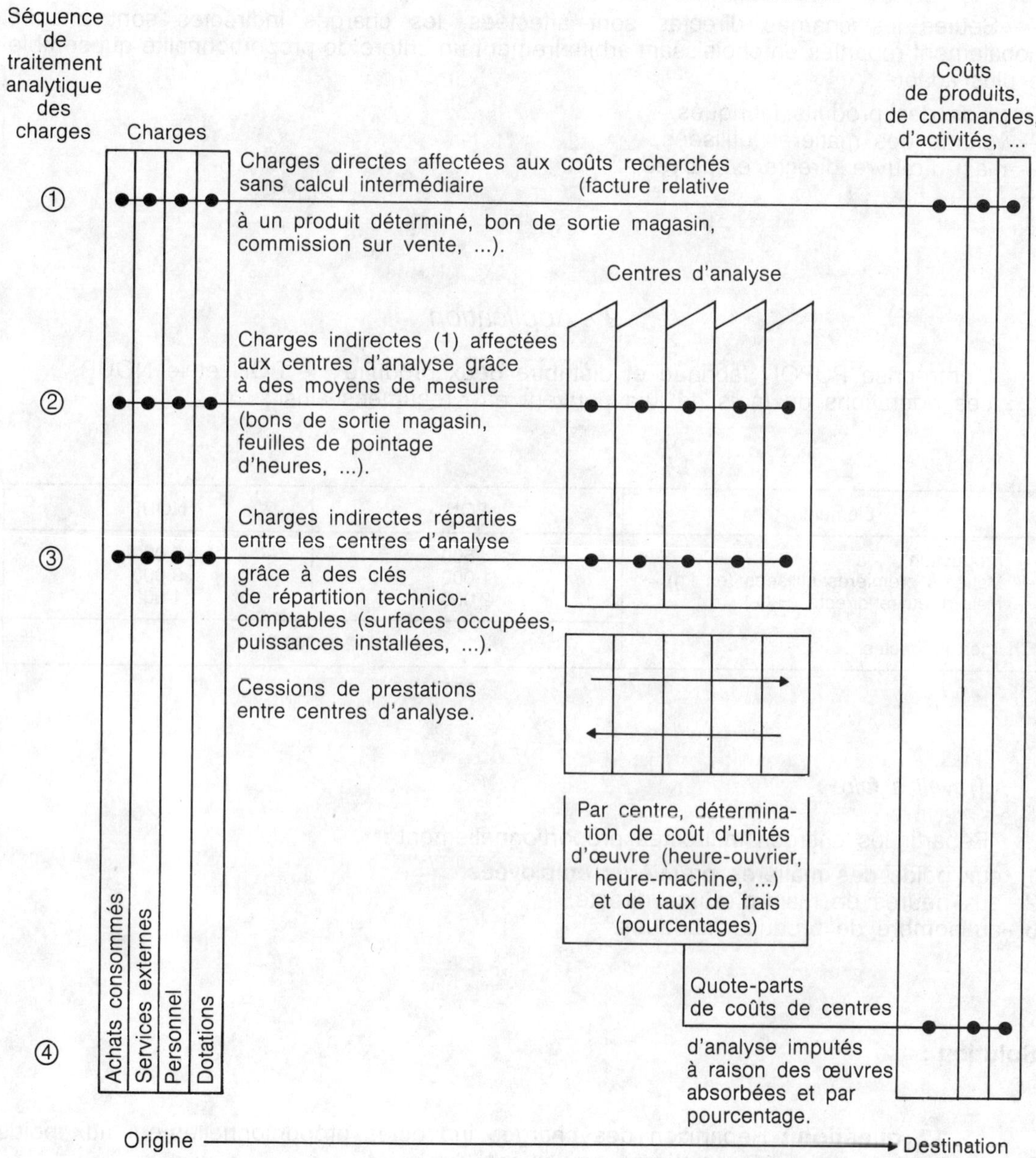

(1) Le terme semi-direct a été parfois utilisé pour désigner les charges indirectes affectées aux centres.

III - LA RÉPARTITION DES CHARGES INDIRECTES D'APRÈS LES CHARGES DIRECTES

1 - Principe

Seules les charges directes sont affectées, les charges indirectes sont ensuite globalement réparties en choisissant arbitrairement un critère de proportionnalité qui semble le plus adapté :
— poids des produits fabriqués,
— volume des matières utilisées,
— main-d'œuvre directe employée,
— ...

2 - Application

L'entreprise PUPON fabrique et distribue deux produits : le PON et le NOUP.
Les opérations du mois de juin peuvent être résumées ainsi :

Eléments	PON	NOUP
— Production — Matières premières utilisées (en kg) — Main-d'œuvre directe (H.O.)	500 1 000 2 000	2 000 3 000 1 000
Charges indirectes	240 000 F	

Travail à faire :

Répartir les charges indirectes proportionnellement :
1 - aux poids des matières premières employées,
2 - aux heures de main-d'œuvre directe,
3 - au nombre de produits fabriqués.

Solution :

1re question : Répartition des charges indirectes proportionnellement aux poids des matières employées.

— Coefficient de répartition : $\dfrac{\text{charges indirectes}}{\text{poids des matières premières}} = \dfrac{240\,000}{(1\,000 + 3\,000)} = \underline{60}$

— Répartition des charges indirectes :
— produit PON : $60 \times 1\,000 = 60\,000$
— produit NOUP : $60 \times 3\,000 = \underline{180\,000}$
$240\,000$

2e question : Répartition des charges indirectes proportionnellement aux heures de main-d'œuvre directe.

— Coefficient de répartition : $\dfrac{\text{charges indirectes}}{\text{Nombre d'heures de main-d'œuvre directe}}$

$$= \frac{240\,000}{(2\,000 + 1\,000)} = \underline{80}$$

— Répartition des charges indirectes :
— produit PON : 80 × 2 000 = 160 000
— produit NOUP : 80 × 1 000 = 80 000
240 000

3e question : Répartition des charges indirectes proportionnellement au nombre de produits fabriqués.

— Coefficient de répartition : $\dfrac{\text{charges indirectes}}{\text{Nombre de produits fabriqués}} = \dfrac{240\,000}{(500 + 2\,000)} = \underline{96}$

— Répartition des charges indirectes :
— produit PON : 96 × 500 = 48 000
— produit NOUP : 96 × 2 000 = 192 000
240 000

3 - Conclusion

L'application permet de constater que selon le critère de proportionnalité retenu, le montant des charges indirectes imputées est très différent, ce qui fausse le jugement sur la « performance » des produits. Il est donc nécessaire de remplacer cette méthode simple, mais bien souvent peu « efficace » par une méthode plus rationnelle assise sur l'analyse fonctionnelle de l'activité de l'entreprise : **la méthode proposée par le plan comptable est fondée sur la décomposition de l'activité de l'entreprise en centres d'analyse**.

IV - LA RÉPARTITION DES CHARGES INDIRECTES D'APRÈS LA MÉTHODE DES CENTRES HOMOGÈNES

1 - Les centres d'analyse

L'activité de l'entreprise est divisée en « compartiments d'ordre comptable » appelés « centres d'analyse » dans lesquels sont regroupées, avant d'être réparties, les charges indirectes.

Les centres d'analyse sont :

— soit une **cellule réelle** de l'activité de l'entreprise; ils sont alors appelés : **Centres de travail**.

Exemple : magasin, atelier de fraisage, atelier de montage...

Ces centres peuvent, selon les besoins, être subdivisés en sections.

— soit une cellule fictive de l'entreprise liée souvent à une fonction :

Exemple : administration, gestion financière...

2 - Les centres homogènes

Le **centre d'analyse** doit être déterminé de telle façon que son **activité** puisse être mesurée avec une unité, caractéristique de ses performances, appelée « **Unité d'œuvre** ». Le centre d'analyse ainsi caractérisé prend le nom de **centre d'analyse homogène**.

Cette unité d'œuvre qui reflète l'activité du centre est utilisée pour en répartir le coût entre les différents produits ou services concernés d'après les calculs suivants :

— **Coûts de l'unité d'œuvre**. Il est égal au rapport : $\dfrac{\textbf{Coût du centre}}{\textbf{Nombre d'unités d'œuvre}}$

— **Coût à imputer**. Il est égal au produit : **Coût de l'unité d'œuvre × Nombre d'unités d'œuvre**.

Application :

Coût du Centre Atelier de Pliage.

Au cours du mois de juin, le centre a enregistré 42 000 F de charges indirectes. L'activité du centre est caractérisée par le nombre d'heures-machines, soit pour le mois considéré : 4 200 heures.

Travail à faire :

Calculer :

1 - le coût de l'unité d'œuvre : heure-machine (H/M),

2 - le coût imputé au produit n° 136 qui a nécessité 213 heures de traitement dans l'Atelier de Pliage.

Solution :

1° Question : Coût de l'unité d'œuvre (H/M) 42 000/4 200 = <u>10 F</u>

2° Question : Coût imputé au produit n° 136. 10 × 213 = <u>2 130 F</u>

Cas particulier :

Lorsque l'activité d'un centre ne peut être mesurée à l'aide d'une unité particulière (cas des centres de structure : administration, financement) l'imputation se fait à l'aide d'un taux de frais.

Le taux de frais est utilisé pour répartir le coût du centre d'après les calculs suivants :

— **Taux de frais**. Il est égal au rapport :

$$\frac{\textbf{Coût du centre}}{\textbf{Valeur de la base choisie}} \times \textbf{100}$$

— **Coût à imputer**. Il est égal au produit :

Valeur de la base choisie × Taux de frais/100

Application :

Coût du Centre Administration.

Le coût est réparti d'après le coût de production de la période.

Pour le mois de juin, le coût à répartir s'élève à 185 000 F et la masse des coûts de production à 5 781 250 F.

Travail à faire :

Calculer :

1 - le taux de frais du Centre Administration,

2 - le coût imputé au produit n° 136 dont le coût de production s'élève à 121 000 F.

Solution :

1° Question : Taux de frais du Centre Administration

$$\frac{185\,000 \times 100}{5\,781\,250} = 3{,}2\ \%$$

2° Question : Coût imputé au produit n° 136.

$$121\,000 \times 3{,}2/100 = 3\,872\ \text{F}$$

3 - Les différents centres d'analyse

Il est possible de distinguer deux grandes catégories de centres d'analyse selon l'unité de mesure de l'activité :

— **centres d'analyse** dont l'**activité peut être mesurée par une unité physique**, par exemple :

- — heure-ouvrier,
- — heure-machine,
- — tonne de matière première...

Ils sont appelés **centres opérationnels** et leurs coûts sont imputés proportionnellement aux coûts des unités d'œuvre.

Ces centres sont subdivisés en :

— **Centres Principaux** dont les coûts des unités d'œuvre sont imputés directement aux coûts des produits.

— **Centres Auxiliaires** dont l'essentiel des unités d'œuvre est cédé à d'autres centres.

— **Centre d'analyse** dont l'**activité ne peut être mesurée par une unité d'œuvre physique**. Ils sont appelés **centres de structure** et leurs coûts sont imputés par application de clés de répartition rationnelles choisies par les responsables.

Les centres d'analyse ouverts dans l'entreprise seront fonction de sa complexité, de ses activités ainsi que de ses besoins d'information. Le Plan Comptable propose un groupe de centres d'analyse selon les fonctions économiques assumées à l'intérieur d'une unité économique : voir tableau ci-après.

Schéma comparatif des conceptions de structure fonctionnelle selon la taille des entreprises

Division fonctionnelle élémentaire — **Division fonctionnelle évoluée**

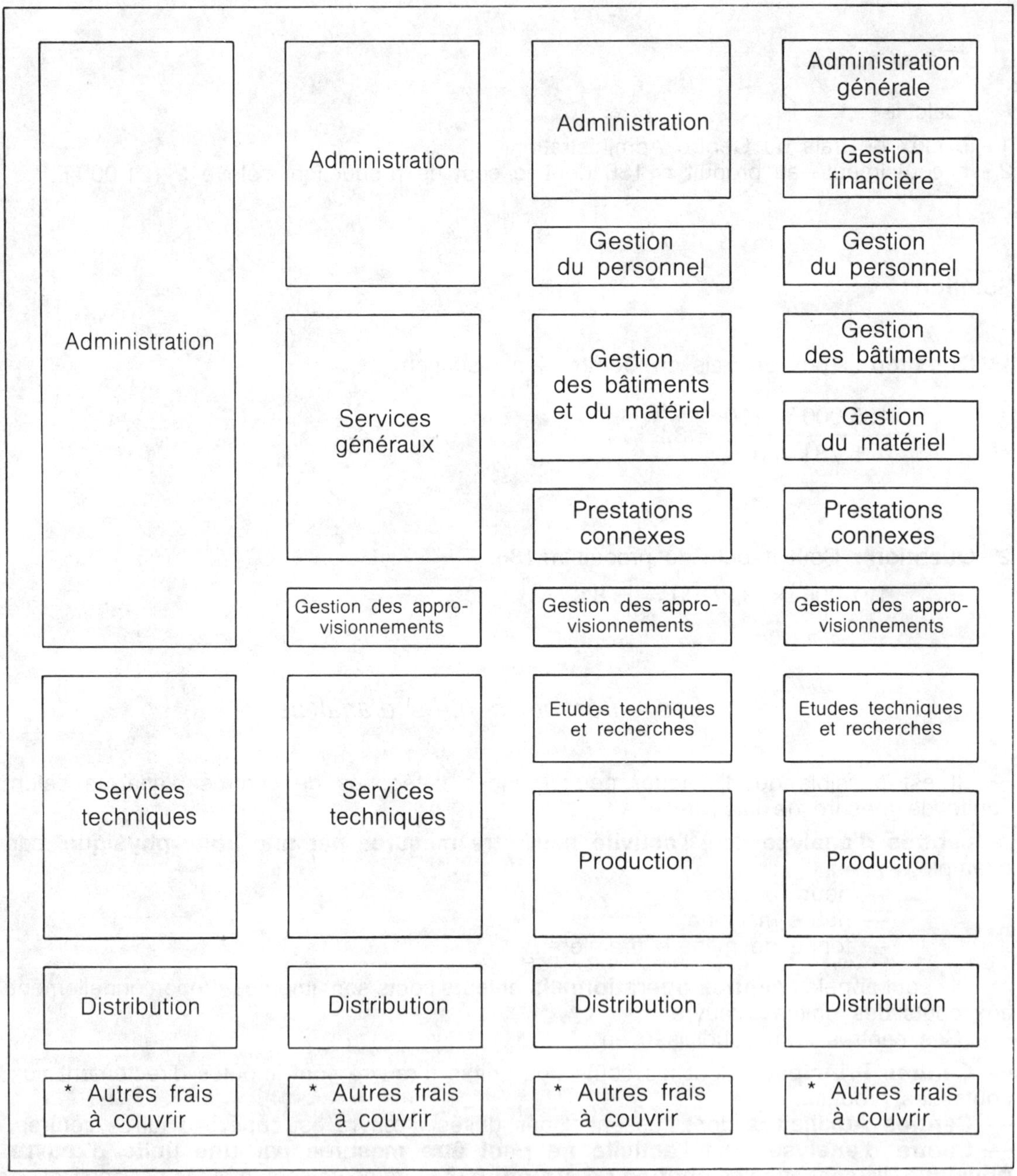

Extrait du Plan Comptable général

(*) « Autres frais à couvrir » reçoit les charges qui n'entrent pas dans le cadre des unités fonctionnelles et ne sont pas réparties dans les centres. Ils sont considérés comme des coûts hors production.

Classement fonctionnel des centres d'analyse

Tout centre d'analyse peut être rattaché à une des fonctions économiques assumées par l'entreprise.

Le classement suivant est fourni à titre d'exemple, chaque entreprise pouvant l'adapter à ses besoins propres.

Fonctions généralement communes à l'unité économique	Fonctions généralement communes à plusieurs activités	Fonctions généralement propres à chaque activité
Administration générale	Gestion du personnel	Approvisionnement
Financement	Gestion des bâtiments	Étude technique et recherche
	Gestion du matériel	Production
	Prestations connexes	Distribution

En outre, un centre de calcul « autres frais à couvrir » groupe les charges et les coûts qui échappent au classement ci-dessus.

> Les indications données dans le présent chapitre ne sont destinées qu'à servir de points de repère pour décrire ces différentes fonctions.
>
> Un schéma comparatif des conceptions de structure fonctionnelle selon la taille des entreprises est fourni page 66.

Administration générale

Fonctions assumées

Au niveau de l'entreprise et au niveau de l'exploitation : prévision générale, définition des politiques financières, commerciales, techniques et humaines, mise en place des structures correspondantes ; leur orientation, coordination et contrôle d'évolution et de résultats.

Centres de travail pouvant assumer ces fonctions (exemples) :

— présidence, direction générale d'entreprises ;
— secrétariat général et relations publiques ;
— service de stratégie industrielle, sociale, du plan et du budget ;
— services centraux de contrôle de la gestion ;
— services juridiques (propriété industrielle, contentieux,...) ;
— services de contrôle et de révision des comptabilités ;
— directions d'unités fonctionnelles, d'établissements,... ;
— services du courrier, standard téléphonique, télex, agents de liaison ;
— services de comptabilité générale et analytique, de statistique et de contrôle de gestion ;
— services d'organisation, de documentation et d'archives ;
— service informatique.

Financement

Fonctions assumées

Recherche de capitaux, propres et empruntés, et leur gestion ; gestion des ressources courantes.

Centres de travail pouvant assumer ces fonctions (exemples) :

— service de gestion de la trésorerie ;
— service des titres et des emprunts.

Remarque

— Si les charges de personnel et de fonctionnement des services de financement sont groupées avec celles des centres de travail « administration », il n'est ouvert qu'un centre d'analyse « frais financiers » qui rassemble seulement les intérêts des emprunts, crédits et dettes, les frais d'escompte, la charge d'amortissement des primes de remboursement des obligations et, le cas échéant, l'intérêt des capitaux propres.

Gestion du personnel

Fonctions assumées

— fonctions de caractère technique : recrutement, sélection, embauche, administration du personnel, paie, perfectionnement ;
— fonctions de caractère social : rapports avec le comité d'entreprise et les délégués du personnel ; hygiène, nourriture, logement, transports, santé et sécurité, aide sociale, détente et relations sociales, conditions de travail particulières.

Centres de travail pouvant assumer ces fonctions (exemples) :

— services d'embauche du personnel, de pointage à l'entrée des locaux, de paie ;
— centre de formation professionnelle, service de formation et de reclassement du personnel, école d'apprentissage ;
— service de logement, de maisons d'habitation, de cantonnements ;
— service de prévention des accidents ;
— service médical ;
— service de retraites ;
et, lorsqu'ils ne sont pas gérés par le comité d'entreprise :
— restaurant d'entreprise, cantine, mess ;
— service social, bibliothèque, crèche, foyer, cercle, club, stade sportif,...

Gestion des bâtiments

Fonctions assumées

— administration des bâtiments ;
— sécurité et bonnes conditions de travail : hygiène et confort, éclairage, chauffage, climatisation ;
— sondages préventifs et révisions systématiques ;
— entretien courant des locaux, réparations ;
— reconstruction et rénovation.

Centres de travail pouvant assumer ces fonctions (exemples) :

— service de chauffage ;
— service d'éclairage ;
— service de prévention et de lutte contre l'incendie ;
— service central de nettoyage des bureaux et ateliers ;
— service de gardiennage ;
— ateliers d'entretien des bâtiments ;
— parkings.

Gestion du matériel

Fonctions assumées

— administration du matériel ;
— sécurité et bonnes conditions d'emploi du matériel ;
— entretien préventif et révisions systématiques ;
— entretien courant du matériel : dépannages, réparations ;
— reconstruction et rénovation.

Au cas où ces fonctions sont assurées par un centre de travail par ses moyens propres, les coûts correspondants sont généralement calculés avec ceux du centre.

Centres de travail pouvant assumer ces fonctions (exemples) :

— service technique du matériel ;
— ateliers d'entretien du matériel.

Prestations connexes

Fonctions assumées

Assurer la réalisation de prestations généralement non destinées à la vente, mais utilisées par différents centres de travail de l'entreprise.

Au cas où ces prestations intéressent un seul centre de travail, les coûts correspondants sont généralement calculés avec ceux du centre.

Centres de travail pouvant assumer ces fonctions (exemples) :

— services de production ou de transformation d'énergie électrique, de vapeur, d'air comprimé, de distribution d'eau ;
— services communs de transport : camions, camionnettes, voitures ;
— services communs de manutention : chariots automoteurs, manœuvres volants ;

— ponts et grues à usage de plusieurs centres de travail ;
— ateliers d'affûtage ;
— service central d'étalonnage des instruments de mesure non spécialisés ;
— services d'imprimerie, de reprographie, de photographie, de cinématographie ;
— service central de traduction et d'interprétariat ;
— service central de mécanographie ;
— service central de traitement de l'information ;

et notamment, dans les entreprises de distribution :

— service d'architecture ;
— service d'installation, de décoration de magasins, d'étalages ;
— service de crédit à la clientèle ;
— service d'agence de voyage, de théâtre ;
— service d'attractions offertes à la clientèle.

Approvisionnement

Fonctions assumées

Préparation des approvisionnements, achats, opérations propres aux sous-traitances et façons (le cas échéant), magasinage, comptabilisation.

Centres de travail pouvant assumer ces fonctions (exemples) :

— bureaux d'approvisionnement de marchandises, matières, sous-traitances et façons, services de nomenclatures d'approvisionnements ;
— bureaux d'achat ;
— magasins d'approvisionnements extérieurs ;
— services du laboratoire de contrôle qualitatif et quantitatif de la réception des approvisionnements extérieurs ;
— service de contrôle chez les sous-traitants et façonniers ;
— service du fichier fournisseurs ;
— service du fichier matières ;
— service de vérification des factures fournisseurs.

Étude technique et recherche

Fonctions assumées

— recherches générales concernant les matières, la technologie, ou les procédés de mise en œuvre ;
— conception du produit et établissement des dossiers de calcul et des liasses de réalisation (plan d'ensemble, de détail, nomenclature organique, spécifications et clauses techniques) aux différents stades d'élaboration, soit : avant-projet, maquette ou ensemble partiel de prototype, présérie, avant-série, série, maintenance, réparation ;
— perfectionnement continu du produit (modification, définition des variantes et versions différentes, mise à jour des documents techniques correspondant aux différents stades d'élaboration).

Centres de travail pouvant assumer ces fonctions (exemples) :

— centres ou laboratoires de recherche ;
— bureaux d'étude, de calcul, de dessin, de brevet ;
— services de normalisation, de tirage de plans ;
— centre de calcul scientifique.

Production

Fonctions assumées

Production de biens et services correspondant aux activités économiques exercées par l'entreprise :

a. Préparation du travail :

— élaboration des gammes de fabrication et de contrôle comprenant la description des opérations à exécuter, des moyens à employer, et fixant les allocations de matière et de temps ;
— études et réalisations des dessins des outillages spéciaux de fabrication et de contrôle.

b. Fabrication ou exécution :

Exécution et contrôle, par le personnel et les moyens matériels du fabricant, des produits (pièces, sous-ensembles et ensembles d'outillage, maquettes, prototypes, éléments d'avant-série et de série) destinés à être vendus aux clients ou exécutés pour les besoins propres du fabricant.

L'exécution par du personnel et des moyens matériels autres que ceux du fabricant est désignée par « sous-traitance » ou « façon » (1).

c. Contrôle final et essais :

— expérimentation du fonctionnement du matériel ;
— contrôle de qualité des produits.

Centres de travail pouvant assumer ces fonctions (exemples) :

a. Préparation du travail :

— bureaux de préparation et de méthode de fabrication ;
— bureaux d'étude ou de dessin d'outillage ;
— bureaux d'ordonnancement.

b. Fabrication ou exécution :

— ateliers de fabrication, d'usinage, de traitement, de montage,... ;
— chantiers extérieurs temporaires et permanents ;
— installations complexes spécialisées ;
— services de contrôle de fabrication et contrôles volants ;

et, notamment dans les entreprises de distribution :

— atelier de réparations, atelier de retouches ;
— restaurant de magasin, salon de thé, salon de coiffure ;
— atelier de photographie, photocopie, studio d'art ;
— station-service, parking payant.

c. Contrôle final et essais :

— atelier, salle ou bancs d'essais, laboratoire d'essais et de contrôle ;
— centre d'essais.

d. Éventuellement : stockage.

(1) Généralement, et selon les contrats passés avec le « maître d'ouvrage », un « sous-traitant » s'approvisionne lui-même en matières premières et parfois réalise les plans d'études et les outillages nécessaires. Généralement aussi, le « maître d'ouvrage » fournit au façonnier les plans, les outillages et les matières premières nécessaires.

Distribution

Fonctions assumées

a. Vente :

— analyse de marchés ;
— préparation de la vente (argumentaires, tarifs, calcul des devis, notices, catalogues, formation de personnel commercial) ;
— exécution de la vente (prospection, prise de commandes, surveillance des délais d'exécution, maintien du contact avec le client, préparation de la facturation client, action sur le délai de paiement) ;
— promotion de vente (toutes actions de promotion, propagande, publicité, foires et expositions, lancement de produits).

b. Stockage (éventuellement) et livraison.

Stockage des produits finis, travaux de conditionnement, emballage, acheminement des produits finis destinés à la vente.

c. Action après-vente : maintien du contact avec le client, intervention auprès des services d'entretien « en clientèle », satisfaction des besoins en pièces de rechange, gestion du magasin de pièces de rechange, exercice de la garantie.

Centres de travail pouvant assumer ces fonctions (exemples) :

a. Vente :

— direction commerciale ;
— service des ventes, inspection des ventes ;
— service des marchés, devis, propositions ;
— bureau d'enregistrement des commandes ;
— service des ventes par correspondance ;
— service et préparation des factures clients ;
— service du fichier clients ;
— statistiques commerciales ;
— publicité, études de marché ;
— agences et dépôts de vente.

b. Stockage (éventuellement) livraison :

— magasin de produits finis ;
— atelier de fabrication et de réparation d'emballages ;
— service livraison ;
— service expédition.

c. Après-vente :

— service après-vente ;
— service de pièces de rechange ;
— magasin de pièces de rechange ;
— service de dépannage et d'entretien « en clientèle » ;
— atelier de retouches.

Autres frais à couvrir

Définition et rôle de cette unité de calcul

L'unité de calcul **autres frais à couvrir** est destinée à rassembler les charges et coûts de caractère général qui ne sont pas imputés aux coûts de revient au titre des unités fonctionnelles.

Ces charges et coûts de caractère général peuvent comprendre :

— les charges qui, bien qu'entrant dans le cadre d'une des unités fonctionnelles, ont trop peu d'importance pour être traitées à part et pour lesquelles certaines entreprises n'ont pas jugé nécessaire d'ouvrir des centres de coûts spécifiques ;

— les provisions pour dépréciation :
    — des titres de participation,
    — des créances sur clients,
    — des créances sur fournisseurs débiteurs, sur débiteurs divers,
    — des créances et avoirs en devises bloquées,
    — ...

— les provisions pour risques ;

— l'amortissement de frais d'établissement ;

— l'impôt éventuel sur le capital et les réserves ;

— les frais résiduels éventuels des centres d'analyse.

Remarque :

Certains frais de centres sont imputés aux coûts de revient proportionnellement aux coûts de production des commandes, ils représentent alors des **coûts hors production**. Ce traitement particulier concerne notamment :

— **les frais d'Administration générale**,

— **les frais financiers**

et se trouve justifié par la nature même de ces charges.

4 - L'application de la méthode des centres homogènes

La répartition des charges indirectes se fait en trois étapes :

— Première étape :

C'est la répartition des charges indirectes entre les différents centres concernés (centres opérationnels, de structure) par l'application des clés de répartition ou par l'affectation grâce à des moyens de mesure (Bons de sortie...). C'est la **répartition primaire**.

— Deuxième étape :

C'est la répartition du coût des centres auxiliaires, et parfois des centres de structure entre les centres qui reçoivent leurs œuvres. C'est la **répartition secondaire**.

— Troisième étape :

C'est le calcul du coût de l'unité d'œuvre des centres opérationnels et du taux de frais pour les centres de structure principaux afin de calculer les coûts imputés aux différents produits.

La mise en œuvre de cette méthode peut être schématisée de la façon suivante :

Schéma de la méthode des centres homogènes

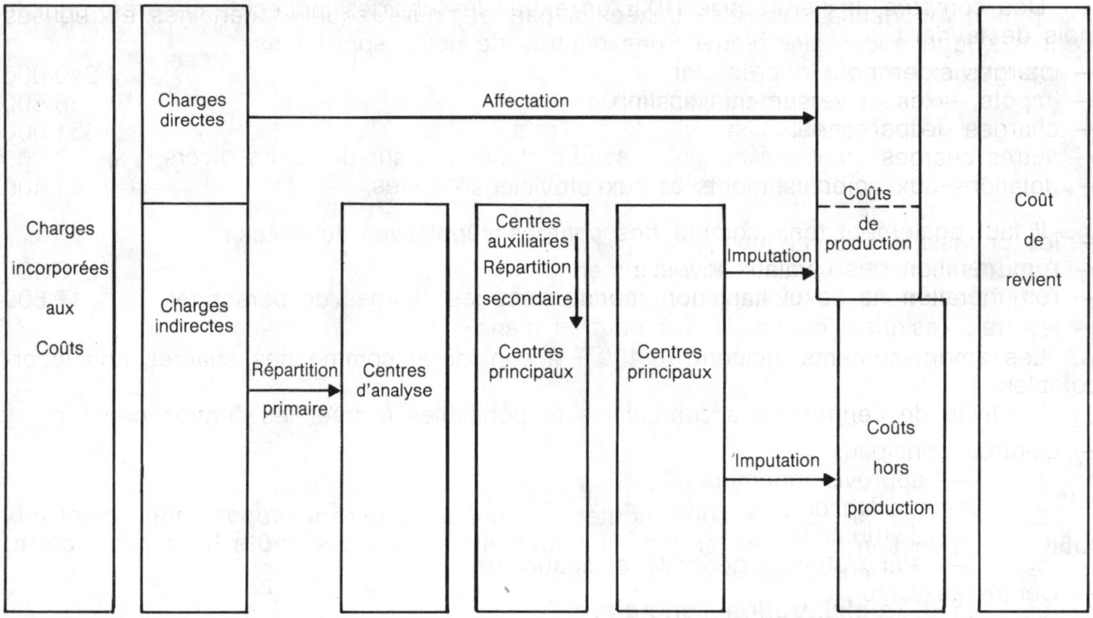

Solution de l'application de la page suivante :

Tableau de répartition des charges indirectes

Charges par nature	Montant à répartir	Centre auxiliaire	Centres principaux			
		Administration d'exploitation	Approvisionnement	Production	Distribution	Administration générale et financière
1 - **Répartition primaire**						
Charges externes	240 000	24 000	24 000	96 000	24 000	72 000
Impôts, taxes et versements assimilés	36 500	18 250	3 650	3 650	3 650	7 300
Charges de personnel	431 000	43 100	43 100	258 600	43 100	43 100
Autres charges	7 600	1 520	1 520	1 520	1 520	1 520
Dotations (41 400 − 10 400)	31 000	3 100	1 550	12 400	9 300	4 650
Charges supplétives						
— Intérêts	8 400					8 400
— rémunération	17 600	7 040	—	7 040	880	2 640
Totaux après répartition primaire	772 100	97 010	73 820	379 210	82 450	139 610
2 - **Répartition secondaire**						
Centre Administration d'exploitation		−97 010	9 701	19 402	29 103	38 804
Totaux après répartition secondaire	772 100	0	83 521	398 612	111 553	178 414
Nature de l'unité d'œuvre			kg. M1res achetées	m²	F de chiffre d'affaires	
Nombre d'unités d'œuvre			20 000	150	800 000	
Coût de l'unité d'œuvre			4,17605	2657,413	0,1394	

Application :

Des comptes de l'entreprise RIXE on extrait les charges indirectes ci-après, pour le mois de février :

— charges externes	240 000
— impôts, taxes et versements assimilés	36 500
— charges de personnel	431 000
— autres charges	7 600
— dotations aux amortissements et aux provisions	41 400

Il faut également tenir compte des charges supplétives suivantes :

— rémunération des capitaux investis	8 400
— rémunération de l'exploitant non reprise dans les charges de personnel	17 600

Les amortissements incluent 10 400 F à considérer comme des charges non incorporables.

L'activité de l'entreprise a conduit les responsables à créer les centres ci-après :

— Centres principaux :
  — approvisionnement
  — production
  — distribution
  — administration générale et financière
— Centre auxiliaire :
  — administration d'exploitation.

L'analyse des charges indirectes a permis d'établir les clés de répartition présentées dans le tableau ci-dessous.

Charges par nature	Administration d'exploitation	Approvisionnement	Production	Distribution	Administration générale et financière
Charges externes	10	10	40	10	30
Impôts, taxes et versements assimilés	50	10	10	10	20
Charges de personnel	10	10	60	10	10
autres charges	1/5	1/5	1/5	1/5	1/5
Dotations aux amortissements et provisions	10	5	40	30	15
Charges supplétives :					
— Charges financières	—	—	—	—	100
— Rémunération de l'exploitant	40	—	40	5	15

Le centre auxiliaire est réparti entre les quatre centres principaux proportionnellement aux nombres : 10, 20, 30, 40.

Le tableau des unités d'œuvre est le suivant :

Eléments	Approvisionnement	Production	Distribution	Administration générale et financière
Unités d'œuvre	kg de matières premières achetées	m^2	F de chiffre d'affaires	
Nombre d'unités d'œuvre	20 000	150	800 000	

Travail à faire :

Présenter le tableau de répartition des charges.

Solution : Voir tableau page 74

Ce tableau pouvait comprendre des colonnes supplémentaires pour faire apparaître les différences de traitement comptable et donner la présentation schématique ci-après :

Tableau de répartition des charges indirectes

Charges par nature	Charges		Montant à répartir	Centre auxiliaire	Centres principaux				Charges non incorporables
	Incorporables	Supplétives		Administration d'exploitation	Approvisionnement	Production	Distribution	Administration générale et financière	
1 - Répartition primaire	746 100	26 000	772 100	97 010	73 820	379 210	82 450	13 9610	10 400

5 - Les cessions internes des centres auxiliaires

La répartition secondaire des centres auxiliaires peut présenter deux situations particulières lorsqu'elle concerne également d'autres centres auxiliaires.

Les coûts des centres répartis dépendent alors de ceux des prestations reçues. Ces opérations, appelées transferts, peuvent être :

1° Situation : réalisées sans retours : transferts en escalier
2° Situation : réalisées avec retours : transferts croisés

1re situation : transferts en escalier — **2e situation : transferts croisés**

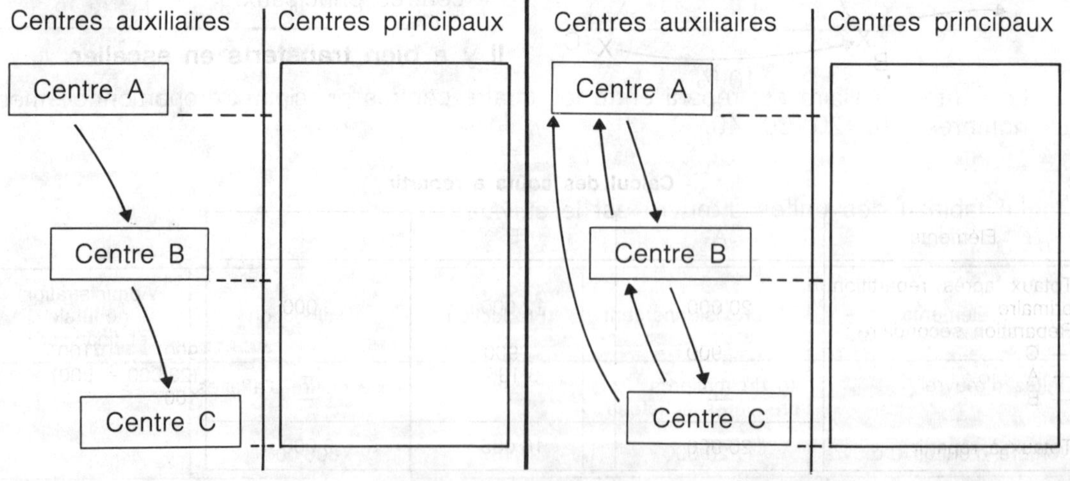

1° Situation : Transferts en escalier

Les transferts nécessitent le classement des centres dans l'ordre des prestations pour éviter les retours.

Un graphe peut mettre en évidence l'ordre des transferts.

Application :

Après la répartition primaire, les centres auxiliaires de la société SAUVET présentent les totaux suivants :

— Centre A	20 000
— Centre B	12 000
— Centre C	9 000

Le centre C fournit 10 % de son activité à B et 10 % à A.
Le centre A fournit 15 % de ses œuvres à B.
Le centre B fournit uniquement ses prestations aux centres principaux.

Travail à faire :

Classer les centres auxiliaires d'après les transferts et calculer les coûts à répartir.

Solution : Classement des centres.

Un graphe permet de contrôler les prestations.

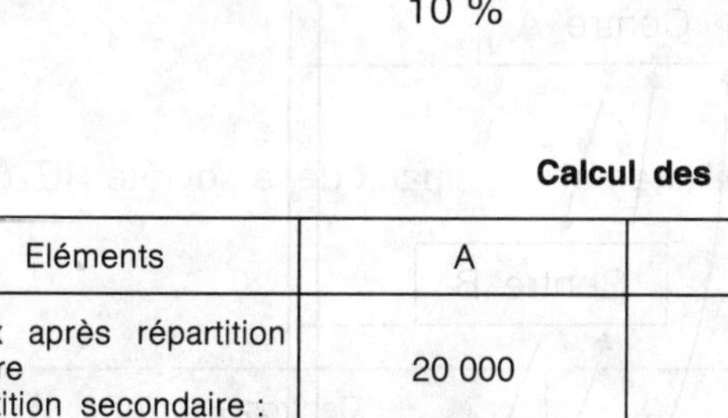

Ordre :
1 - C donne à A et B.
2 - A donne à B.
3 - B donne uniquement aux centres principaux.

Il y a bien transferts en escalier.

Calcul des coûts à répartir

Eléments	A	B	C	
Totaux après répartition primaire	20 000	12 000	9 000	
Répartition secondaire :				
— C	900	900	—	900 × 10/100
— A		3 135	—	(20 000 + 900) × 15/100
— B	—	—	—	
Totaux à répartir	20 900	16 035	9 000	

La présentation d'un extrait du tableau de répartition permet de constater que les transferts ne créent pas de charges nouvelles, mais opèrent uniquement une modification de la répartition des charges pour donner une valeur correcte du coût des centres transférés.

Charges par nature	Centres auxiliaires			Centres principaux	
	A	B	C	....	....
Totaux après répartition primaire	20 000	12 000	9 000	300 000	
	(1)				
Répartition secondaire					
— Centre C	900	900	−9 000	(2) 7 200	
— Centre A	−20 900	3 135	—	17 765	
— Centre B		−16 035		16 035	
	0	0	0		

Les totaux (1) et (2) sont égaux :

20000 + 12000 + 9000 = 7200 + 17765 + 16035

41000 = 41000

2° Situation : *Transferts croisés (prestations réciproques)*

Ces transferts entre centres auxiliaires nécessitent un calcul préalable des prestations réciproques pour déterminer équitablement les charges de responsabilité de chaque centre.

Le calcul peut être conduit à l'aide des méthodes suivantes :

— la **méthode des répartitions successives** jusqu'à épuisement des prestations reçues : ce travail itératif est souvent assez long.

— la **méthode des taux standards de prestation**. Ces taux sont déterminés par référence aux périodes antérieures bien souvent. Les écarts constatés entre les totaux effectifs et ceux qui sont transférés représentent des écarts de transfert repris ultérieurement. Cette méthode « pratique » est préconisée par le plan comptable puisqu'elle est simple et claire.

— la **méthode algébrique**. Les totaux à répartir sont déterminés par la solution d'un système d'équation.

Application :

Après la répartition primaire, les centres auxiliaires et principaux de la société RETOURS donnent les totaux suivants :

Charges par nature	Centres auxiliaires		Centres principaux	
	A	B	C	D
Totaux après répartition primaire	27 000	36 000	140 000	80 000

La répartition secondaire est réalisée à partir des clés présentées dans le tableau ci-après :

Charges par nature	Centres auxiliaires		Centres principaux	
	A	B	C	D
Répartition secondaire — Centre A — Centre B	 — 10	 20 —	 40 60	 40 30

Travail à faire :

Réaliser la répartition secondaire :
1er Cas : Méthode des répartitions successives.
2er Cas : Méthode des taux standards de prestation. Les taux à utiliser sont ceux prévus de 320 pour A et 414 pour B
3er Cas : Méthode algébrique.

Solution :

Note : L'application proposée concerne deux centres auxiliaires pour limiter les calculs. Il est certain que les principes appliqués sont valables quel que soit le nombre de centres concernés par les transferts.

Un graphe permet de mettre en évidence le sens des prestations (voir page 78).

1° Cas : Méthode des répartitions successives

Tableau de répartition

Charges par nature	Centres auxiliaires		Centres principaux	
	A	B	C	D
Totaux après répartition primaire	27 000	36 000	140 000	80 000
Répartition secondaire				
1re répartition :				
— Centre A	27 000	5 400	10 800	10 800
— Centre B	4 140	−41 400	24 840	12 420
2e répartition :				
— Centre A	−4 140	828	1 656	1 656
— Centre B	83	− 828	497	248
3e répartition :				
— Centre A	− 83	17	33	33
— Centre B	2	− 17	10	5
4e répartition :				
— Centre A	− 2	0	1	1
— Centre B	0	0	0	0
Totaux après répartition secondaire	0	0	177 837	105 163

Les itérations sont arrêtées lorsque les totaux à répartir sont nuls, ou non significatifs.

2° Cas : Méthode des taux standards de prestation.

La répartition des centres est réalisée à partir des taux standards : A = 320 — B = 414

Tableau de répartition

Charges par nature	Centres auxiliaires		Centres principaux	
	A	B	C	D
Totaux après répartition primaire	27 000	36 000	140 000	80 000
Répartition secondaire				
— Centre A	– 32 000	6 400	12 800	12 800
— Centre B	4 140	– 41 400	24 840	12 420
Totaux après répartition secondaire	– 860	1 000	177 640	105 220

Différences sur taux de cession sont reprises en fin d'exercice

3° Cas : Méthode algébrique.

Cette méthode consiste à mettre en équation la répartition des centres auxilaires entre eux et de calculer ainsi le total à répartir.

Le graphe suivant permet de mettre en évidence les transferts croisés.

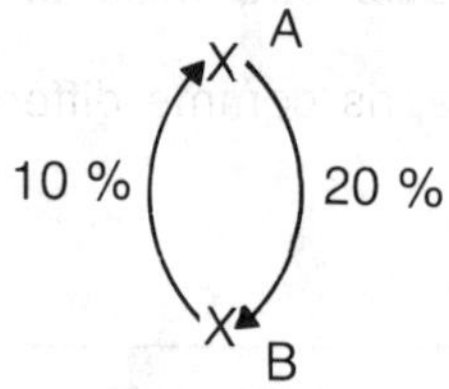

Soient X le total à répartir du centre A
Y le total à répartir du centre B

Mise en équation à l'aide du tableau

Eléments	A	B
Totaux après répartition primaire	27 000	36 000
Répartition secondaire		
— A	—	0,20 X
— B	0,10 Y	—
Totaux à répartir	X	Y

Système à résoudre :
27 000 + 0,10 Y = X ⇔ x – 0,10 Y = 27 000
36 000 + 0,20 X = Y ⇔ 0,20 X – Y = 36 000
La solution, par l'une quelconque des méthodes de résolution, donne :
X ≃ 31 225 = A
Y ≃ 42 245 = B

Tableau de répartition

Eléments	Centres auxiliaires		Centres principaux	
	A	B	C	D
Totaux après répartition primaire	27 000	36 000	140 000	80 000
Répartition secondaire				
— Centre A	−31 225	6 245	12 490	12 490
— Centre B	4 225	−42 245	25 347	12 673
Totaux après répartition secondaire	0	0	177 837	105 163

La résolution du système n équation à n inconnues peut être facilitée par l'utilisation du calcul matriciel. Cette solution peut ainsi s'écrire :

— si A est la matrice des coefficients $\geqslant A^{-1}$ inverse de la matrice A

— si B est la matrice des constantes X est la matrice des inconnues

Ce qui permet d'écrire :

d'ou : $A \cdot X = B$

$X = A^{-1} \cdot B$

D'après l'exemple :

$$A = \begin{vmatrix} 1 & -0,10 \\ 0,2 & -1 \end{vmatrix} \quad B = \begin{vmatrix} 27000 \\ 36000 \end{vmatrix} \quad X = \begin{vmatrix} X \\ Y \end{vmatrix}$$

L'écriture des matrices doit être attentive : il faut respecter l'ordre des inconnues.

Remarque :

La combinaison des transferts, croisés et en escalier, devra être mise en évidence par un graphe et traitée avec beaucoup d'attention.

Les écarts dus aux transferts (arrondis, évaluation) sont repris comme différences sur taux de cession et retraites en fin d'exercice.

Exercice n° 1 : Société QUIDOR

La société QUIDOR a réalisé entre autres les dépenses suivantes, au cours d'une période mensuelle :

— salaires mensuels des ateliers de préparation : 174 000 F,

— taxe professionnelle annuelle : 144 000 F,

— électricité des ateliers pour deux mois : 8 400 F,

— prime d'assurance incendie pour l'année : 64 800 F,

— charges sociales trimestrielles relatives aux salaires des ateliers de préparation : 180 000 F,

— chauffage pour l'année (des ateliers et des locaux administratifs) : 243 600 F.

Travail à faire :

Calculer pour chaque charge le montant à imputer au cours de la période. Justifier les calculs.

Exercice n° 2 : Entreprise DINE

L'entreprise DINE fabrique et distribue deux produits dans les conditions suivantes :

Eléments	Produit VIF	Produit ARGEN
Matières premières Main d'œuvre directe Quantités fabriquées et vendues Prix de vente unitaire	1 500 kg à 15 F 400 HO à 80 F 1 500 articles 50 F	2 000 kg à 20 F 200 HO à 90 F 4 000 articles 26 F
Charges indirectes pour l'ensemble de la production	42 000 F	

Travail à faire :

Réaliser la répartition des charges indirectes proportionnellement :
— aux matières premières : poids, valeurs ; au produit des deux ;
— à la main-d'œuvre directe : quantités, valeurs, aux produit des deux ;

Calculer, pour chaque cas :
— le coût des deux produits,
— le résultat analytique.

Exercice n° 3 : Entreprise PAVRÉ

Après répartition primaire, le tableau des charges indirectes de l'entreprise PAVRÉ se présente ainsi (en milliers de francs) :

Charges par nature	Centres auxiliaires			Centres principaux			Administration et financement
	Gestion du personnel	Gestion du matériel	Gestions des bâtiments	Approvisionnements	Atelier	Distribution	
Totaux après répartition primaire	140	90	120	96	220	100	140
Répartition secondaire							
— gestion du personnel	—	—	20	20	40	10	10
— gestion du matériel	10	—	10	10	50	15	25
— gestion des bâtiments	—	—	—	20	60	10	10

Travail à faire :

Après avoir mis en évidence les transferts entre les centres auxiliaires, réaliser la répartition secondaire.

Exercice n° 4 : Entreprise TIFOU

Après répartition primaire, le tableau des charges indirectes de l'entreprise TIFOU se présente ainsi :

Charges par nature	Centres auxiliaires			Centres principaux					Administration générale
	Gestion du personnel	Gestion du matériel	Prestations connexes	Approvisionnement	Préparation	Atelier de montage	Atelier de finition	Distribution	
Totaux après répartition primaire	120 000	42 000	28 000	54 000	312 000	140 000	186 000	57 000	136 000
Répartition secondaire :									
— gestion du personnel	—	10	10	10	10	10	30	10	10
— gestion du matériel	10	—	5	10	15	20	30	5	5
— prestations connexes	10	15	—	5	20	20	20	5	5
Unités d'œuvre				kg	kg	HO	HM	F de CA	Coût de production
Nombre d'unités d'œuvre				270 000	156 000	4 000	1 000	2 000 000	1 200 000

Travail à faire :

Réaliser la répartition secondaire en utilisant les trois méthodes proposées.
Les taux standards pour les centres auxiliaires seront les suivants :

— gestion du personnel : 1 275
— gestion du matériel : 582
— prestations connexes : 420

Arrondir les calculs au F par défaut.
Indiquer le traitement des écarts sur répartition des centres auxiliaires.
Calculer le coût de l'unité d'œuvre dans la méthode algébrique.

Exercice n° 5 : Société QUIUL

Après répartition primaire, le tableau des centres auxiliaires de la société QUIUL est le suivant :

Charges par nature	A	B	C	D	E	F
Totaux après répartition primaire	96 000	72 000	24 000	48 000	15 000	21 000
Répartition secondaire (clés de répartition)						
— A	—	—	10	—	—	20
— B	10	—	5	10	10	—
— C	20	—	—	—	—	15
— D	10	—	20	—	—	—
— E	20	—	10	10	—	10
— F	—	—	5	—	—	20

Travail à faire :

Réaliser la répartition secondaire des centres auxiliaires par la méthode algébrique si cela est nécessaire.

Exercice n° 6 : Entreprise VENIN

Afin d'effectuer la répartition des charges indirectes du mois de mai de l'entreprise VENIN, on dispose des renseignements suivants :

Charges par nature		Centres auxiliaires			Centres principaux			Administration et financement
		Gestion du personnel	Gestion du matériel	Prestations connexes	Approvisionnement	Atelier de fabrication	Distribution	
Autres achats et charges externes	147 000	10	10	20	10	30	10	10
Impôts, taxes et versements assimilés	610 000	5	—	—	—	40	10	45
Charges de personnel	1 200 000	10	5	5	10	40	20	10
Autres charges	115 000	5	10	10	20	10	20	25
Dotations aux amortissements	120 000	5	10	5	30	30	10	10
Charges financières	25 000							100
Charges supplétives	30 000	40					10	50
Répartition secondaire								
— Gestion du personnel		—	20	—	20	40	5	15
— Gestion du matériel		10	—	—	20	40	20	10
— Prestations connexes		10	5	—	15	35	20	15
Unités d'œuvre					kg acheté	H/M	100 F de CA	Coût de production des produits finis vendus
Nombre d'unités d'œuvre					50 000	4 000	100 000	8 000 000

Travail à faire :

Présenter le tableau des charges indirectes :

- *répartition primaire,*
- *répartition secondaire,*
- *coût des unités d'œuvre.*

Chapitre 7

LA MÉTHODE DES CENTRES D'ANALYSE : CHOIX DE L'UNITÉ D'ŒUVRE

I - L'UNITÉ D'ŒUVRE

1 - L'unité d'œuvre

L'unité d'œuvre est l'unité de mesure des œuvres d'un centre d'analyse et doit être un élément caractéristique de son activité.

2 - Utilisation

L'unité d'œuvre permet :

— d'évaluer le coût de cession d'un centre à un produit : coût de l'unité d'œuvre × nombre d'unités d'œuvre.
— d'estimer la performance (autant que faire se peut) d'un centre : — activité — rendement...

3 - Nature

L'unité d'œuvre peut être représentée :

— par une unité de mesure physique (heure de main-d'œuvre, heure-machine, unité de fourniture travaillée, unité de produit élaboré), on parlera de coût de l'unité d'œuvre.
— par une unité de mesure monétaire, on parlera de taux de frais.

II - CHOIX DE L'UNITÉ D'ŒUVRE

1 - Principe

La meilleure unité d'œuvre est celle dont la quantité varie, au cours de plusieurs périodes successives, en corrélation la plus étroite avec le coût du centre.
Ce choix doit être fait sans perdre de vue le coût de l'utilisation comptable de l'unité.

2 - *Sélection de l'unité d'œuvre*

a) Choix de l'unité d'œuvre

Le choix de l'unité est guidé par **la nature de l'activité du centre** :

— dans un centre de travail où il est possible de pointer la production réalisée par le salarié, ou lorsque le temps de travail de l'opérateur et de la machine sont suffisamment liés : **l'heure de main-d'œuvre peut être** retenue ;

— dans un centre de travail où c'est le temps de fonctionnement de la machine qui peut être pointé : **l'heure-machine** peut être retenue ;

— dans un centre de travail où les deux unités précédentes ne peuvent être utilisées : **l'unité de fourniture** travaillée peut être retenue ;

— dans un centre de travail qui fabrique un seul produit, où une somme de produits différents mais transformés en unités théoriques équivalentes : **l'unité de produit** peut être retenue.

Lorsqu'un choix doit être opéré entre plusieurs unités possibles, la détection de celle qui a la meilleure corrélation peut être opérée à l'aide d'un outil fourni par la statistique : le coefficient de corrélation linéaire.

b) Le coefficient de corrélation linéaire :

La présentation graphique de l'ensemble des couples de la série statistique double met en évidence un nuage de points qui donne l'idée de la meilleure corrélation. Cette approche peut être complétée ou remplacée par le calcul du coefficient de corrélation linéaire.

3 - *Application*

Pour le centre de production, on a réuni les statistiques suivantes sur les unités d'œuvre possibles :

Eléments / Périodes	J	F	M	A	M	J
Total du centre (en milliers de francs)	330	380	500	440	450	360
Heure de main-d'œuvre	150	300	750	900	600	450
Heure machine	1 200	3 600	7 200	6 000	4 800	2 400

Travail à faire :

Sélectionner l'unité d'œuvre du centre :

— par le graphique

— par le calcul du coefficient de corrélation linéaire.

Solution :

— graphique

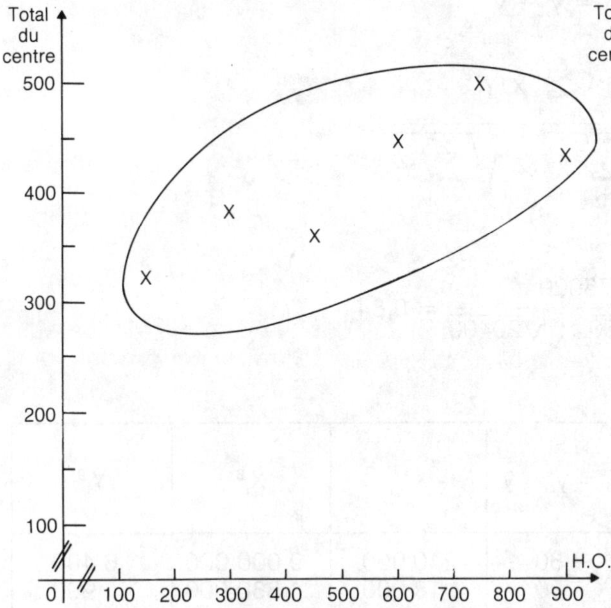

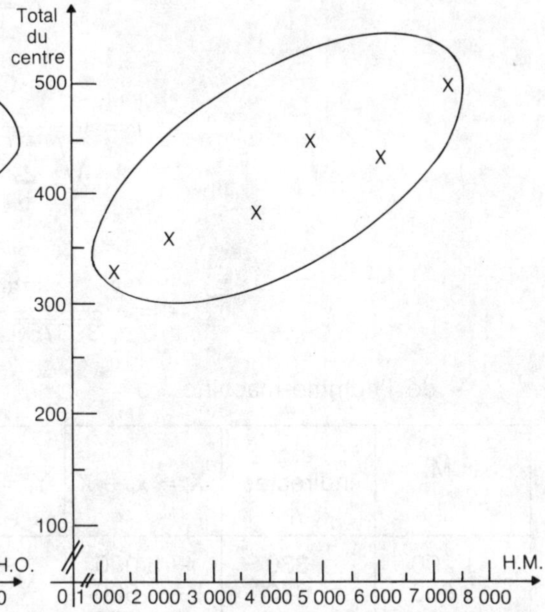

L'examen du nuage de points permet de dire que la meilleure unité d'œuvre est l'heure-machine, puisque les points sont mieux alignés.

— coefficent de corrélation linéaire (1) : *r*

$$r = \frac{\text{Cov}(x,y)}{\sigma_x \times \sigma_y} = \frac{\sigma_{xy}}{\sigma_x \times \sigma_y} = \frac{\sum_{i=1}^{i=n} (x_i - \bar{x})(y_i - \bar{y})}{\sqrt{\sum_{i=1}^{i=n} (x_i - \bar{x})^2} \times \sqrt{\sum_{i=1}^{i=n} (y_i - \bar{y})^2}}$$

Interprétation de r :

— si $|r|$ proche de 1, la corrélation est forte

— si $|r|$ proche de 0, la corrélation est faible.

L'unité d'œuvre sélectionnée est celle qui aura $|r|$ la plus proche de 1.

Calcul du coefficient :

— de l'heure-ouvrier :

H.O. x_i	Charges indirectes y_i	$X_i = x_i - \bar{x}$	$Y_i = y_i - \bar{y}$	X_iY_i	X_i^2	Y_i^2
150	330	− 375	− 80	30 000	140 625	6 400
300	380	− 225	− 30	6 750	50 625	900
750	500	+ 225	+ 90	20 250	50 625	8 100
900	440	+ 375	+ 30	11 250	140 625	900
600	450	+ 75	+ 40	3 000	5 625	1 600
450	360	− 75	− 50	3 750	5 625	2 500
3 150 $\bar{x}$ = 525	2 460 $\bar{y}$ = 410	0	0	75 000	393 750	20 400

(1) Voir livre des Mathématiques appliquées à la gestion.

$$X_i = x_i - \bar{x}$$

$$Y_i = y_i - \bar{y}$$

$$r = \frac{\sum_{i=1}^{i=n} X_i Y_i}{\sqrt{\sum_{i=1}^{i=n} X_i^2} \times \sqrt{\sum_{i=1}^{i=n} Y_i^2}}$$

$$r = \frac{75000}{\sqrt{393750} \times \sqrt{20400}} = 0{,}84$$

— de l'homme-machine :

H.M. x_i	Charges indirectes y_i	$X_i = x_i - \bar{x}$	$Y_i = y_i - \bar{y}$	X_iY_i	X_i^2	Y_i^2
1 200	330	− 3 000	− 80	240 000	9 000 000	6 400
3 600	380	− 600	− 30	18 000	360 000	900
7 200	500	+ 3 000	+ 90	270 000	9 000 000	8 100
6 000	440	+ 1 800	+ 30	54 000	3 240 000	900
4 800	450	+ 600	+ 40	24 000	360 000	1 600
2 400	360	− 1 800	− 50	90 000	3 240 000	2 500
25 200 $\bar{x}$ = 4 200	2 460 $\bar{y}$ = 410	0	0	696 000	25 200 000	20 400

$$r = \frac{696000}{\sqrt{25200000} \times \sqrt{20400}} = 0{,}97$$

Choix : $\nu_{(HO)} < \nu_{(HM)} \Rightarrow$ l'heure-machine est à préférer dans le cas proposé

III - CAS PARTICULIER : L'ÉQUIVALENCE

1 - Principe

Une méthode basée sur les coefficients d'équivalence est utilisée pour limiter le nombre des centres d'analyse tout en conservant une précision suffisante dans le calcul des coûts.

Principe :

Il faut :
— déterminer un ensemble de centres (groupe) de travail où chaque élément a la caractéristique prépondérante du coût principal qui a été distingué (c'est d'ailleurs la difficulté principale de la méthode) ;
— calculer le coût moyen de l'unité d'œuvre du groupe ;

— déterminer un coefficient d'équivalence de ce coût moyen — pour chaque centre ou produit — afin d'intégrer la structure particulière du centre ou du produit.

Exemple :

— critère principal de partition : le coût prépondérant de la main-d'œuvre
— groupement des centres qui ont cet élément caractéristique comme prépondérant.
— coût moyen de l'heure-ouvrier : $\overline{C}_{HO} = \frac{\text{Coût total du groupe}}{\text{Nombre d'u.o.}}$
— cœfficient d'équivalence (k_i) pour chaque centre :
— coût de l'unité d'œuvre du centre (C_i)

$$C_i = \overline{C}_{HO} \times k_i$$

Remarque :

Cette méthode des coefficients prend le nom de **méthodes des points** lorsqu'elle est appliquée, à un moment donné, pour la totalité des articles similaires produits par un atelier ou une entreprise ; **l'unité d'œuvre est alors le « point » : chaque article vaut un certain nombre de points et un point a une certaine valeur**.

2 - Application

La société PLAF utilise la méthode des coefficients d'équivalence pour le calcul des coûts.
— pour un groupe A de 4 centres, l'unité d'œuvre retenue a été l'heure-machine ; le coût de ces centres est de 160 000 F pour un nombre d'unités de 80 000 H/M.

Les coefficients d'équivalence (déterminés après des études technico-comptables) pour ces centres sont les suivants :
— Centre 1 : 0,8
— Centre 2 : 1,4
— Centre 3 : 1,2
— Centre 4 : 1,6

Travail à faire :

Calculer le coût de l'unité d'œuvre de chaque centre.

Solution :

— Coût moyen de l'unité d'œuvre commune heure-machine 160 000/80 000 = *2 F*
— Coût des unités d'œuvre des divers centres du groupe :
— Centre 1 : 2 × 0,8 = 1,6
— Centre 2 : 2 × 1,4 = 2,8
— Centre 3 : 2 × 1,2 = 2,4
— Centre 4 : 2 × 1,6 = 3,2
— pour les divers groupes de centres les coûts moyens des unités d'œuvre sont les suivants :
— groupe A : 2 F/H.M.
— groupe B : 10 F/H.O.
— groupe C : 8 F/kg de fourniture
— groupe D : 25 F/le produit de base.

Travail à faire :

Calculer le coût de production du produit fini RISTORE qui est passé dans les divers centres ci-après :

	Coef. d'équivalence	Nombre d'Unités
— **Groupe A**		
Centre 1A	0,8	1 000
Centre 3A	1,2	500
— **Groupe B**		
Centre 2B	2,2	200
Centre 3B	3,4	100
— **Groupe C**		
Centre 5C	0,6	5 000
— **Groupe D**		
Centre 2D	5	2 000

et sachant que les charges directes sont les suivantes :
— Matières : 5 000 kg à 15 F.
— Main-d'œuvre directe : 500 H à 80 F.

Solution :

— Coût des unités d'œuvre :

— Centre 1A : 2 × 0,8 = 1,6
— Centre 3A : 2 × 1,2 = 2,4
— Centre 2B : 10 × 2,2 = 22
— Centre 3B : 10 × 3,4 = 34
— Centre 5C : 8 × 0,6 = 4,8
— Centre 2D : 25 × 5 = 125

— Coût de production

Eléments	u.o.	q.	c.u.o.	Montant
Charges directes				
Matières	kg	5 000	15	75 000
Main-d'œuvre directe	H.	500	80	40 000
Charges indirectes				
Centre 1A	H.M.	1 000	1,6	1 600
Centre 3A	H.M.	500	2,4	1 200
Centre 2B	H.O.	200	22	4 400
Centre 3B	H.O.	100	34	3 400
Centre 5C	Kg	5 000	4,8	24 000
Centre 2D	1 produit	2 000	12,5	250 000
Coût de production	Unité	2 000	199,8	399 600

Exercice n° 1 : Entreprise DUBARS

L'étude d'un centre a permis de mettre en évidence les bases ci-après du choix de l'unité d'œuvre :

Eléments / *Périodes*	*1*	*2*	*3*	*4*	*5*	*6*
Charges indirectes du centre	*535*	*540*	*570*	*545*	*560*	*550*
Heures ouvrier	*1 600*	*1 300*	*1 500*	*1 160*	*1 690*	*1 750*
Kg de fournitures	*100*	*220*	*500*	*300*	*410*	*390*
Heures machine	*480*	*550*	*425*	*460*	*600*	*525*

Travail à faire :

Sélectionner l'unité d'œuvre du centre
— par le graphique,
— par le calcul du coefficient de corrélation linéaire.

Exercice n° 2 : Société DIGOUT

La société DIGOUT utilise la méthode des coefficients d'équivalence pour le calcul des coûts.

L'activité a été répartie en trois groupes :
— groupe préparation (A) où l'unité d'œuvre est le kg de fourniture employée,— groupe de transformation (B) où l'unité d'œuvre est l'heure-machine,— groupe de finition (C) où l'unité d'œuvre est le produit fini de base.

Les frais des groupes sont les suivants :

Groupes	Charges	Nombre d'unités de base
— Groupe A	92 000	46 000
— Groupe B	126 000	30 000
— Groupe C	91 000	13 000
	309 000	

Travail à faire :

1 - Calculer les coûts moyens des unités d'œuvre des divers groupes.
2 - Calculer le coût de production du produit fini GOULOT qui est passé dans les divers centres ci-après :

	Coef. d'équivalence	Nombre d'unités
Groupe A		
Centre 1A	1,40	500
Centre 2A	2,06	100
Groupe B		
Centre 3B	0,80	1 000
Centre 5B	1,20	400
Groupe C		
Centre 2C	0,60	800

Exercice n° 3

Reprendre le sujet n° 2 en supposant que la société applique la méthode des points à l'ensemble de l'entreprise.

Travail à faire :

1 - Déterminer le nombre de points représentatifs de l'activité de l'entreprise.
2 - Déterminer le nombre de points et le coût du produit GOULOT.

Chapitre 8

COÛTS COMPLETS CONSTATÉS : MISE EN ŒUVRE DE LA MÉTHODE CAS DE L'ENTREPRISE INDUSTRIELLE

I - APPLICATION

L'application a été choisie pour mettre en œuvre l'ensemble de la méthode des centres homogènes qui vient d'être exposée.

Thème :

L'entreprise POUPOU produit un seul modèle de table pour ordinateur (table fonctionnelle de luxe).

Ces tables sont fabriquées par l'assemblage de deux parties :

— un piètement en tube acheté à l'extérieur,
— des panneaux de bois stratifiés découpés dans l'usine.

La fabrication est réalisée en deux temps :

— 1er temps : découpage des panneaux (Atelier 1) qui passent directement dans l'atelier suivant ;
— 2e temps : montage des deux parties (Atelier 2).

Les tables montées sont stockées pour être distribuées.
Les opérations de la période mensuelle peuvent être résumées ainsi :

— Stocks en début de période :
  — piètements métalliques : 20 unités à 266 F,
  — panneaux stratifiés : 100 m² au prix unitaire de 172,80 F,
  — tables terminées : 50 tables au coût unitaire de 3 159 F.
— Charges :
  — achats de 800 m² de panneaux à 54 F le m²,
  — achats de 260 piétements à 180 F l'un,
  — charges directes :
    — achats consommés pour la fabrication : 725 m² de panneaux et 241 piétements,

— main-d'œuvre directe :
  — atelier 1 : 501 heures pour 37 575,5 F,
  — atelier 2 : 840 heures à 90 F,
  — distribution : 160 heures pour 15 582 F,
— charges indirectes : voir tableau,

— Production :
  — 240 tables terminées. Il n'y a pas d'en-cours.

— Ventes :
  — 260 bureaux au prix unitaire hors TVA : 5 000 F.

Tableau de répartition des charges indirectes

Charges par nature	Centres auxiliaires			Centres principaux				Administration générale
	Gestion du personnel	Gestion des moyens	Prestations connexes	Approvisionnement	Atelier 1	Atelier 2	Distribution	
Autres achats et charges externes	5	10	5	10	30	20	10	10
Impôts, taxes et versements assimilés	—	—	—	—	—	—	—	100
Charges de personnel	10	10	5	10	20	30	5	10
Autres charges	—	—	—	—	—	20	50	30
Dotations aux amortissements et aux provisions	5	5	10	10	40	20	5	5
Charges supplétives (1)	—	—	—	—	—	—	10	90
Charges financières	—	—	—	—	—	—	—	100
Répartition secondaire								
Gestion du personnel	—	10	10	10	20	30	10	10
Gestion des moyens	5	—	10	20	10	40	10	5
Prestations connexes	—	10	—	10	20	20	20	20
Unités d'œuvre				10 F d'achat	m^2 travaillé	H.O.	100 F de CA	Coût de production des produits vendus

(1) Uniquement pour la rémunération de l'exploitant, l'intérêt du capital suit la répartition des charges financières.

Charges extraites de la comptabilité générale

Eléments	Montant
Autres achats et charges externes	230 000
Impôts, taxes et versements assimilés	62 000
Charges de personnel	410 000
Autres charges	12 000
Dotations aux amortissements et aux provisions	72 000
Charges financières	14 000

L'analyse critique des charges permet de constater :

— que des provisions ne sont pas incorporables : 500 F ;

— que l'amortissement sur les valeurs de remplacement implique une hausse de 13 000 F ;

— que la rémunération de l'exploitant doit être prise en compte à hauteur de 24 000 F ;

— que l'intérêt du capital investi doit être calculé au taux de 10 % l'an sur 600 000 F.

— Stock de fin de période :
  — piétements : 39 unités,
  — panneaux stratifiés : 170 m^2,
  — tables : 30 unités.

Les stocks sont valorisés au coût moyen unitaire pondéré mensuel.
Il n'y a ni charges ni produits exceptionnels.

Travail à faire :

1 - Présenter l'organigramme Technique.
2 - Calculer les différents coûts et résultats.
Présenter les fiches de stocks permanents simplifiés.
3 - Présenter le compte résultat de la comptabilité analytique.
4 - Rapprocher les deux comptabilités.

Solution :

1° Question : — Organigramme Technique.

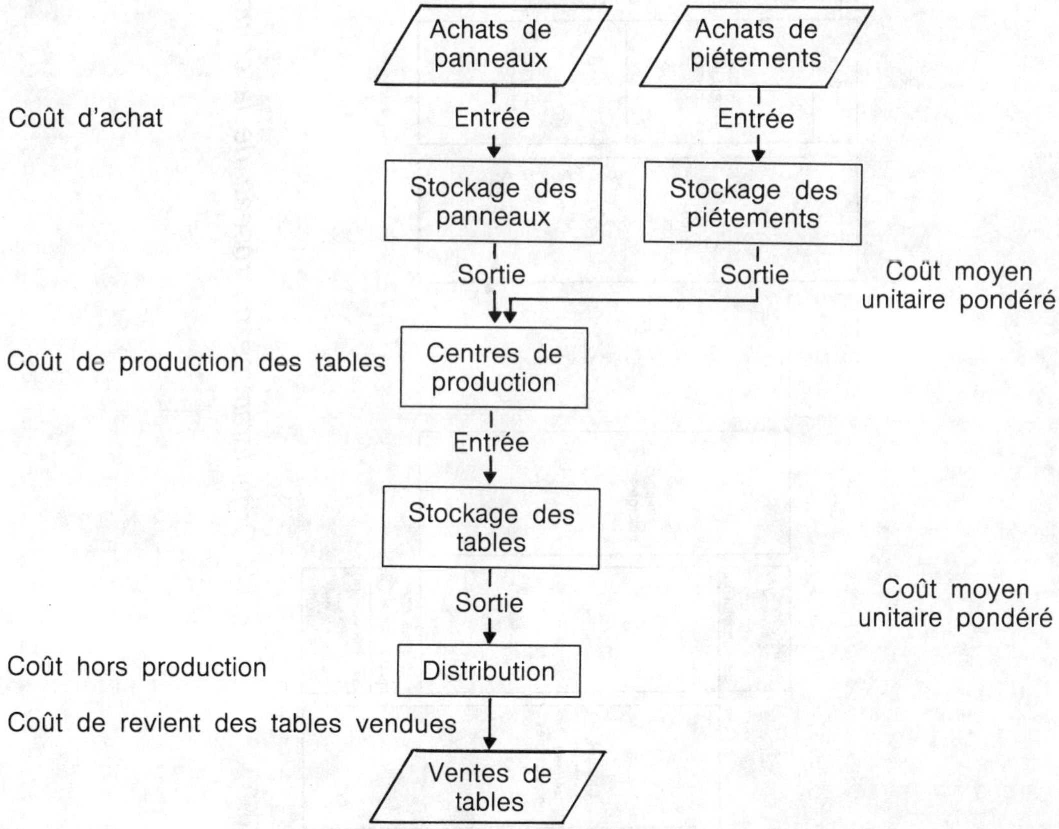

— Organigramme du réseau de la comptabilité analytique (voir pages suivantes)

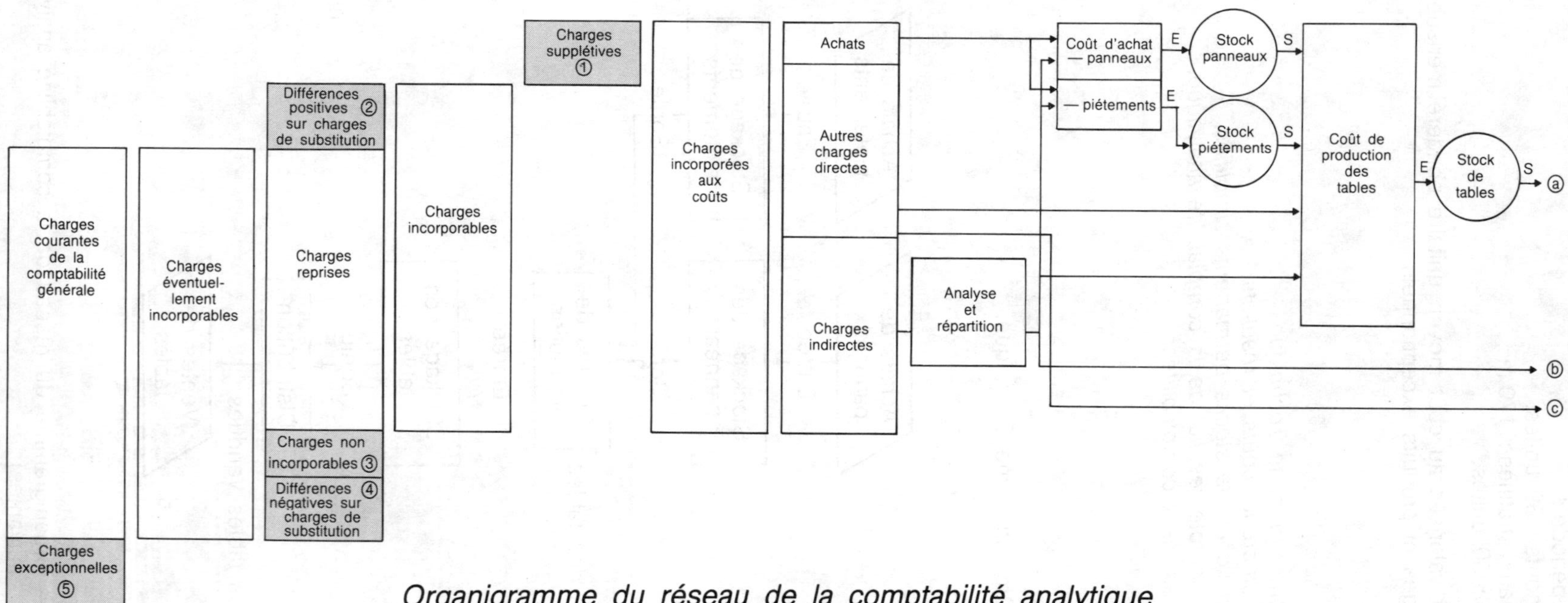

Organigramme du réseau de la comptabilité analytique

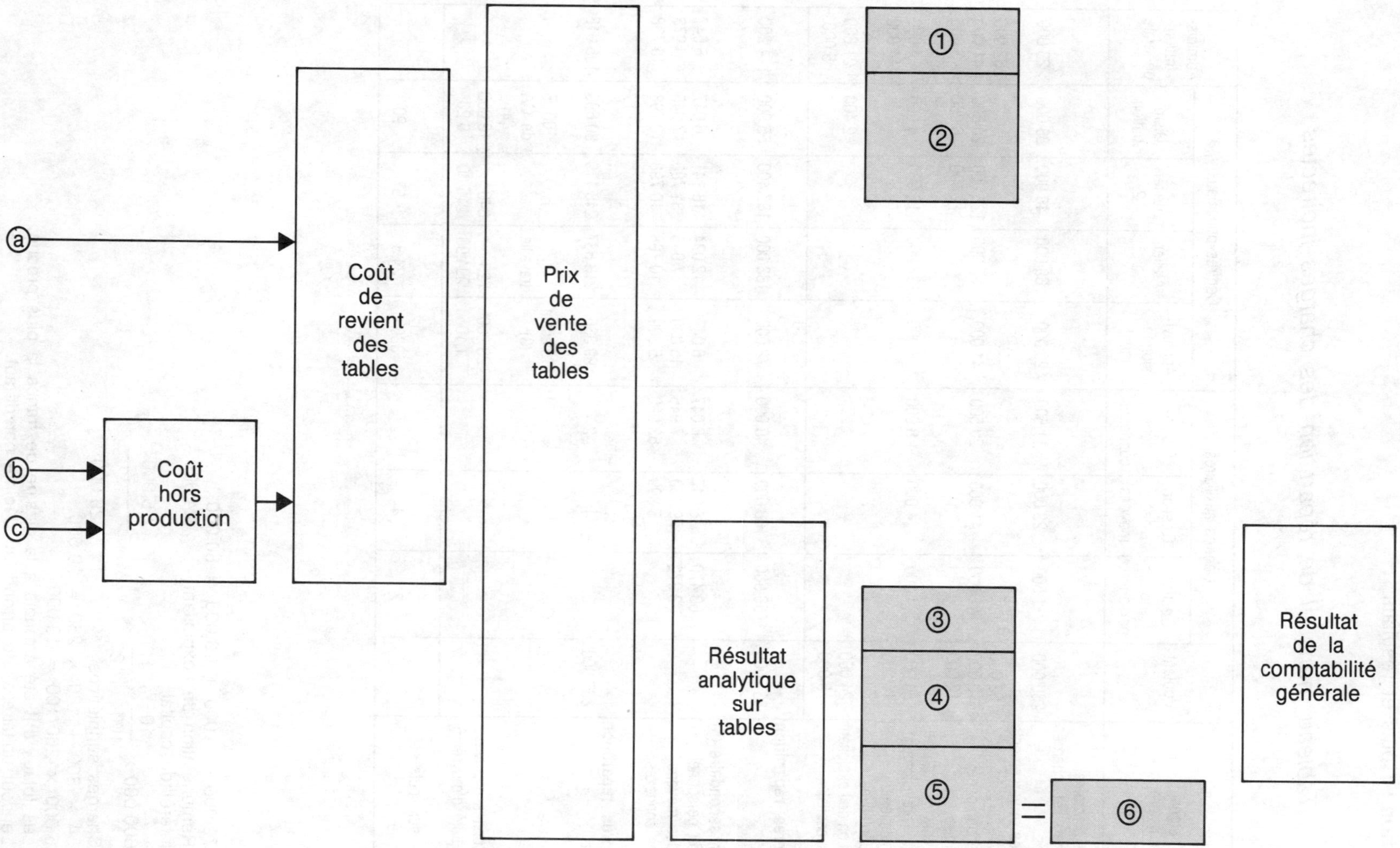

⑥ Différence de traitement comptable

2° Question : Coûts et résultats.

Tableau mensuel de répartition des charges indirectes

Charges par nature	Montant	Centres auxiliaires			Centres principaux				Administration générale
		Gestion du personnel	Gestion des moyens	Prestations connexes	Approvisionnement	Atelier 1	Atelier 2	Distribution	
Répartition primaire									
Autres achats et charges externes	230 000	11 500	23 000	11 500	23 000	69 000	46 000	23 000	23 000
Impôts, taxes et versements assimilés	62 000								62 000
Charges de personnel	410 000	41 000	41 000	20 500	41 000	82 000	123 000	20 500	41 000
Autres charges	12 000						2 400	6 000	3 600
Dotations aux amortissements et aux provisions (1)	80 000	4 000	4 000	8 000	8 000	32 000	16 000	4 000	4 000
Charges financières	14 000								14 000
Charges supplétives (2)									
- rémunération de l'exploitant	24 000							2 400	21 600
- Intérêt du capital	5 000								5 000
Totaux après répartition primaire	837 000	56 500	68 000	40 000	72 000	183 000	187 400	55 900	174 200
Répartition secondaire (5)									
- Gestion du personnel		– 60 470	6 047	6 047	6 047	12 094	18 141	6 047	6 047
- Gestion des moyens		3 972	– 79 450	7 945	15 890	7 945	31 780	7 945	3 973
- Prestations connexes			5 399	– 53 990	5 399	10 798	10 798	10 798	10 798
Totaux après répartition secondaire	837 000	2	– 4	2	99 336	213 837	248 119	80 690	195 018
Unités d'œuvre					F d'achat (3)	m^2 travaillé	H.O.	100 F de CA (4)	
Nombre d'unités d'œuvre					90 000	725	840	13 000	
Coût de l'unité d'œuvre (6)					1,10	294,90	215,30	6,20	
Différences sur coûts et taux d'activité		2	– 4	2	336	34,5	67	90	

(1) 72 000 – 5 000 + 13 000 = 80 000.

(2) Rémunération de l'exploitant 24 000

Intérêt du capital

$600\,000 \times \frac{10}{100} \times \frac{1}{12}$ 5 000

Charges supplétives 29 000

(3) 54 × 800 + 180 × 260 = 90 000.

(4) 5 000 × 260/100 = 13 000

(5) Les totaux ont été arrondis à la dizaine de francs la plus proche.

(6) Le coût unitaire a été arrondi au décime par défaut.

— Répartition secondaire :

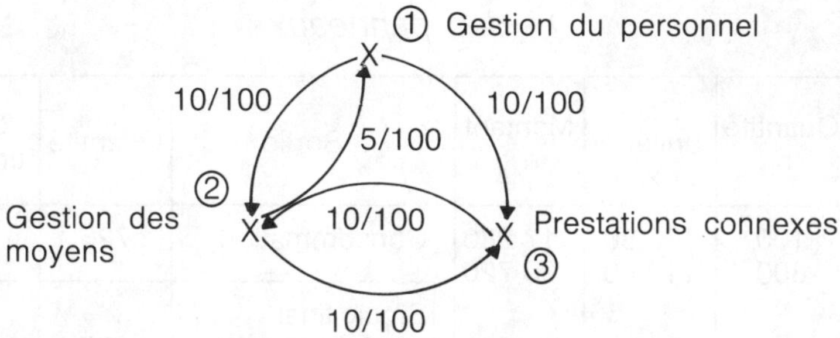

Le graphe montre l'existence des transferts croisés entre les centres auxiliaires. La méthode algébrique est utilisée pour calculer les totaux à répartir.

Tableau du système

Éléments	①	②	③
Totaux après répartition primaire	56 500	68 000	40 000
Répartition secondaire			
— gestion du personnel	—	0,10 x	0,10 x
— gestion des moyens	0,05 y	—	0,10 y
— prestations connexes	—	0,10 z	—
Totaux à répartir	x	y	z

Soient x, y, z les totaux à répartir des centres respectifs ①②③
Système à résoudre :
56 500 + 0,05 y = x
68 000 + 0,10 x + 0,10 z = y
40 000 + 0,10 x + 0,10 y = z
Solution :
x = 60 472,321 ≃ *60 470*
y = 79 446,4 ≃ *79 450*
z = 53 991,87 ≃ *53 990*

— Coûts d'achat

des panneaux

Eléments	Unité d'œuvre	Coût de l'u.o.	Quantité	Montant
Charges directes				
Matières	m²	54	800	43 200
Charges indirectes				
Centre approvisionnement	F.A.	1,10	43 200	47 520
Coût d'achat	m²	113,40	800	90 720

Ce coût est utilisé pour l'évaluation des entrées. Il est déterminé pour chaque matière.

des piètements

Eléments	Unité d'œuvre	Coût de l'u.o.	Quantité	Montant
Charges directes				
Matières	Unité	180	260	46 800
Charges indirectes				
Centre approvisionnement	F.A.	1,10	46 800	51 480
Coût d'achat	Unité	378	260	98 280

Stocks permanents :

1 - des panneaux

Entrée	Quantité n_i	Coût unitaire x_i	Montant n_ix_i	Sortie	Quantité	Coût unitaire	Montant
Stock initial	100	172,80	17 280	Consommation	725	120	87 000
Entrées	800	113,40	90 720	Stock final			
				— théorique	175		
				— réel	170		
				Différence défavorable	5	120	600
	900	120	108 000	Stock final	170	120	20 400

Coût moyen unitaire pondéré (CMUP) $= \dfrac{\text{(stock initial + Entrées) en valeurs}}{\text{(Stock initial + Entrées) en quantité}} = \dfrac{\sum n_ix_i}{\sum n_i} = \dfrac{10\,800}{900} = 120$

2 - des piétements

Entrée	Quantité	Coût unitaire	Montant	Sortie	Quantité	Coût unitaire	Montant
Stock initial	20	266	5 320	Consommation	241	370	89 170
Entrées	260	378	98 280	Stock final			
				— théorique	39		
				— réel	39		
	280	370	103 600	Stock final	39	370	14 430

CMUP = 103 600/280 = *370*

— Coût de production des tables :

Eléments	Unité d'œuvre	Coût de l'u.o.	Quantité	Montant
Charges directes				
Matières - panneaux	m²	120	725	87 000
- piétements	Unité	370	241	89 170
Main-d'œuvre Atelier 1	H.O.	75	501	37 575,5
Atelier 2	H.O.	90	840	75 600
Charges indirectes				
Centre Atelier 1	m²	294,90	725	213 802,5
Centre Atelier 2	H.O.	295,30	840	248 052
Coût de production	1 article	3 130	240	751 200

Le coût de production est déterminé pour chaque produit fini ou semi-fini.

Stock permanent des tables

Entrée	Quantité	Coût unitaire	Montant	Sortie	Quantité	Coût unitaire	Montant
Stock initial	50	3 159	157 950	Ventes	260	3 135	815 100
Entrées	240	3 130	751 200				
				Stock final			
				— théorique	30		
				— réel	30		
	290	3 135	909 150	Stock final	30	3 135	94 050

CMUP = 909 150/290 = *3 135*

— Coût hors production

Eléments	Unité d'œuvre	Coût de l'u.o.	Quantité	Montant
Charges directes				
Main-d'œuvre distribution	H.O.	100	160	15 582
Charges indirectes				
Centre de distribution	100 F CA	6,20	13 000	80 600
Centre Administration				195 018
Coût hors production	1 article	1 120	260	291 200

Ce coût ne concerne que les produits fabriqués vendus.

— Coût de revient

Eléments	Unité d'œuvre	Coût de l'u.o.	Quantité	Montant
Coût de production des tables vendues	1 article	3 135	260	815 100
Coût hors production des tables vendues	1 article	1 120	260	291 200
Coût de revient	1 article	4 255	260	1 106 300

Ce coût ne concerne que les produits fabriqués vendus, il inclut :
— le coût de production des produits finis vendus ;
— le coût hors production.

— Résultat analytique

Eléments	Unité	Quantité	Montant
Prix de vente	5 000	260	1 300 000
Coût de revient	4 255	260	1 106 300
Résultat analytique	745	260	193 700

Ce résultat est déterminé périodiquement.

3° Question : Résultat de la comptabilité analytique

Il est déterminé pour être rapproché avec celui de la comptabilité générale ; il doit donc éliminer les causes des écarts dus aux divers retraitements et appelées « Différences de traitement comptable ».

Schéma explicatif

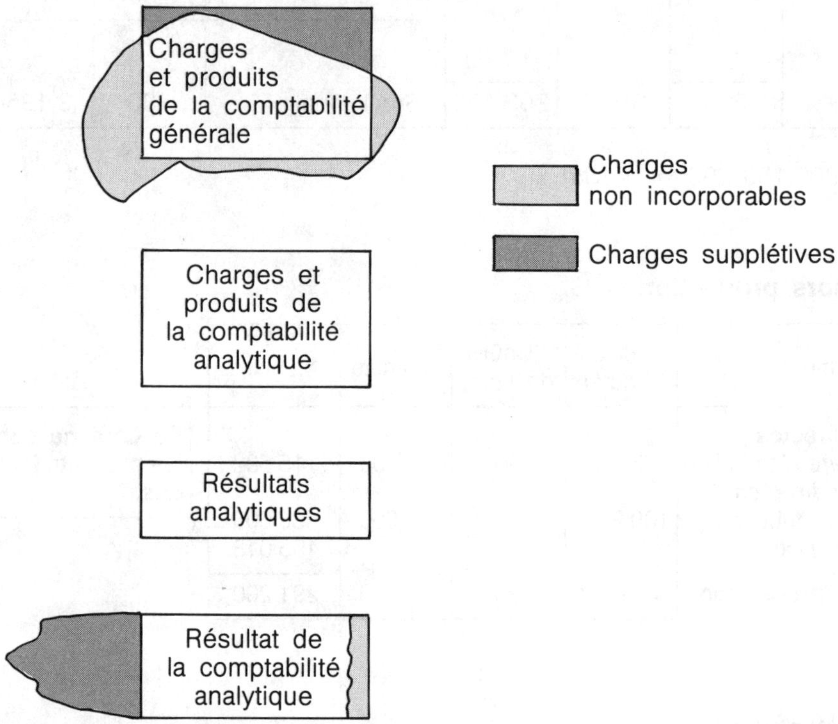

Afin de passer des résultats analytiques au résultat de la comptabilité analytique, il faut remodeler la synthèse :
— pour éliminer l'incidence des charges supplétives qui ont diminué le résultat ;
— pour prendre en compte les charges non incorporables qui doivent réduire le résultat analytique.

Ces retraitements peuvent être rassemblés dans un tableau des « Différences de traitement comptable ».

Différences de traitement comptable

Malis (réduisent le résultat)	Montant	Bonis (augmentent le résultat)	Montant
Charges non incorporables — provisions non incorporées Différences d'inventaires défavorables — sur panneaux Différences sur coûts et taux de cession — sur centres imputés (voir tableau de répartition)	 5 000 600 527,50	Charges supplétives Différences positives sur charges de substitution Différences d'inventaire favorables	29 000 13 000 —
Bonis sur différence de traitement comptable	35 872,50		
	42 000		42 000

Résultat de la comptabilité analytique

Charges	Montant	Produits	Montant
Perte analytique Malis sur différences de traitement comptable	— —	Bénéfice analytique — sur tables Bonis sur différences de traitement comptable	 193 700 35 872,50
Résultat de la comptabilité analytique : Bénéfice	229 572,50		
	229 572,50		229 572,50

4° Question : Rapprochement des deux comptabilités

> Le contrôle du traitement analytique est réalisé, au stade final, par la comparaison des soldes synthétiques fournis par les deux comptabilités qui doivent être égaux et de même sens :
> — solde du compte « Résultat de la comptabilité analytique » ;
> — solde du compte « 120/9 - Résultat de l'exercice ».

120 — Résultat de l'exercice
(Extrait présenté en liste)

Eléments	Détail	Montant
I **Produits d'exploitation**		1 236 100
— Production vendue (ventes de produits finis)	1 300 000	
— Production stockée (variation du stock : 94 050 − 157 950)	(63 900)	
II **Charges d'exploitation**		992 527,50
— Achats (43 200 + 46 800)	90 000	
— Variations de stocks (17 280 − 20 400) + (5 320 − 14 430)	(12 230)	
— Autres achats et charges externes	230 000	
— Impôts, taxes et versements assimilés	62 000	
— Charges de personnel (410 000 + 37 575,5 + 75 600 + 15 582)	538 757,50	
— Autres charges	12 000	
— Dotations d'exploitation	72 000	
Résultat d'exploitation		243 572,50
III **Produits financiers**	—	—
IV **Charges financières**		14 000
— Intérêts	14 000	
Résultat financier		(14 000)
Résultat courant		229 572,50
V **Produits exceptionnels**		—
VI **Charges exceptionnelles**		—
Résultat exceptionnel		—
VII **Total des produits**		1 236 100
VIII **Total des charges**		1 006 572,50
Résultat : Bénéfice		229 572,50

Les soldes des comptes sont égaux et de même sens ; a priori les traitements ont été corrects.

II - CONCLUSION

1 - Mise en œuvre de la méthode

Le traitement « complet » réalisé sur un cas simple permet d'avoir une vue d'ensemble de l'application de la méthode. L'étude détaillée est présentée dans les chapitres suivants.

2 - Intérêt de la notion de coûts réels constatés

Déjà évoqué dans le cadre de la présentation générale de la méthode : Marges et coûts, page 24.

Ce système de gestion est utile mais non exempt de « vices », il faut le compléter à l'aide d'autres systèmes fondés sur l'analyse du comportement des charges, selon l'activité de l'entreprise.

L'analyse a posteriori pourra être le point de référence d'une étude a priori : la gestion prévisionnelle.

Note : La comptabilité analytique s'adapte très bien au système de traitement automatique ; n'est-elle pas finalement en dehors de l'analyse une des applications du calcul matriciel ?

Exercice n° 1 : Entreprise REFLEX

On vous communique les renseignements suivants concernant les articles BIOT vendus par l'entreprise REFLEX (tous les renseignements donnés se rapportent à une série de 100 articles BIOT).

La fabrication de ces articles exige le passage dans trois ateliers successifs : Atelier 1, Atelier 2, Atelier 3.

On vous communique, ci-dessous, le tableau de répartition des charges indirectes dans les centres homogènes.

Tableau de répartition des charges indirectes

Total des charges	*277 072*		
Centres auxiliaires :			
— Gestion du personnel	*17 400*		
— Gestion des bâtiments	*48 600*		
Centres principaux :			
— Atelier 1	*93 600*	*U.O. : H/M*	*Q : 4 000*
— Atelier 2	*73 804*	*U.O. : H/O*	*Q : 5 600*
— Atelier 3	*24 000*	*U.O. : H/O*	*Q : 2 000*
— Distribution	*19 608*	*U.O. : 100 F de C.A. hors TVA*	*Q : 12 000*

Travail à faire :

1 - Complétez le tableau de répartition des charges et calculez le coût des unités d'œuvre (arrondissez au décime par défaut) sachant que :

— la dépense du centre Gestion du personnel est à répartir de la manière suivante : 10 % à chacun des centres Gestion des bâtiments, atelier 1, atelier 2, atelier 3 et 60 % au centre distribution ;

— les dépenses du centre Gestion des bâtiments sont à répartir également entre les centres principaux.

2 - Calculez le coût de revient de 100 articles BIOT sachant que la fabrication a nécessité :

— 5 000 F de matières premières,
— 140 heures de main-d'œuvre directe à 90 F de l'heure,
— 40 heures de machine de l'atelier 1,
— 60 heures-ouvrier de l'atelier 2,
— 20 heures-ouvrier de l'atelier 3.

On sait d'autre part qu'un article est vendu avec une marge moyenne de 20 % sur le coût de revient. Calculez le prix de vente unitaire.

Exercice n° 2 : Société RIVOLI

La société RIVOLI fabrique deux catégories de pièces AL et LITOTE à partir de deux matières premières PAR et SI.

Les pièces AL et LITOTE sont destinées à la construction et sont vendues respectivement 360 F et 640 F.

Les stocks de matières premières et de produits finis sont évalués au début de la période de la façon suivante :

— PAR : 100 kg pour 41 760 F,
— SI : 150 kg pour 82 320 F,
— AL : 250 pièces pour 53 840 F.
— LITOTE : 150 pièces pour 12 720 F.

Au cours de la période, les achats ont été les suivants :

— Matière PAR : 800 kg à 180 F le kg,
— Matière SI : 1 600 kg à 252 F le kg.

La comptabilité générale nous communique le montant des charges indirectes, dont 2 600 F non incorporables : 2 419 200 F. Les charges incorporables majorées des éléments supplétifs se répartissent entre les produits de la façon suivante :

— Approvisionnement : 5 %,
— Production : 80 %,
— Distribution : 15 %.

Les éléments supplétifs sont évalués à 24 000 F.

La main-d'œuvre affectée à la production a été la suivante :

— 3 200 heures à 109 F consacrées à AL,
— 4 600 heures à 109 F consacrées à LITOTE.

L'atelier de fabrication a reçu les matières premières suivantes destinées à :

— AL : matière PAR 400 kg — matière SI : 700 kg.
— LITOTE : matière PAR 450 kg — matière SI : 850 kg.

Au cours de la période, on a fabriqué 3 500 pièces AL et 2 500 pièces LITOTE.

Le service de distribution a assuré l'expédition de 3 500 pièces AL et 2 100 pièces LITOTE.

Les unités d'œuvre des divers centres sont les suivantes :

— Centre approvisionnement	*le kg de matière achetée*
— Centre production	*le kg de matière traitée*
— Centre distribution	*100 F de chiffre d'affaires hors TVA.*

Travail à faire :

1 - Calculer les coûts d'achats des matières.
2 - Présenter les comptes de stocks permanents.
3 - Calculer les coûts de production des deux pièces et présenter les comptes de stocks.
4 - Calculer les coûts hors production et de revient.
5 - Calculer les résultats analytiques.
6 - Comparer les résultats analytiques et ceux de la comptabilité générale.
Les stocks sont tenus au coût moyen unitaire pondéré.
Les calculs sont arrondis au franc par défaut.

Exercice n° 3 : Entreprise PLAPO

Un chef d'entreprise fabrique, à partir de deux matières premières, des poteaux et des plaques.

Il vous demande de déterminer les résultats obtenus sur chaque produit et le résultat global pour le mois de Mars, et vous communique à cet effet les données suivantes relatives à ce mois :

1 - **Les charges :**

Le tableau de répartition des charges autres que les matières est à établir à partir des sommes et des clés de répartition qui suivent :

Charges par nature	*Montant*		*Centres (clés)*				
	1	*2*	*3*	*4*	*5*	*6*	*7*
Autres achats et charges externes		*20 000*	*10*	*10*	*30*	*30*	*20*
Autres charges		*14 000*	*10*	*25*	*30*	*25*	*10*
Impôts, taxes et versements assimilés	*200*	*8 000*	*10*				*90*
Dotations	*200*	*6 000*	*20*	*10*	*30*	*20*	*20*
Charges financières	*100*	*1 200*	*100*				
Eléments supplétifs incorporés		*1 000*	*40*	*10*			*50*

1 - Charges non incorporables.
2 - Charges incorporables.
3 - Centre Administration générale.
4 - Centre Approvisionnement.
5 - Centre atelier Poteaux.
6 - Centre atelier Plaques.
7 - Centre Distribution.

Les frais du centre Administration générale doivent être virés dans les autres centres à raison de 25 % pour chacun.

Les frais du centre Approvisionnement concernent :

— *les graviers pour 80 %,*
— *le ciment pour 20 %.*

Les frais du centre Distribution se répartissent à raison de 3/5 aux Poteaux et 2/5 aux Plaques.

2 - **Les stocks au 1er Mars :**

— *Graviers : 380 tonnes à 16,60 F la tonne ;*
— *Ciment : 120 tonnes à 180 F la tonne ;*
— *Poteaux : 10 800 unités estimés à 16 000 F ;*
— *Plaques : 2 200 unités estimés à 6 500 F.*

3 - **Les achats de Mars :**

— *Graviers : 1 300 tonnes à 16,80 F la tonne ;*
— *Ciment : 240 tonnes à 181 F la tonne.*

4 - **Production :**

— *Poteaux : 61 200 unités — Consommation : — Graviers : 1 176 t*
— Ciment : 180 t
— *Plaques : 9 800 unités — Consommation : — Graviers : 280 t*
— Ciment : 48 t

5 - **Les ventes :**

— *Poteaux : 60 000 unités à 3 F pièce ;*
— *Plaques : 10 000 unités à 8 F pièce.*

Travail à faire :

1 - Présenter le tableau de répartition des charges.
2 - Calculer les différents coûts et résultats analytiques.
Les stocks réels sont les suivants :

— *Graviers : 220 tonnes ;*
— *Ciment : 134 tonnes ;*
— *Poteaux : 12 000 unités ;*
— *Plaques : 1 990 unités.*

Arrondir les calculs unitaires au franc par défaut.
3 - Réaliser la comparaison avec la comptabilité générale après avoir établis les différents comptes résultats.

Exercice n° 4 : Entreprise CUVILE

Dans l'entreprise CUVILE qui travaille à façon les clients lui fournissent la matière première. Les commandes terminées sont aussitôt livrées et facturées.
La répartition primaire des charges par nature entre les différents centres est donnée dans le tableau ci-dessus :

— *Matières consommables : 18 000*
— *Frais et dotations : 146 800*
— *Eléments supplétifs : 7 200*
— *Répartition primaire :*
  — *Centres auxiliaires :*
  - *A : 40 000*
  - *B : 37 500*
  - *C : 55 000*
  — *Centres de production :*
  - *D : 6 000* — *Unité d'œuvre : H.O.*
  - *E : 12 000* — *Unité d'œuvre : H.M.*
  - *F : 8 000* — *Unité d'œuvre : H.O.*
  — *Centre de distribution :*
  - *: 6 400* — *Unité d'œuvre : 100 F de C.A.*
  — *Centre administration générale :*
  - *: 7 100* — *Unité d'œuvre : coût de production des produits vendus.*

— *Répartition secondaire :*

	A	B	C	D	E	F	Dist.	Admin.
Centre A		5	10	20	20	20	15	10
Centre B	10			25	20	30	5	10
Centre C	10			40	50			

La main-d'œuvre et les charges sociales correspondantes sont imputées directement aux commandes concernées d'après la feuille d'imputation. Au premier jour du mois, la situation est la suivante :
— *Matières consommables en stock 12 000*
— *Commandes en cours ainsi détaillées : 49 000*
— *Commande 213 sortie de l'atelier E 22 500*
— *Commande 214 sortie de l'atelier D 17 500*
— *Commande 215 sortie de l'atelier D 9 000*

Pendant le mois, les centres principaux ont concouru aux diverses commandes de la manière suivante :

Centres	*D*	*E*	*F*	*Main-d'œuvre directe*	*Prix facturé*
Commande 213			*200*	*24 500*	*65 000*
Commande 214		*300*	*400*	*25 000*	*70 000*
Commande 215		*900*	*600*	*30 000*	*93 000*
Commande 216	*800*	*1 100*	*200*	*35 500*	*90 000*
Commande 217	*1 200*	*500*	*100*	*25 500*	*82 000*
Commande 218	*1 100*	*200*		*12 500*	
Commande 219	*900*			*12 500*	
	4 000	*3 000*	*1 500*	*165 500*	*400 000*

Le tableau précédent contient la répartition des unités d'œuvre entre les commandes pour les centres de production : D, E, F.

Au cours du mois, il a été acheté 15 000 F de matières consommables, l'inventaire extra-comptable de fin de période a permis de constater qu'il en restait 8 750 F.

Travail à faire :

1 - Achever le tableau de répartition des charges.

2 - Déterminer le coût de revient et le résultat sur la commande n° 215.

3 - Déterminer le résultat sur l'ensemble des commandes terminées.

4 - Déterminer, à partir du résultat précédent, le résultat de la comptabilité analytique et comparer avec celui de la comptabilité générale.

Exercice n° 5 : Entreprise ARTHUR

L'entreprise ARTHUR fabrique en série des objets X par assemblage de deux pièces (pièce n° 1 et pièce n° 2).

Ces pièces sont usinées à partir d'une matière première achetée directement chez un fournisseur.

L'activité du mois de mars 1989 se résume dans les données suivantes :

1 - Stocks au 1/3/89

- *Matières premières .... 20 000 kg à 4,40 F le kg*
- *Matières consommables .... 5 000 F*
- *Pièces n° 1 .... 860 pièces à 190 F l'une*
- *Pièces n° 2 .... 750 pièces à 225 F l'une*
- *Objets X .... 600 à 617,50 F l'unité*
- *En cours de fabrication :*
  - *Pièces n° 2 .... 2 465 F*

2 - Achats du mois de mars

- *Matières premières .... 90 000 kg à 4,40 F le kg*
- *Matières consommables .... 30 000 F*

3 - Charges indirectes.

Elles sont réparties dans les centres selon le tableau de répartition (annexe 4).

Le total de la répartition primaire dans les centres auxiliaires et les centres principaux s'élève à : 548 050 F.

Il a été obtenu en tenant compte :

— d'un montant de 25 000 F de dotations non incorporables ;

— d'une rémunération du capital s'élevant à 14 400 F ;

— d'une consommation de 32 000 F de matières consommables.

4 - Centre usinage

Pièce n° 1 :

24 100 kg de matières premières utilisées ;

1 158 heures de main-d'œuvre directe à 66,75 F l'heure.

Pièce n° 2 :

63 000 kg de matières premières utilisées :

1 131,5 heures de main-d'œuvre directe à 89 F l'heure.

Production du mois :

1 720 pièces n° 1 terminées ;

2 250 pièces n° 2 terminées.

5 - Centre assemblage

Production de 1 950 objets X.

Main-d'œuvre directe : 1 375 heures à 82 F l'heure.

6 - Ventes du mois

2 100 objets X à 750 F l'unité.

7 - Stocks réels au 31/3/1989

— Matières premières .... 22 850 kg

— Matières consommables .... 3 000 F

— Pièces n° 1 .... 620 pièces

— Pièces n° 2 .... 1 050 pièces

— Objets X .... 450 objets

— En cours de fabrication :

— Pièces n° 1 .... 9 133 F

Travail à faire :

1 - Compléter le tableau de répartition des charges indirectes. Le coût d'unité d'œuvre sera arrondi au centime.

2 - Faire apparaître : (les sorties valorisées au C.M.U.P.) :

a) le coût d'achat des matières premières ;

b) le coût de production des pièces n° 1 et n° 2 ;

c) le coût de production de l'objet X ;

d) le prix de revient et le résultat analytique sur l'objet X.

3 - Déterminer le résultat analytique et établir la concordance avec la comptabilité générale.

Annexe 4 :

Tableau de répartition des charges indirectes

	Force motrice	Entretien	Administration générale	Approvisionnement	Atelier usinage	Atelier assemblage	Distribution
Totaux primaires	30 000	26 400	45 400	11 000	246 600	115 850	72 800
Force motrice		10 %	10 %	10 %	30 %	30 %	10 %
Entretien	20 %		10 %		30 %	30 %	10 %
Administration				10 %	30 %	30 %	30 %
Unité d'œuvre				Kg de mat. prem. achetée	Heure main-d'œuvre directe	Heure main-d'œuvre directe	100 F de ventes

Chapitre 9

COÛTS COMPLETS CONSTATÉS : L'ORGANISATION COMPTABLE

I - L'ORGANISATION COMPTABLE

1 - Principe

La comptabilité analytique doit permettre :

— de constater, comme la comptabilité générale :
    — les charges,
    — les produits ;
— de corriger les éléments :
    — charges et produits non incorporables,
    — éléments supplétifs,
— de calculer les coûts et résultats analytiques avec la permanence de l'inventaire ;
— de réaliser la synthèse afin de donner le résultat comparable à celui de la comptabilité générale.

2 - Méthode

Afin d'atteindre les objectifs fixés, il existe deux méthodes de base :

— **la méthode des tableaux :**

Les calculs et les suivis sont assurés uniquement par des tableaux, qui sont alors de véritables « centres » de flux.

La succession des tableaux est conforme à celle de l'organigramme technique et du réseau comptable. C'est une comptabilité en partie simple.

— **la méthode mixte :**

Les calculs sont faits dans les tableaux puis un « enregistrement comptable » est réalisé avec l'utilisation d'une classe spéciale : la classe 9 « Comptabilité analytique » : c'est une comptabilité en partie double.

3 - Choix

La méthode choisie sera fonction :

— du degré d'intégration des comptabilités,
— du système de traitement de l'information,
— de la volonté de disposer d'une comptabilité analytique conforme aux principes comptables avec la rigueur de ces contrôles.

II - LES ENREGISTREMENTS COMPTABLES

Deux procédures comptables peuvent être employées :

— la comptabilité analytique à comptes réfléchis ;
— la comptabilité analytique intégrée.

1 - La comptabilité analytique à comptes réfléchis

Cette procédure permet d'effectuer l'analyse des valeurs du compte de résultat de la comptabilité générale dans un cadre de comptabilité analytique autonome, tout en assurant le raccordement rigoureux des deux comptabilités, générale et analytique.

a) Schéma de principe :

L'analyse de l'enregistrement est fondée sur les relations qui lient la comptabilité générale et la comptabilité analytique dans le cadre traditionnel de la partie double.

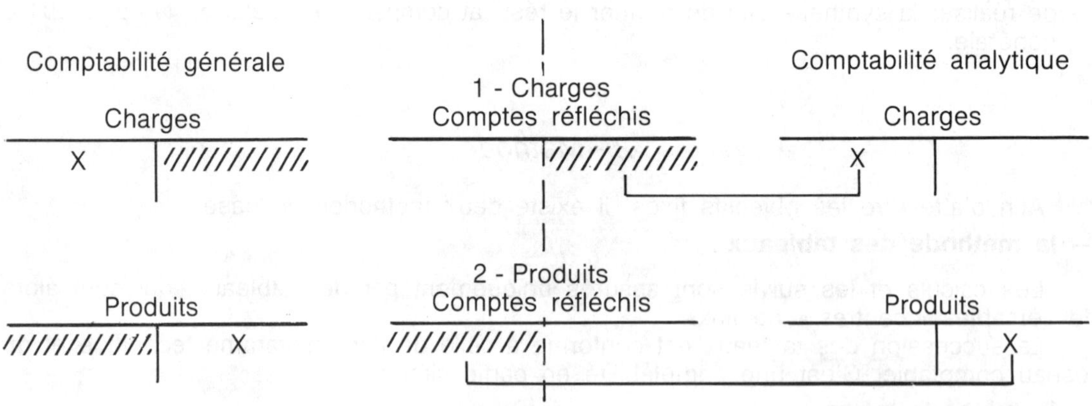

Les comptes réfléchis sont la contrepartie des comptes de la comptabilité analytique : ils sont le reflet de ceux de la comptabilité générale.

Les comptes de la comptabilité analytique, charges et produits, fonctionnent comme ceux de la comptabilité générale.

b) Plan de comptes :

Classe 9 : Comptabilité analytique

Groupes de comptes	Commentaires
90 Comptes réfléchis	Ce groupe de comptes est destiné à tenir une comptabilité analytique indépendante de la comptabilité générale.
91 Reclassement préalable des charges et des produits de la comptabilité générale	Ce groupe de comptes est destiné à reclasser les charges et les produits dans un ordre différent de celui de la comptabilité générale, soit pour obtenir des valeurs significatives, soit pour préparer l'analyse.
92 Centres d'analyse	Ce groupe de comptes permet de partager l'entreprise en un certain nombre de divisions comptables.
93 Coûts des produits stockés	Ce groupe de comptes permet aux entreprises de production ou de transformation de calculer les coûts des produits aux différents stades d'élaboration.
94 Stocks	Ce groupe permet de suivre les mouvements de stock.
95 Coûts des produits vendus	Ce groupe permet aux entreprises de calculer le coût des commandes clients, c'est-à-dire : coût, hors production, de distribution et de revient.
96 Ecarts sur coûts préétablis	Ce groupe permet aux entreprises de faire apparaître et analyser les écarts.
97 Différences de traitement comptable	Ce groupe de comptes permet de moduler les coûts selon l'optique de gestion retenue.
98 Résultats de la comptabilité analytique	Ce groupe de comptes permet de classer les résultats.
99 Liaisons internes	Ce groupe de comptes permet de réaliser des liaisons entre des comptabilités analytiques autonomes d'établissements distincts.

Nomenclature détaillée des comptes de la classe 9.
(Extrait du plan comptable général 1982.)

Au cas où l'entreprise utilise une autre nomenclature que celle indiquée ci-dessous, il est recommandé de dresser, en cas de besoin, un tableau de correspondance permettant de passer à la nomenclature de référence.

90. Comptes réfléchis.

900.
901.
902.
903. Stocks et provisions pour dépréciation des stocks réfléchis.
904. Achats réfléchis.
905. Charges réfléchies.
906. Dotations réfléchies.

907. Produits (1) réfléchis.
908.
909.

91. Reclassement préalable des charges et des produits de la comptabilité générale.

Reclassement préalable des charges de la comptabilité générale.

910.
911.
912.
913.
914.
915.
916.
917.
918.
(Pour attribution selon les besoins de l'entreprise.)

Reclassement préalable des produits de la comptabilité générale.

919. Produits de la compagnie générale reclassés.

92. Centres d'analyse (centres de travail et sections).

920. Centres d'administration.
921. Centres de financement.
922. Centres de gestion du personnel.
923. Centres de gestion des moyens matériels.
924. Centres de prestations connexes.
925. Centres d'approvisionnement.
926. Centres d'étude technique et recherche.
927. Centres de production.
928. Centres de distribution.
929. Autres frais à couvrir.

93. Coûts des produits stockés.

930.
931.
932.
933.
934.
935.
936.
937.
938.
939.
(Pour attribution selon les besoins de l'entreprise.)

94. Stocks.

940. Marchandises.
941. Matières premières (et fournitures).
942. Autres approvisionnements (matières et fournitures consommables, emballages commerciaux,...).
943. Production de biens en cours.
944. Productions de services en cours.
945. Produits (intermédiaires, finis,...).
946.
947.

---

(1) Généralement de comptabilité générale à comptabilité analytique : produits d'exploitation, financiers, exceptionnels ou de comptabilité analytique à comptabilité générale : produits courants.

948.
949. Provisions pour dépréciation des stocks et des en-cours.

95. Coûts des produits vendus.

951.
952.
953.
954.
955.
956.
957.
958.
959.
(Pour attribution selon les besoins de l'entreprise.)

96. Ecarts sur coûts préétablis

A utiliser selon les besoins de l'entreprise.

97. Différences de traitement comptable

Différences d'incorporation.
970. Différences d'incorporation sur matières (2).
971. Différences d'incorporation sur amortissements et provisions.
972. Différences d'incorporation pour éléments supplétifs.
973. Différences d'incorporation sur autres charges de la comptabilité générale.
977. Différences d'incorporation sur produits de la comptabilité générale.

Différences d'inventaire, de cession et d'imputation.
974. Différences d'inventaire constatées.
975. Différences sur coûts et taux de cession (2).
976. Différences sur niveau d'activité (2).
978.
979.
A utiliser selon les besoins de l'entreprise.

98. Résultats de la comptabilité analytique.

980. Résultat de la comptabilité analytique.
981. Résultat analytique...
982.
983.
984.
985.
986.
987. Report des différences de traitement comptable.
988.
989.
(Pour attribution selon les besoins de l'entreprise.)

99. Liaisons internes.

991. Liaisons internes propres à un même établissement.
996. Cessions reçues d'autres établissements.
997. Cessions fournies à d'autres établissements.

---

(2) Ces différences, saisies comme ici dans le groupe de compte **97**, pourraient être aussi bien intégrées dans une méthode plus développée de comptabilisation à coûts préétablis qui conduirait à analyser ces écarts dans le groupe de comptes **96**.

c) Schéma de principe du jeu des comptes

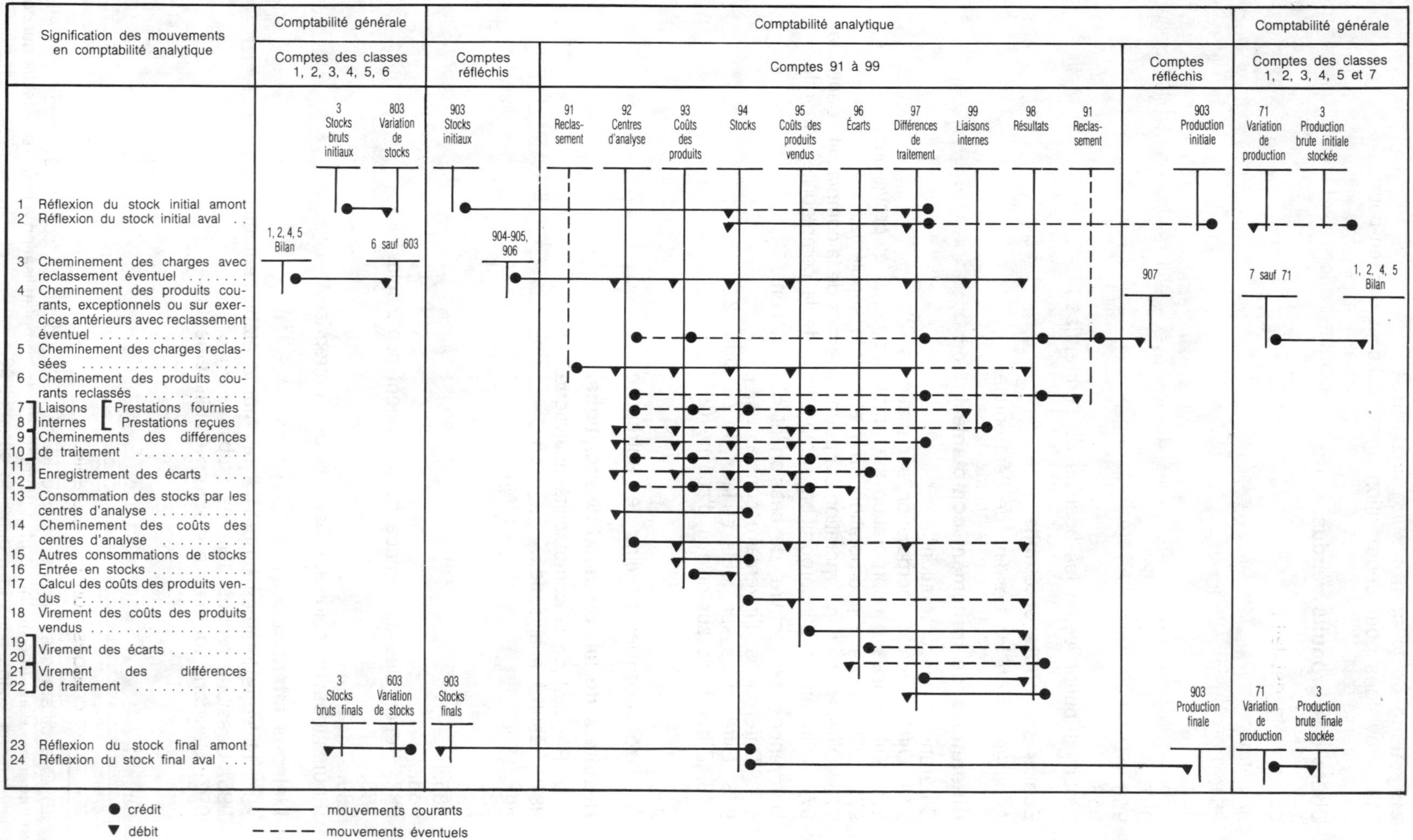

d) Le système de la comptabilité analytique

Le système est conforme à celui de la comptabilité générale, bien qu'il n'y ait pas d'obligation légale. Il comprend : • un plan de compte adapté aux besoins, une organisation (analyse, saisie, traitement).

Le contrôle est fait :

— par l'application de la partie double,
— par la présentation de la balance.

• la synthèse par l'édition du compte résultat et sa comparaison avec celui de la comptabilité générale.

Périodicité des opérations :

- 1 - Enregistrement des opérations courantes.
- 2 - En fin de période, souvent le mois ;
  — calcul des coûts et des résultats analytiques,
  — édition de la balance.
- 3 - En fin d'exercice, le plus souvent,
  — calcul du résultat de la comptabilité,
  — comparaison avec le résultat de la comptabilité générale.

2 - La comptabilité analytique intégrée

Les comptes réfléchis ne sont pas ouverts, les comptes de charges et de produits sont analysés pour donner l'information analytique, et les comptes de stocks fonctionnent en inventaire permament.

En fin d'année, un retraitement est effectué pour conduire aux comptes annuels obligatoires de la comptabilité générale.

III - APPLICATION DANS LE CADRE DE LA COMPTABILITÉ ANALYTIQUE AUTONOME

La société QUIVA a réalisé les opérations suivantes au cours d'un mois :

— Stocks initiaux :	
— matières premières	2 000
— produits finis	14 000
— Achats de matières premières	9 000
— Charges directes :	
— sur achats	1 600
— sur production	24 000
— sur distribution	19 000
— Charges indirectes :	
— centre « Approvisionnement »	3 000
— centre « Production »	140 000
— centre « Distribution »	42 000
— Ventes	260 000
— Différences et traitement comptable :	
— charges non incorporables	7 000
— charges supplétives incorporées	3 000
— Matières premières utilisées	11 400
— Coût de production des produits finis vendus	160 000

Travail à faire :

Enregistrer les opérations en comptabilité analytique.

Solution :

	Analyse 1 — Reprise des stocks		
941	Stock de matières premières	2 000	
945	Stock de produits finis	14 000	
903	Stocks réfléchis		16 000
	2 — Reclassement des charges de la comptabilité générale et éléments supplétifs		
911	Charges directes reclassées	53 600	
915	Charges indirectes reclassées	185 000	
973	Différences d'incorporation — charges non incorporables	7 000	
905	Charges réfléchies (de la comptabilité générale)		233 600
972	Différences d'incorporation pour éléments supplétifs		3 000
904	Achats réfléchis		9 000
	3 — Répartition des charges indirectes		
925	Centre Approvisionnement	3 000	
927	Centre de Production	140 000	
928	Centre de Distribution	42 000	
915	Charges indirectes reclassées		185 000
	4 — Coût d'achat		
931	Coût d'achat des matières premières	13 600	
911	Charges directes reclassées		10 600
925	Centre Approvisionnement		3 000
	— Entrée en stock		
941	Stock de matières premières	13 600	
931	Coût d'achat des matières premières		13 600
	5 — Coût de production		
935	Coût de production des produits finis	175 400	
911	Charges directes reclassées		24 000
941	Stock de matières premières		11 400
927	Centre de production		140 000
	— Entrée en stock		
945	Stock de produits finis	175 400	
935	Coût de production des produits finis		175 400

Coût d'achat des matières premières

Eléments	Montant
Charges directes	
— Matières	9 000
— Charges	1 600
Charges indirectes	
— Centre Approvisionnement	3 000
Coût d'achat	**13 600**

Coût de production

Eléments	Montant
Charges directes	
— Matières	11 400
— Charges	24 000
Charges indirectes	
— Centre de production	140 000
Coût de production	**175 400**

		Débit	Crédit
	6 — Coût hors production		
951	Coût hors production	61 000	
911	Charges directes reclassées		19 000
928	Centre de distribution		42 000
	7 — Coût de revient		
952	Coût de revient	221 000	
951	Coût hors production		61 000
945	Stock de produits finis		160 000
	8 — Résultat analytique		
	— Ventes		
907	Produits réfléchis	260 000	
981	Résultat analytique sur produits finis		260 000
	— Coût de revient		
981	Résultat analytique sur produits finis	221 000	
952	Coût de revient		221 000

Coût hors production

Eléments	Montant
Charges directes — Charges	19 000
Charges indirectes — Centre de distribution	42 000
Coût hors production	**61 000**

Coût de revient

Eléments	Montant
Coût de production des produits finis vendus	160 000
Coût hors production	61 000
Coût de revient	**221 000**

Résultat analytique

Eléments	Montant
Ventes	260 000
— Coût de revient	221 000
Bénéfice	**39 000**

9 — Balance des comptes de la comptabilité analytique

Par mesure de simplification le grand livre n'a pas été présenté.

Comptes	Mouvements		Soldes	
	Débit	Crédit	Débiteurs	Créditeurs
903 Stocks réfléchis		16 000		16 000
904 Achats réfléchis		9 000		9 000
905 Charges réfléchies		233 600		233 600
907 Produits réfléchis	260 000		260 000	
911 Charges directes reclassées	53 600	53 600		
915 Charges indirectes reclassées	185 000	185 000		
925 Centre Approvisionnement	3 000	3 000		
927 Centre de Production	140 000	140 000		
928 Centre de Distribution	42 000	42 000		
931 Coût d'achat des matières premières	13 600	13 600		
935 Coût de production des produits finis	175 400	175 400		
941 Stock de matières premières	15 600	11 400	4 200	
945 Stock de produits finis	189 400	160 000	29 400	
951 Coût hors production	61 000	61 000		
952 Coût de revient	221 000	221 000		
972 Différences d'incorporation pour éléments supplétifs		3 000		3 000
973 Différences d'incorporation charges non incorporables	7 000			
981 Résultat analytique sur produits frais	221 000	260 000		39 000
Totaux	1 587 600	1 587 600	300 600	300 600

(903 à 907) Les comptes réfléchis ne sont pas soldés.

(911 à 935) Les comptes de coûts sont normalement ① soldés.

(941, 945) Les soldes représentent les stocks théoriques.

(951, 952) ①

(972 à 981) Ces comptes ne seront soldés qu'en fin de période lors de la détermination du résultat.

10 — Détermination du résultat

L'entreprise est supposée déterminer son résultat après les opérations de cette période

	— Report des différences de traitement comptable		
972	Différences d'incorporation pour éléments supplétifs	3 000	
987	Différences de traitement comptable	4 000	
973	Différences d'incorporation Report des charges non incorporables		7 000
	— Résultat de la comptabilité analytique		
981	Résultat analytique sur produits finis	39 000	
987	Report des différences de traitement comptable		4 000
980	Résultat de la comptabilité analytique		35 000

Différences de Traitement comptable

— Report des différences d'incorporation

Malis	Montant	Bonis	Montant
Charges non incorporables	7 000	**Charges supplétives**	**3 000**
		Solde **débiteur**	**4 000**
	7 000		7 000

Résultat de la comptabilité analytique

Charges	Montant	Produits	Montant
Report des différences **d'incorporation**	**4 000**	Résultat analytique sur produits finis	39 000
Solde créditeur	**35 000**		
	39 000		39 000

11 — Balance par soldes après ces opérations

Comptes	Soldes Débiteurs	Soldes Créditeurs
903 Stocks réfléchis		16 000
905 Charges réfléchies		242 600
907 Produits réfléchis	260 000	
941 Stock de matières premières	4 200	
945 Stock de produits finis	29 400	
981 Résultat de la comptabilité analytique		35 000
Totaux	293 600	293 600

12 — Clôture des comptes en fin d'exercice.
Il suffit de solder les comptes

981	Résultat de la comptabilité analytique	35 000	
905	Charges réfléchies	242 600	
903	Stocks réfléchis	16 000	
941	Stock de matières premières		4 200
945	Stock de produits finis		29 400
907	Produits réfléchis		260 000
	p/Solde des comptes		

13 — Réouverture au début de l'exercice suivant
Il suffit de reprendre les stocks initiaux

941	Stock de Matières premières	4 200	
945	Stock de produits finis	29 400	
903	Stocks réfléchis		33 600
	Reprise des stocks		

Le cas simple présenté a permis de mettre en évidence la structure de base des enregistrements comptables.

IV - LE CONTRÔLE COMPTABILITÉ GÉNÉRALE ET COMPTABILITÉ ANALYTIQUE

1 - Nécessité du contrôle

La comparaison périodique, systématique des résultats est nécessaire pour vérifier la qualité du traitement analytique (erreurs, omissions...).

2 - Le contrôle

Il faut, comme cela a été dit, faire la synthèse des résultats analytiques et des différences de traitement comptable.

a) Les différences de traitement comptable

Les différences de traitement comptable regroupent deux catégories d'opérations :

— **les différences d'incorporation entre comptabilité générale et comptabilité analytique :** elles rassemblent les écarts dus à la correction des charges et produits,

— **les différences d'inventaire, de cession et d'imputation entre coûts constatés et coûts retenus :** elles rassemblent les écarts dus aux incidents ou aux variations des niveaux d'activités.

Le détail des différences de traitement comptable proposé par le plan comptable est résumé dans le tableau ci-après :

97 - Différences de traitement comptable

Différences d'incorporation
entre comptabilité générale et comptabilité analytique

MALIS-DÉBIT Compte **BONIS-CRÉDIT**

970 - **Différences d'incorporation sur matières**

« Supporte l'écart entre le coût de sortie du compte de stock et la valeur conventionnelle retenue pour le calcul des coûts de revient »

970 - Différences d'incorporation sur matières

94 - Stocks permanents... | 91-92-93......

X ——— coût de sortie ——— X | + ——— coût conventionnel ——— +

Différence défavorable ◄ – – – Solde Débiteur
Solde Créditeur – – – ► **Différence favorable**

971 - **Différences d'incorporation sur amortissements et provisions**

« Supporte l'écart entre le montant de la charge de la comptabilité générale et celui de charge d'usage »

971 - Différences d'incorporation
sur amortissements et provisions

906 - Dotations réfléchies | X | + | 91-92-93......

X — charge comptable | charge d'usage — +

Différence défavorable ←——— Solde Débiteur
Solde Créditeur ———→ **Différence favorable**

972 - **Différences d'incorporation pour éléments supplétifs**

« Permet la prise en compte de charges non inscrites en comptabilité générale »

972 - Différences d'incorporation
pour éléments supplétifs

| + | 91-92-93......

charge supplétive — +

(ne peut être débiteur) ←——— Solde Débiteur
Solde Créditeur ———→ **Différence favorable**

973 - **Différences d'incorporation sur autres charges de la comptabilité générale**

« Permet de prendre en compte les charges non reprises en comptabilité analytique »

973 - Différences d'incorporation
sur autres charges
de la comptabilité générale

905 - Charges réfléchies | X |

X — Charges non reprises

Différence défavorable ←——— Solde Débiteur
Solde Créditeur ————→ (ne peut être créditeur)

977 - **Différences d'incorporation sur produits de la comptabilité générale**

« Permet de prendre en compte les produits non repris en comptabilité analytique »

977 - Différences d'incorporation
sur produits de la comptabilité générale

X | 907 - Produits réfléchis

X

Produits non repris

(Ne peut être créditeur) ← – – – Solde Débiteur
Solde Créditeur – – – → **Différence favorable**

Différences d'inventaire, de cession et d'imputation entre coûts constatés et coûts retenus

974 - **Différences d'inventaire constatées**

« Permet de prendre en compte l'écart entre le stock théorique (Solde du Stock permanent) et le stock réel (Inventaire physique) »

974 - Différences d'inventaire
constatées

94 - Stocks permanents | + | + | 94 - Stocks permanents

\+ Malis d'inventaire | Bonis d'inventaire +

Différence défavorable ← – – Solde Débiteur
Solde Créditeur – – – → **Différence favorable**

975 - **Différences sur coûts et taux de cession**

« Permet de prendre en compte l'écart entre la charge d'un centre et le coût transféré »

975 - Différences sur coûts
et taux de cession

92 - Centre d'analyse | + | + | 92 - Centre d'analyse...

\+ Insuffisances de cession | Excédents de cession +

Différence défavorable ← – – – – Solde Débiteur
Solde Créditeur – – – → **Différence favorable**

976 - **Différences sur niveau d'activité**

« Permet de prendre en compte les différences d'imputation dues aux variations d'activité : différence d'imputation rationnelle par exemple »

976 - Différences sur niveau
d'activité

93 - Coûts des produits stockés | + | + | 93 - Coûts des produits stockés

\+ Insuffisances d'imputation | Excédents d'imputation +

Différence défavorable ← – – – – Solde Débiteur
Solde Créditeur – – – – → **Différence favorable**

Le plan de comptes présentés n'est pas exhaustif et peut être complété pour satisfaire les besoins particuliers des entreprises.

Les soldes des comptes de différences de traitement comptable sont regroupés, en fin de période, dans le compte « 987 - Report des différences de traitement comptable ».

b) La détermination du résultat

Le résultat de la comptabilité analytique est obtenu par regroupement :

— des résultats analytiques sur produits,
— des différences de traitement comptable.

Cette synthèse est réalisée par le compte « 980 - Résultat de la comptabilité analytique ».

980 - **Résultat de la comptabilité analytique**

Charges-DÉBIT **Produits-CRÉDIT**

981 à - **Résultat analytique sur produits finis**

« Un compte par produit, catégorie, service... selon les besoins de l'entreprise »

Déficit ←-------- Solde Débiteur
Solde Créditeur -------→ **Bénéfice**

987 - **Rapport des différences de traitement comptable**

« Compte de regroupement des comptes de différence viré en fin de période »

Malis ←---------- Solde Débiteur
Solde Créditeur ------→ **Bonis**

Le solde du compte « 980 - Résultat de la comptabilité analytique » représente le résultat de la période qui doit être égal à celui du compte « 120 ou 129 - Résultat de l'exercice » de la comptabilité générale, à savoir :

— Solde débiteur : Déficit de la période,
— Solde créditeur : Bénéfice de la période.

Remarque : L'égalité des résultats précise la qualité de la synthèse mais pas celle de l'analyse.

3 - Application

Des comptes de l'entreprise PIPOKE, on extrait les informations suivantes :

— Comptabilité générale :
  — 120 Résultat de l'exercice : 223 000
— Comptabilité analytique :
  981 Résultat analytique sur PIKE : Solde créditeur 235 000
  982 Résultat analytique sur POKE : Solde débiteur 12 500

Renseignements divers :
1. provisions non incorporées : 3 000
2. amortissements non repris : 500

3. amortissements ajoutés : 1 000
4. charges supplétives : 6 000
5. frais résiduels sur centres : 2 000
6. différences d'inventaire :
   — sur matières premières
      — Stock réel : 4 900 — Stock théorique : 5 000
   — sur produits finis :
      — Stock réel : 62 000 — Stock théorique : 61 500
7. produits exceptionnels : 650
8. charges exceptionnelles : 2 050

Travail à faire :

1 - Présenter l'analyse des opérations relatives aux renseignements divers.
2 - Passer les écritures de détermination du résultat de la comptabilité analytique.

Solution :

1re question : Analyse des opérations

	1-2		
971	Différences d'incorporation sur amortissements et provisions	3 500	
	— provisions non incorporées 3 000		
	— amortissements non repris 500		
906	Dotations réfléchies		3 500
	3		
91-92-93	....	1 000	
971	Différences d'incorporation sur amortissements et provisions		1 000
	Amortissements ajoutés		
	4		
91-92-93	....	6 000	
972	Différences d'incorporation pour éléments supplétifs		6 000
	Charges supplétives		
	5		
975	Différences sur coûts et taux de cession	2 000	
92	Centre d'analyse		2 000
	Frais résiduels sur centres		
	6		
974	Différences d'inventaire constatées	100	
941	Stock de Matières premières		100
	Différence défavorable : 5 000-4 900 = 100		
	d°		
945	Stock de produits finis	500	
974	Différences d'inventaire constatées		500
	Différence favorable : 62 000 − 61 500		
	7		
907	Produits réfléchis	650	
977	Différences d'incorporation sur produits de la comptabilité générale		650
	Produits exceptionnels		
	8		
973	Différences d'incorporation sur autres charges de la comptabilité générale	2 050	
905	Charges réfléchies		2 050
	Charges exceptionnelles		

2e question : Détermination du résultat

— Regroupement des différences de traitement comptable

		Débit	Crédit
	9		
987	Report des différences de traitement comptable	6 550	
971	Différences d'incorporation sur amortissements et provisions (3 500-1 000)		2 500
973	Différences d'incorporation sur autres charges de la comptabilité générale		2 050
975	Différences sur coûts et taux de cession		2 000
	Pour solde des comptes crédités		
	10		
972	Différences d'incorporation pour éléments supplétifs	6 000	
974	Différences d'inventaire constatées (500 − 100)	400	
977	Différences d'incorporation sur produits de la comptabilité générale	650	
987	Report des différences de traitement comptable		7 050
	Pour solde des comptes débités		

— Détermination du résultat de la comptabilité analytique

		Débit	Crédit
	11		
987	Report des différences de traitement comptable (7 050 − 6 550)	500	
981	Résultat analytique sur PIKE	235 000	
982	Résultat analytique sur POKE		12 500
980	Résultat de la comptabilité analytique		223 000
	Détermination du résultat		

Compte « 987 — Report des différences de traitement comptable »

Débit / Crédit

Charges	Montant	Produits	Montant
971 Différences d'incorporation sur amortissements et provisions	2 500	972 Différences d'incorporation pour éléments supplétifs	6 000
973 Différences d'incorporation sur autres charges de la comptabilité générale	2 050	974 Différences d'inventaire constatées	400
975 Différences sur coûts et taux de cession	2 000	977 Différences d'incorporation sur produits de la comptabilité générale	650
Solde créditeur	500		
Totaux	7 050	Totaux	7 050

Compte « 980 — Résultat de la comptabilité analytique »

Débit | | | Crédit

Charges	Montant	Produits	Montant
982 Résultat analytique sur POKE	12 500	981 Résultat analytique sur PIKE	235 000
Solde créditeur	223 000	987 Report des différences de traitement comptable	500
Totaux	235 500	Totaux	235 500

Les résultats présentés par les deux comptabilités sont égaux : les traitements semblent convenables.

Exercice n° 1 : Société PICHOU

Les stocks de début de période de la société PICHOU sont les suivants :

— Matières premières 243 600

— Produits finis 817 400

Travail à faire :

Présenter, au journal, l'écriture relative aux stocks.

Exercice n° 2 : Entreprise BIDOUX

Le tableau de répartition des charges indirectes de l'entreprise BIDOUX peut être résumé ainsi :

Charges par nature	*Montant*	*Centres auxiliaires*			*Centres principaux*				
		Gestion du personnel	*Gestion du matériel*	*Prestations connexes*	*Approvisionnements*	*Préparation*	*Montage*	*Distribution*	*Administration générale*
Totaux après répartition primaire	*529 800*	*28 400*	*121 100*	*23 000*	*41 000*	*62 000*	*121 000*	*32 100*	*101 200*
Répartition secondaire									
— gestion du personnel		*—*	*10*	*20*	*5*	*30*	*20*	*10*	*5*
— gestion du matériel		*10*	*—*	*10*	*10*	*20*	*30*	*10*	*10*
— prestations connexes		*5*	*10*	*—*	*10*	*10*	*30*	*20*	*15*

Les charges indirectes incluent 8 000 F d'éléments supplétifs, 4 000 F d'amortissements supplémentaires sur valeurs d'usage, et ne tiennent pas compte de 3 000 F de provisions non incorporables.

Travail à faire :

1 - Réaliser la répartition secondaire ;
2 - Présenter les enregistrements qui correspondent :
— au classement des charges,
— à la répartition des charges :
— répartition primaire,
— répartition secondaire.

Les virements des centres auxiliaires seront arrondis à la centaine de francs par défaut.

Exercice n° 3 : Société OIL

Le tableau de calcul du coût de production de la société OIL est présenté ci-après :

Eléments	Unité d'œuvre	Quantité	Coût de l'unité	Montant
Charges directes				
— Matières premières : Plus	m²	10 000	4,00	....
— Produits semi-finis : SI	1 article	2 000	300,00	....
— Main-d'œuvre : Montage	H.O.	1 000	90,00	....
— Main-d'œuvre : Finition	H.O	1 500	100,00	....
Charges indirectes				
— Centre Montage	H.M	4 000	35,00	....
— Centre Finition	H.O	1 500	....	120 000
Coût de production	1 article	3 000	....	....

Travail à faire :

1 - Compléter la feuille d'imputation.
2 - Présenter l'enregistrement en comptabilité analytique.

Exercice n° 4 : Société SIFOL

La société SIFOL a réalisé les opérations résumées ci-après, au cours du mois de Mars :

— Achats de matières premières	*28 000*
— Charges directes :	
— sur achats	*2 000*
— sur production	*41 000*
— sur distribution	*18 000*

— *Charges indirectes :*

— *centre « Approvisionnements »*	*5 000*
— *centre « Production »*	*69 000*
— *centre « Distribution »*	*22 000*
— *centre « Administration Générale »*	*40 000*
— *Différences de traitement comptable :*	
— *charges non incorporables*	*1 600*
— *charges supplétives incorporées*	*2 800*
— *charges exceptionnelles*	*6 500*
— *produits exceptionnels*	*4 500*
— *Matières premières utilisées*	*29 800*
— *Coût de production des produits finis vendus*	*162 000*
— *Ventes de produits finis*	*265 000*
— *Stocks initiaux :*	
— *matières premières*	*7 400*
— *produits finis*	*36 000*
— *Stocks finals :*	
— *matières premières*	*12 900*
— *produits finis*	*13 750*

La société fabrique un produit fini à partir d'une matière première.

Travail à faire :

1 - Calculer les différents coûts et résultats.

2 - Enregistrer les opérations en comptabilité analytique jusqu'à la détermination du résultat.

Exercice n° 5 : Entreprise VALY

L'entreprise VALY fabrique et distribue deux produits : le VAL et le TRIPLE.

On extrait de la comptabilité analytique les renseignements suivants :

— *Résultats analytiques sur VAL : solde débiteur*	*41 200*
— *Résultat analytique sur TRIPLE : solde créditeur*	*121 600*
— *Divers :*	
— *Provisions non incorporées*	*1 500*
— *Amortissements ajoutés*	*8 500*
— *Amortissements non repris*	*1 200*
— *Frais résiduels sur centres*	*3 200*
— *Charges supplétives*	*2 400*
— *Charges exceptionnelles*	*600*
— *Produits exceptionnels*	*1 120*
— *Différences d'inventaire :*	
— *sur matières premières :*	
— *stock réel*	*19 600*
— *stock théorique*	*19 400*
— *sur produits finis :*	
— *stock réel :*	*141 000*
— *stock théorique :*	*142 500*

Travail à faire :

1 - Présenter l'enregistrement des opérations jusqu'à la détermination du résultat de la comptabilité analytique.

2 - Présenter les comptes 987 et 980.

Exercice n° 6 : Entreprise BUTOIR

L'entreprise BUTOIR fabrique et distribue deux articles : le CASA et le TCHOK, dans les conditions suivantes : les produits CASA et TCHOK sont fabriqués respectivement dans les ateliers 1 et 2, à partir d'une même matière première.

Au début de la période, les stocks en magasin sont les suivants :

— Matières consommables	*405 kg pour 12 910 F*
— Matières premières	*2 100 kg pour 626 350 F*
— Produit CASA	*550 kg pour 322 358 F*
— Produit TCHOK	*400 kg pour 251 096 F*

— renseignements divers :
— Achats de la période :

— Matières consommables	*200 kg à 30 F*
— Matières premières	*1 000 kg à 294 F*

— Main-d'œuvre directe :

— Atelier 1	*300 heures à 78 F*
— Atelier 2	*210 heures à 82,5 F*

— Les charges par nature indirectes ont été réparties entre les différents centres (voir annexe) sauf une somme de 3 794 F représentant des charges non incorporables ; il y a également été tenu compte de 12 000 F de charges supplétives.
— La répartition des centres auxiliaires entre les autres centres est résumée ainsi :
— centre prestations connexes : 8 % au centre gestion du matériel, 5 % au centre approvisionnement, 44 % au centre atelier 1, 38 % au centre atelier 2, 3 % au centre distribution, 2 % au centre administration générale,
— centre gestion du matériel : 4 % au centre prestations connexes, 5 % au centre approvisionnement, 46 % au centre atelier 1, 40 % au centre atelier 2, 1 % au centre distribution, 1,5 % au centre administration générale.
— Consommations des matières premières pour la production de la période :
— dans l'atelier 1 : 680 kg,
— dans l'atelier 2 : 520 kg.
— Production de la période :
— produit CASA : 600 kg,
— produit TCHOK : 480 kg.
— Ventes de la période :
— produit CASA : 562,5 kg pour 4 500 000 F,
— produit TCHOK : 450 kg pour 351 200 F.

Travail à faire :

1 - Terminer le tableau de répartition des charges indirectes.
2 - Calculer les différents coûts et résultats analytiques.
3 - Calculer le résultat de la comptabilité analytique sachant que les stocks sont les suivants :
— matières consommables : 390 kg,
— matières premières : 1 850 kg,
— produits finis :
— CASA : 590 kg,
— TCHOK : 430 kg.

Les stocks sont évalués au coût moyen unitaire pondéré comme les sorties de la période.

ANNEXE 1
TABLEAU DE RÉPARTITION DES CHARGES INDIRECTES

Charges par nature	Montant	Centres auxiliaires		Centres principaux				
		Prestations connexes	Gestion du Matériel	Approvi- sionne- ment	Atelier 1	Atelier 2	Distribu.	Adminis. générale
Matières consommables	6 800	250	170	820	2 650	2 370	270	270
Autres achats et charges externes	51 880	15 720	4 020	6 460	6 030	5 020	7 300	7 330
Charges financières	1 140							1 140
Dotations aux amortissements	49 200	3 900	6 780	2 430	17 300	15 800	1 460	1 530
Charges de personnel	92 386	12 950	13 786	9 700	22 800	19 900	4 140	9 110
Impôts, taxes et versements assimilés	4 800	380						4 420
TOTAUX	206 206	33 200	24 756	19 410	48 780	43 090	13 170	23 800

Unité d'œuvre du centre approvisionnement : 100 F d'achat.
Unité d'œuvre du centre distribution : 100 F de chiffre d'affaires.

Chapitre 10

LA SAISIE DES ÉLEMENTS DE COÛTS : — MATIÈRES PREMIÈRES — MAIN-D'ŒUVRE — CHARGES DIVERSES

I - LES PROCESSUS DE GESTION

La comptabilité analytique fait partie du système de contrôle de gestion de l'entreprise et en tant que tel doit recevoir et traiter les informations qui concernent l'élaboration des coûts et l'aide à la prise de décision.

Le processus de gestion doit donc permettre :

— la saisie,
— la collecte,
— le traitement,
— et la sortie des résultats.

Ce traitement peut être plus ou moins automatisé en fonction des besoins et des moyens.

Il est important de rappeler que :

L'organisation mise en place sera toujours fonction des besoins et des moyens propres à l'entreprise.

II - ÉTUDE DE QUELQUES ÉLÉMENTS DU PROCESSUS ADMINISTRATIF DU SYSTÈME DE GESTION-COÛTS

La détermination des coûts nécessite, entre autres, la saisie des opérations sur les matières, la main-d'œuvre et les autres charges.

1 - Les matières

a) L'organisation :

L'organisation mise en place doit permettre le suivi et le contrôle des stocks. Elle peut être résumée par le tableau ci-après :

Les services	Les documents	Les opérations
— ACHATS	— Bon de commande	La commande : elle est établie par le service des achats.
— MAGASIN	— Bon de livraison — Bon d'entrée — Bon de sortie	La livraison : la matière est réceptionnée (contrôles de la qualité et des quantités). Le stockage : les mouvements sont contrôlés et les stocks surveillés. La mise en consommation ; les sorties sont réalisées et affectées selon les besoins exprimés.

Le suivi des stocks en quantités représente la comptabilité matière, il est assuré par le magasin et comprend :

— Les fiches de stocks : inventaire permanent quantitatif mis à jour à partir des bons d'entrée et des bons de sortie ;
— le journal des entrées : support chronologique des entrées, en quantités, à partir des bons d'entrée ;
— le journal des sorties : support chronologique des sorties, en quantités, à partir des bons de sortie.

La valorisation des mouvements est réalisée par le service « Comptabilité analytique » qui tient les comptes de stocks.

b) Le coût des matières :

Il faut distinguer le coût d'entrée et le coût de sortie.

— **Coût d'entrée :** l'entrée est estimée au coût d'achat qui est le prix d'achat augmenté des frais sur achats directs ou indirects.
— **Coût de sortie :** la sortie ou consommation est évaluée selon différentes méthodes (voir chapitre spécifique n° 11 et incluses dans les coûts selon la distinction traditionnelle :
  — **charges directes** d'après la **feuille de consommation** propre au produit, à la commande...
  — **charges indirectes** d'après le tableau de répartition et la **fiche de suivi** de produit, commande.

c) Le contrôle des stocks :

Dans la mesure où ces stocks peuvent représenter pour l'entreprise des coûts très importants, il est nécessaire de les contrôler avec rigueur :

— contrôle interne des mouvements,
— contrôle physique des existants,
— contrôle des niveaux pour éviter le surstockage et la rupture qui sont toujours générateurs de surcoûts (pour plus de détail voir ouvrages : d'économie d'entreprise).

2 - La main-d'œuvre

a) L'organisation :

L'organisation mise en place doit permettre le suivi et le contrôle des temps. Elle peut être résumée par le tableau ci-après :

Les services	Les documents	Les opérations
— PRODUCTION	— Bon de travail	Affectation des temps : elle est nécessaire pour déterminer l'utilisation des temps de production direct.

Les suivis des temps en quantité et des salaires sont assurés par le service comptabilité analytique et comprennent :

— le bon de travail : il permet de connaître la destination de chaque heure productive et de l'associer à un produit ;

— le pointage : il permet de connaître les heures d'entrée et de sortie des ouvriers pour la détermination des heures de présence.

A partir du pointage la paie est établie avec la tenue des documents obligatoires.

b) Le coût de la main-d'œuvre :

Ce coût comprend deux parties :

— la rémunération proprement dite,

— les charges sociales patronales.

Le mode de rémunération du travail :

Il peut être :

— proportionnel au temps,

— fixe,

— au temps et à prime,

— ...

Les charges patronales :

Elles représentent de 30 à 80 % des salaires selon les cas.

Les coûts sont affectés selon la distinction traditionnelle :

— charges directes aux coûts des produits, services... d'après le bon de travail ;

— charges indirectes à l'entreprise, à un centre d'après la fiche récapitulative. Elles sont incluses dans le coût des unités d'œuvre.

c) Le contrôle de la main-d'œuvre :

Le contrôle des temps est très important car la charge salariale peut pour certaines activités représenter de 40 % à 50 % des coûts (et parfois plus). Le suivi des temps permet de distinguer :

T_O — le temps de présence : temps rémunéré ;

T_R — le temps de travail réel : temps rémunéré réduit des pauses ;

T_P — le temps de production : temps de travail réel réduit des arrêts divers (panne, approvisionnements, réglages). C'est généralement le temps retenu dans les centres qui ont l'heure-ouvrier pour unité d'œuvre.

La comparaison des temps définis est un des indicateurs de base d'une saine gestion des coûts. Elle est réalisée sous la forme d'un écart entre deux valeurs ou sous la forme d'un taux ou d'un coefficient (ratio).

Le schéma ci-après permet de visualiser les relations entre les termes de comparaison :

	Temps	Taux (t)
T_O	Temps de présence	Taux de travail réel : $t_R = \frac{T_R}{T_O}$

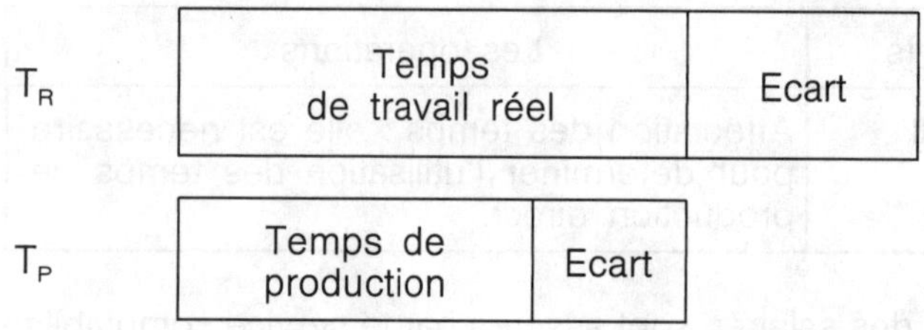

Taux de production : $t_P = \frac{T_P}{T_O}$

Le contrôle « quantitatif » des temps doit être réalisé systématiquement sur la base des relations ci-dessus pour mettre en évidence les écarts et en rechercher les causes pour y remédier si elles sont défavorables ou les répéter dans le cas contraire.

3 - Les autres charges

a) L'organisation :

L'organisation mise en place doit permettre le suivi et le contrôle des dépenses engagées et des charges calculées.

Ces charges sont souvent représentées par les services facturés, les charges financières, les dotations. Leurs consommations doivent être précisées par des documents internes (1) ou par des supports physiques (compteurs).

b) Les coûts :

Les charges sont corrigées pour les adapter :

— à la structure économique de l'entreprise,
— à l'évolution des prix,
— à l'exploitation,
— à la période de calcul des coûts (pratique de la méthode de l'abonnement), puis les incorporer aux différents coûts d'après la distinction déjà évoquée :
  — charges directes,
  — charges indirectes.

Exemple : Méthode de l'abonnement.

La taxe professionnelle payée 300 000 F concerne 12 mois. Chaque mois, calcul mensuel des coûts, il faudra inclure dans les coûts 1/12, soit $300\,000 \times \frac{1}{12} = 2\,500$ F.

c) Le contrôle des autres charges :

Le volume de ces charges peut être élevé et grever fortement les coûts. Il est donc important pour les responsables de mettre en place une procédure de contrôle interne pour essayer de les maîtriser et en tout état de cause détecter leur évolution.

Exemple :

Une évolution défavorable, tendance à la hausse des dépenses d'entretien, peut faire apparaître :

— une mauvaise qualité des produits utilisés
  → revoir les responsables de l'approvisionnement ;

(1) La « valeur significative » des coûts est souvent affectée par la qualité de l'organisation et la rigueur avec laquelle elle est mise en œuvre.

— un vieillissement du matériel de production
  → revoir le plan d'investissement,
  → son utilisation ;
— une détérioration de la prestation fournie par le service d'entretien ;
— des anomalies dans la facturation.

La mise en place d'une procédure de contrôle interne permet de limiter les déviations ou de les détecter. Elle concerne normalement l'ensemble du « système-entreprise ».

III - LA SAISIE DES ÉLÉMENTS DE COÛTS

Cette saisie peut être organisée autour des deux principes ci-après :
— spécificité de la comptabilité analytique : le document passe de la comptabilité générale à la comptabilité analytique : il est traité deux fois ;
— imputation double : le document n'est saisi qu'une fois grâce à l'utilisation d'une double codification ; l'opération sera imputée :
  — en comptabilité générale à l'aide de la première partie du code par exemple,
  — en comptabilité analytique à l'aide de la deuxième partie du code.

Cette méthode permet de réaliser des gains de temps, l'intégration des traitements...

Exemple : Fourniture de bureau.

— Imputation comptabilité générale
  6064 - Fournitures administratives
— Imputation comptabilité analytique
  920 - Centre Administration
— Code employé sur la grille d'imputation :

6	0	6	4	0	0	0	0	9	2	0	0	0	0	0	0

Comptabilité générale — Comptabilité analytique

Le choix de la méthode dépendra des moyens mis en œuvre et du degré d'intégration des organisations.

Exercice n° 1 : Société TIPEU

La société TIPEU fabrique sur commandes des machines à commandes numériques. Les matières utilisées sont très diverses et de valeur parfois élevée.
Les matières utilisées sont :
— soit stockées dans l'entreprise lorsqu'elles sont courantes et d'une valeur faible ;
— soit gérées en flux tendus lorsqu'elles sont spécifiques ou d'une valeur élevée.

La réalisation de la machine nécessite l'assemblage des matières dans des ateliers différents.
Les sorties relatives aux matières stockées sont valorisées par la méthode de l'épuisement des lots.

Travail à faire :

1 - Définir gestion à flux tendus.
2 - Proposer une fiche pour la consommation des matières par commande.
3 - Proposer une fiche pour le suivi des stocks.

Exercice n° 2

Préciser dans une courte note les éléments à prendre en considération pour évaluer les coûts salariaux dans l'entreprise.
Indiquer les documents obligatoires, relatifs à la paie, établis dans l'entreprise.

Exercice n° 3 : Société PAS

La paie des salariés mensualisés de la société PAS est réalisée sur un micro-ordinateur à disque dur. Les heures supplémentaires sont décomptées à partir des bons de travail saisis toutes les semaines.

Travail à faire :

1 - Présenter le bon de travail. Il n'y a pas de pointage dans l'entreprise.
2 - Définir les fichiers employés et leur organisation.
3 - Présenter l'organigramme des données qui permet de calculer la paie.

Exercice n° 4 : Société BRICOLUS

La société BRICOLUS fabrique en série deux catégories d'articles dans une organisation structurée en centres homogènes.
Les centres homogènes sont les suivants :

— *Centres auxiliaires :*
  — *gestion du personnel,*
  — *gestion des moyens,*
  — *prestations connexes.*

— *Centres principaux :*

Centres	Unités d'œuvre
— *approvisionnement*	*Unités d'œuvre : kg matière achetée*
— *préparation*	*kg traité*
— *atelier 1 - Montage 1er produit*	*H.O.*
— *atelier 2 - Montage 2e produit*	*H.O.*
— *finition*	*nombre de produits finis (1 + 2)*
— *distribution*	*100 F de chiffre d'affaires*
— *administration*	*Coût de production*

La main-d'œuvre est traitée comme une charge directe pour les centres ateliers 1 et 2 et indirecte pour les autres.

Travail à faire :

1 - Présenter l'organigramme technique. Indiquer les stocks, les coûts, les résultats calculés.
2 - Une hausse générale des salaires est envisagée. Comment faire pour apprécier la part des salaires dans les coûts et définir l'incidence d'une hausse sur les différents coûts et résultats.

Chapitre 11

LES MOUVEMENTS DE MATIÈRES ET PRODUITS. L'INVENTAIRE PERMANENT

I - PRINCIPES

1 - Les méthodes d'inventaire

Il faut distinguer deux méthodes pour déterminer la valeur des stocks à faire figurer au bilan :

— **la méthode de l'inventaire permanent** qui, comme son nom l'indique, permet de connaître les stocks en valeur et en quantité à tout moment, à condition d'enregistrer systématiquement les ENTRÉES et les SORTIES ;

— **la méthode de l'inventaire intermittent** qui, comme son nom l'indique, permet de connaître les stocks grâce à une opération de comptage physique périodique. La valeur des sorties est calculée par la différence entre le stock initial augmenté des entrées et le stock final.

La méthode de l'inventaire utilisée en comptabilité analytique est l'inventaire permanent qui donne le « stock théorique » ; il est nécessaire de le comparer, périodiquement au stock réel déterminé par un inventaire physique (l'inventaire physique tous les 12 mois est rendu obligatoire par le législateur). **L'écart entre le « stock théorique » et le « stock réel »** représente une « **différence d'inventaire** » :

1 **qualifiée de favorable** si le **stock réel est supérieur au stock théorique** ;
2 **qualifiée de défavorable** si **le stock réel est inférieur au stock théorique.**

Différence d'inventaire	=	Stock réel	–	Stock théorique
D	=	S_R	–	S_t
1 $S_R - S_t = D > O \Rightarrow$ D est favorable $\Rightarrow S_t + D = S_R$				
2 $S_R - S_t = D < O \Rightarrow$ D est défavorable $\Rightarrow S_t + (-D) = S_R$				

La différence doit toujours être prise en compte en comptabilité analytique pour passer du stock théorique au stock réel.

2 - Les mouvements

Les mouvements relatifs aux stocks comprennent deux catégories d'opérations :

— les entrées : achats, production ;
— les sorties : consommation, distribution.

Ces opérations impliquent une valorisation qui peut être différente selon la nature de la matière ou du produit concerné, de la volonté de l'entreprise et selon le plan comptable.

3 - L'évaluation

Les opérations relatives aux stocks sont valorisées selon leur nature :

ENTRÉES :

— d'origine externe et livrées à l'entreprise par des tiers à l'issue d'une opération d'achat (marchandises, matières premières, fournitures diverses et emballages). Le coût retenu est le **coût d'achat** :

Coût d'achat = prix d'achat + frais accessoires + charges directes + charges indirectes (approvisionnement)

— d'origine interne et issues du processus d'exploitation : production en cours, produits intermédiaires (semi-ouvrés), produits finis, produits résiduels (déchets et rebuts). Le coût retenu est :

— pour les produits principaux finis ou non, le **coût de production** :

Coût de production = coût d'achat des matières, fournitures et services utilisés + charges directes engagées + charges indirectes des centres qui sont intervenus dans le processus de réalisation

— pour les produits résiduels, le **cours du marché** ou valeur probable de réalisation (lorsqu'il n'y a pas de marché), net des frais qui restent à supporter pour parvenir à leur réalisation.

SORTIES :

La valeur des sorties de stocks constatées au cours d'une période déterminée est fixée :

— selon le plan comptable :
  — au coût moyen unitaire pondéré,
  — au premier entré, premier sorti (PEPS — FIFO) ;
— ou pour des besoins spécifiques :
  — au dernier entré, premier sorti (DEPS — LIFO),
  — au coût préétabli, coût standard,
  — au coût de remplacement (NIFO),
  — au...

L'entreprise doit donc réaliser un choix de la méthode à employer en comptabilité analytique, c'est une décision de gestion.

En comptabilité générale, les stocks sont évalués d'après le PC 82, au coût moyen unitaire pondéré ou au premier entré-premier sorti.

Schéma de principe

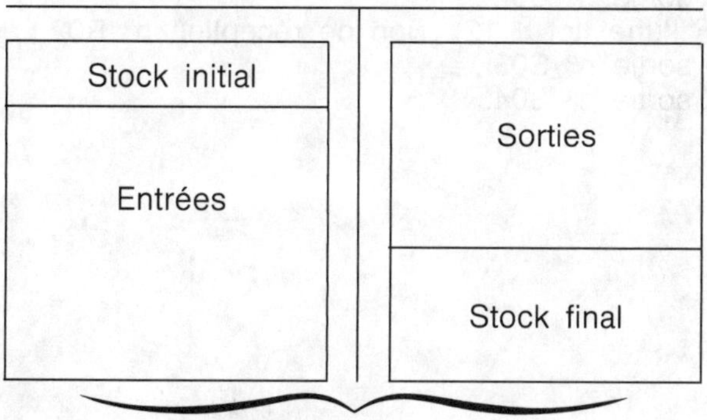

Ces masses sont égales quelle que soit la méthode de valorisation des sorties

La partition (sorties et stock final) est fluctuante. Elle est liée à la méthode d'évaluation, ce qui peut entraîner une sous/ou surévaluation des opérations selon l'évolution des coûts dans la solution retenue.
Tout changement de méthode doit être expressément signalé à tous les services intéressés de l'entreprise.

II - Le coût moyen

Le coût moyen peut être calculé :
— sur la période de référence ;
— après chaque entrée.

1 - Coût moyen calculé sur la période de référence

a) Principe :

Le coût utilisé pour valoriser les sorties est déterminé pour la période à partir du cumul du stock initial (SI) et des entrées. Le calcul peut s'écrire :

$$\text{Coût moyen unitaire pondéré (CMUP) cumulé sur dernier stock (SI)} = \frac{\text{(Stock initial + Entrées de la période) en valeur}}{\text{(Stock initial + Entrées de la période) en quantité}}$$

b) Mise en œuvre :

— Les entrées de la période sont enregistrées en quantité et en valeur ;
— les sorties ne peuvent être constatées, au cours de la période, qu'en quantité ;
— le CMUP est calculé en fin de période ;
— Les sorties sont ensuite valorisées.

La période de référence est souvent le mois.

c) Application :

La société TUVOIS utilise pour sa fabrication la matière première PAS ; au cours du mois de janvier les opérations ont été les suivantes :
— 1/1 — Stock de 400 unités à 20 F l'une (lot J 10) ;
— 5/1 — Sortie de 150 unités. Bon de sortie n° S01 ;

— 9/1 — Entrée de 600 unités à 25 F l'une (lot J 11). Bon de réception n° R01 ;
— 11/1 — Sortie de 300 unités. Bon de sortie n° S02 ;
— 19/1 — Entrée de 1 500 unités à 30 F l'une (lot J 12). Bon de réception n° R02 ;
— 24/1 — Sortie de 800 unités. Bon de sortie n° S03 ;
— 29/1 — Sortie de 400 unités. Bon de sortie n° S04.

Travail à faire :

Etablir la fiche de stock de janvier.

Solution : voir page 141.

d) Avantages et inconvénients de la méthode :

Avantages :

Le coût moyen lisse la fluctuation des prix.

Inconvénients :

— L'évaluation des sorties n'est réalisée qu'en fin de période, ce qui retarde le calcul des coûts ;
— la valeur des stocks est « faussée » en cas de variation définitive des prix.

2 - Coût moyen calculé après chaque entrée

a) Principe :

Le coût utilisé pour valoriser les sorties est déterminé après chaque entrée, et sert de référence pour évaluer les consommations jusqu'à l'entrée suivante. Le calcul peut s'écrire :

$$\text{Coût moyen pondéré (CMP)} = \frac{\text{(Stock initial + Entrée) en valeur}}{\text{(Stock initial + Entrée) en quantité}}$$

b) Mise en œuvre :

— les entrées de la période sont enregistrées en quantité et en valeur ;
— les sorties sont constatées en quantité et en valeur par référence au CMP ;
— nouveau calcul du CMP après chaque entrée.

La période d'utilisation du CMP est comprise entre deux entrées successives.

c) Application :

Les données de l'application proposée pour le 1er tableau sont utilisées.

Solution : voir page 142. *(suite p. 143)*

Stock permanent matière PAS

Dates	Libellés	Entrées			Sorties			Stocks		
		Quantité n_i	C.U. x_i	Montant $n_i x_i$	Quantité	C.U.	Montant	Quantité	C.U.	Montant
1/1	Stock initial	400	20	8 000				400	20	8 000
5/1	Bon de sortie - S01				150	**27,20**	**4 080**	250		
9/1	Bon de réception - R01	600	25	15 000				850		
11/1	Bon de sortie - S02				300	**27,20**	**8 160**	550		
19/1	Bon de réception - R02	1 500	30	45 000				2 050		
24/1	Bon de sortie - S03				800	**27,20**	**21 760**	1 250		
29/1	Bon de sortie - S04				400	**27,20**	**10 880**	850	**27,20**	**23 120**
	Totaux	2 500	27,20	68 000	**1 650**	**27,20**	**44 880**	**850**	**27,20**	**23 120**
1/2	Stock initial	850	27,20	23 120				850	27,20	23 120

1 - Coût moyen unitaire pondéré : CMUP $= \bar{x} = \dfrac{\sum n_i x_i}{\sum n_i} = \dfrac{68\,000}{2\,500} = 27{,}20$

2 - Valorisation des sorties et du stock final.
3 - Calcul du stock final par différence.

Stock permanent matière PAS

Période	Dates	Libellés	Entrées Quantité	Entrées C.U.	Entrées Montant	Sorties Quantité	Sorties C.U.	Sorties Montant	Stocks Quantité	Stocks C.U.	Stocks Montant
1re période	1/1	Stock initial	400	20	8 000				400	20	8 000
	5/1	Bon de sortie - S01				**150**	**20**	**3 000**	**250**	**20**	**5 000**
2e période	9/1	Bon de réception - R01	600	25	15 000				850	**23,53**	20 000
	11/1	Bon de sortie - S02				**300**	**23,53**	**7 059**	**550**	**23,53**	**12 941**
3e période	19/1	Bon de réception - R02	1 500	30	45 000				2 050	**28,26**	57 941
	24/1	Bon de sortie - S03				**800**	**28,26**	**22 608**	**1 250**	**28,26**	**35 333**
	29/1	Bon de sortie - S04				**400**	**28,26**	**11 304**	**850**	**28,26**	**24 029**
		Totaux	2 500		68 000	1 650		43 971	850	28,26	24 029
	1/2	Stock initial	850	28,26	24 029				850	28,26	24 029

1 - Coût moyen pondéré (CMP)

$$1^{er} \text{ période : } CMP_1 = \frac{8\,000 + 0}{400} = 20$$

$$2^{e} \text{ période : } CMP_2 = \frac{5\,000 + 15\,000}{250 + 850} \simeq 23{,}530$$

$$3^{e} \text{ période : } CMP_3 = \frac{12\,941 + 45\,000}{550 + 1\,500} \simeq 28{,}26$$

2 - Valorisation des stocks et des sorties au fur et à mesure des opérations.

3 - Contrôle du stock final.

d) Avantages et inconvénients de la méthode :

Avantages :

— Le coût moyen atténue les variations des prix ;
— les sorties sont valorisées au fur et à mesure.

Inconvénients :

— La valeur des stocks est faussée en cas de variation définitive des prix, mais de manière atténuée par rapport à la solution précédente.

Remarque : Les calculs des coûts moyens peuvent être réalisés sans tenir compte du stock initial pour valoriser les sorties.

III - MÉTHODE DE L'ÉPUISEMENT DES LOTS

Cette méthode conserve à chaque lot entré son identité : quantité et prix. La sortie est valorisée par épuisement des lots successifs :
— soit dans l'ordre chronologique normal :
le premier lot entré est le premier lot sorti (PE-PS ou FIFO : First in-First out) ;
— soit dans l'ordre chronologique inverse :
le dernier lot entré est le premier lot sorti (DE-PS ou LIFO : Last in-First out).

1 - Premier entré - Premier sorti (PEPS ou FIFO)

a) Principe :

Les sorties sont valorisées dans l'ordre de l'épuisement des entrées.

b) Mise en œuvre :

— les lots sont identifiés par une référence, une quantité et un prix,
— les sorties sont réalisées au prix de l'entrée,
— les stocks sont formés des lots restants.

c) Application :

Les données de l'application proposée pour les tableaux précédents sont utilisées.

Solution : voir page 144.

d) Avantages et inconvénients :

Le stock doit toujours conserver sa structure :
— lots,
— quantité,
— prix.

(suite p. 145)

Stock permanent matière PAS

Dates	Libellés	Entrées				Sorties				Stocks			
		Quantité	N° lot	C.U.	Montant	Quantité	N° lot	C.U.	Montant	Quantité	N° lot	C.U.	Montant
1/1	Stock initial	400	J10	20	8 000					400	J10	20	8 000
5/1	Bon de sortie - S01					150	J10	20	3 000	250	J10	20	5 000
9/1	Bon de réception - R01	600	J11	25	15 000					250	J10	20	5 000
										600	J11	25	15 000
11/1	Bon de sortie - S02					250	J10	20	5 000				
						50	J11	25	1 250	550	J11	25	13 750
19/1	Bon de réception - R02	1 500	J12	30	45 000					550	J11	25	13 750
										1 500	J12	30	45 000
24/1	Bon de sortie - S03					550	J11	25	13 750				
						250	J12	30	7 500	1 250	J12	30	37 500
29/1	Bon de sortie - S04					400	J12	30	12 000	850	J12	30	25 500
	Totaux	2 500			68 000	1 650			42 500	850	J12	30	25 500
1/2	Stock initial	850	J12	30	25 500					850	J12	30	25 500

La sortie de 300 unités nécessite le prélèvement sur le lot n° J10 - 250 puis n° J11 - 50 soit un total de 300.

1 - Les sorties sont prélevées sur les lots pratiquement ou théoriquement identifiés.

2 - Les stocks doivent conserver leur structure.

3 - Contrôle du stock final.

Avantages :

Le stock est valorisé au prix le plus récent.

Inconvénients :

La valorisation des sorties est toujours décalée par rapport à l'évolution des prix.

2 - Dernier entré - Premier sorti (DEPS ou LIFO)

a) Principe :

Les sorties sont valorisées dans l'ordre chronologique inverse des lots entrés : le dernier entré est le premier sorti.

b) Mise en œuvre :

Elle est identique à celle du Premier entré - Premier sorti, à l'exception de l'ordre d'épuisement qui est exactement l'ordre inverse.

c) Application :

Les données de l'application proposée pages 139-140 sont utilisées.

Solution : voir page 146.

d) Avantages et inconvénients de la méthode :

Le stock doit toujours conserver sa structure :
— lots,
— quantité,
— prix.

Avantages :

Les coûts sont immédiatement influencés par la variation des prix, et sont plus près de la réalité du marché.

Inconvénients :

Le stock est évalué à des prix très anciens, qui peuvent ne plus être significatifs par rapport à la réalité du marché.

IV - LES COÛTS THÉORIQUES OU COÛTS APPROCHÉS

Les coûts précédents présentent souvent l'inconvénient de retarder l'évaluation : les coûts de référence sont parfois connus avec un certain retard. Afin d'éliminer l'attente, un coût théorique est utilisé ; il peut être déterminé par rapport :

(suite p. 147)

Stock permanent matière PAS

Dates	Libellés	Entrées				Sorties				Stocks			
		Quantité	N° lot	C.U.	Montant	Quantité	N° lot	C.U.	Montant	Quantité	N° lot	C.U.	Montant
1/1	Stock initial	400	J10	20	8 000					400	J10	20	8 000
5/1	Bon de sortie - S01					150	J10	20	3 000	250	J10	20	5 000
9/1	Bon de réception - R01	600	J11	25	15 000					250 600	J10 J11	20 25	5 000 15 000
11/1	Bon de sortie - S02					300	J11	25	7 500	250 300	J10 J11	20 25	5 000 7 500
19/1	Bon de réception - R02	1 500	J12	30	45 000					250 300 1 500	J10 J11 J12	20 25 30	5 000 7 500 45 000
24/1	Bon de sortie - S03					800	J12	30	24 000	250 300 700	J10 J11 J12	20 25 30	5 000 7 500 21 000
29/1	Bon de sortie - S04					400	J12	30	12 000	250 300 300	J10 J11 J12	20 25 30	5 000 7 500 9 000
	Totaux	2 500			68 000	1 650			46 500	850			21 500
1/2	Stock initial	250 300 300	J10 J11 J12	20 25 30	5 000 7 500 9 000					250 300 300	J10 J11 J12	20 25 30	5 000 7 500 9 000

La sortie de 300 unités est prélevée sur le dernier lot entré, c'est-à-dire le n° J11 pour les 300 unités.

1 - Les sorties sont prélevées sur les lots pratiquement ou théoriquement identifiés.

2 - Les stocks doivent conserver leur structure.

3 - Contrôle du stock final.

— à la période précédente : CMUP, par exemple...
— au prix du marché corrigé de la marge.

En fin de période, la correction est réalisée pour rétablir le coût réel ; l'écart constaté « en valeur » modifie globalement l'évaluation du stock (augmentation ou réduction) et constitue une différence d'inventaire.

V - LES COÛTS PRÉÉTABLIS

La méthode consiste à décompter les mouvements de stock à des coûts préétablis. Cette gestion prévisionnelle fait l'objet du Tome 2.

VI - L'AJUSTEMENT DES COMPTES

1 - Différences quantitatives

La tenue de l'inventaire comptable permanent ne dispense pas de l'exécution de l'**inventaire physique**.

La comparaison des stocks obtenus par l'inventaire physique et l'**inventaire permanent** peut mettre en évidence une différence quantitative qui doit être prise en compte pour rectifier le stock permanent. Cette correction peut être :

— un **Boni** :
Inventaire physique $>$ Inventaire théorique $\Rightarrow$ majoration du stock permanent (engendre un produit analytique).

94 - - Stock - - - - - | 974 - Différences d'inventaire constatées

× (débit 94) — **Boni** — × (crédit 974)

— un **Mali** :
Inventaire physique $<$ Inventaire théorique $\Leftarrow$ minoration du stock permanent (engendre une charge analytique).

94 - - Stock - - - - - | 974 - Différences d'inventaire constatées

× (crédit 94) — **Mali** — × (débit 974)

2 - Différences de valorisation

La différence due à la valorisation du stock à un coût approché (ou autre) induit une correction, une différence d'incorporation, qui peut être :

— un **Boni** :
Valeur théorique $<$ valeur réelle $\Rightarrow$ majoration de la valeur du stock théorique (engendre un produit analytique : les coûts lors des sorties ont été surévalués donc les résultats minorés)

94 - Stock - - - - -		970 - Différences d'incorporation sur matières	
×			×

Boni

— un **Mali** :
Valeur théorique $>$ valeur réelle $\Rightarrow$ minoration de la valeur du stock théorique (engendre une charge analytique ; les coûts lors des sorties ont été sous-évalués donc les résultats majorés).

94 - Stock - - - - -		970 - Différences d'incorporation sur matières	
	×	×	

Mali

Les comptes :
— 970 Différences d'incorporation sur matières
— 974 Différences d'inventaire constatées
sont regroupés comme Différences de traitement comptable afin de modifier le Résultat de la comptabilité analytique.

3 - Application

La société QUIVA, au 31 janvier, constate les éléments suivants à propos de ses stocks :

1. Matières premières LA :
   — Stock théorique 1 200 kg à 5 F
   — Stock réel 1 190 kg à 5 F
2. Produits finis TIP
   — Stock théorique 500 m^2 à 140 F (le m^2)
   — Stock réel 505 m^2 à 140 F (le m^2)
3. Matières consommables LIVD
   — Stock théorique 400 unités pour 22 000 F
   Les sorties ont été valorisées à un coût approché, le coût réel unitaire est de 56 F pour la période et le stock réel est égal à 400 unités.
4. Matières consommables VULI
   — Stock théorique 380 unités pour 1 520 F
   — Stock réel 375 unités au coût réel
de 4,20 F. Les sorties ont été valorisées à un coût approché.

Travail à faire

Calculer les différences de traitement comptable et passer les écritures.

Solution :

Calcul des différences :

1. Matières LA :
Différence d'inventaire :
5 × (1 190 − 1 200) = −50 F Mali

2. Produits finis TIP :
Différence d'inventaire :
140 × (505 − 500) = 700 F Boni

3. Matières consommables LIVO :
Différence d'incorporation :
56 × 400 − 22 000 = 400 F Boni

4. Matières consommables VULI :
Différence d'incorporation :
4,20 × 380 − 1 520 = 76 F Boni
Différence d'inventaire :
4,20 × (375 − 380) = −21 F Mali

Ecritures

	1		
974	Différences d'inventaire constatées	50	
941	Stock Matières premières LA		50
	Mali sur stock		
	2		
945	Stock de produits finis TIP	700	
974	Différences d'inventaire constatées		700
	Boni sur stock		
	3		
9421	Stock de matières consommables LIVO	400	
970	Différences d'incorporation sur matières		400
	Boni sur évaluation		
	4		
9421	Stock de matières consommables VULI	55	
974	Différences d'inventaire constatées	21	
	Mali sur stock		
970	Différences d'incorporation sur matières		76
	Boni sur évaluation		

Exercice nº 1 : Société QUIDEZ

Les opérations suivantes ont été réalisées dans l'entreprise QUIDEZ à propos de la matière PLOF :

— 1/2 : Stock initial 2 000 unités à 6 F (lot 20)
— 4/2 : Bon de sortie nº 5 020 — 450 unités
— 7/2 : Bon de réception nº R 120 — 1 400 unités à 6,40 F (lot 21)
— 11/2 : Bon de sortie nº 5 021 — 1 600 unités
— 15/2 : Bon de réception nº R 121 — 2 600 unités à 6,60 F (lot 22)
— 20/2 : Bon de sortie nº 5 022 — 1 000 unités
— 25/2 : Bon de sortie nº 5 023 — 600 unités

Travail à faire :

Présenter le compte permanent de stock :
— par la méthode du coût moyen pondéré de la période,
— par la méthode du coût moyen pondéré après chaque rentrée,
— par la méthode du premier entré — premier sorti,
— par la méthode du dernier rentré — dernier sorti,
— par la méthode du coût approché, pour l'évaluation des sorties au cours de la période, soit 6 F. Corriger la valeur du stock en fin de période si le stock est alors évalué au CMUP.

Indiquer l'incidence, du passage d'une méthode à une autre, sur le résultat et la valeur du stock : la solution de base est le coût moyen unitaire pondéré de la période.

Exercice n° 2 : Société PILOU

La société de distribution PILOU vend la marchandise : OUAI. Au cours du mois de mai, les opérations suivantes ont été réalisées :
— 1/5 : Stock 4 000 articles à 120 F (lot 50)
— 4/5 : Sortie 2 400 articles — Bon n° 5 050
— 10/5 : Sortie 1 200 articles — Bon n° 5 051
— 14/5 : Réception de 2 800 articles à 130 F (lot 51) — Bon n° R 150
— 19/5 : Sortie 2 300 articles — Bon n° 5 052
— 24/5 : Réception de 3 200 articles à 128 F (lot 52) Bon n° R 151
— 27/5 : Sortie 2 000 articles — Bon n° 5 053

Travail à faire :

Présenter le compte permanent de stock :
— par la méthode du coût moyen pondéré de la période ;
— par la méthode du coût moyen pondéré après chaque entrée ;
— par la méthode du premier entré-premier sorti ;
— par la méthode du dernier entré-premier sorti ;
— par la méthode du coût approché, pour l'évaluation des sorties au cours de la période, soit 120 F.
Corriger la valeur du stock en fin de période si le stock est alors évalué au « premier entré-premier sorti ».

Sachant que le prix de vente unitaire est fixé à 160 F, déterminer pour chaque méthode la marge commerciale et l'incidence sur le résultat.

Exercice n° 3 : Société VIVA

La société VIVA, au 31 mars, constate les éléments suivants à propos de ses stocks :
1 - Matières premières MIAU :
— Stock théorique : 1 t 200 à 1 500 F la tonne
— Stock réel : 1 t 180 à 1 500 F la tonne
2 - Produits finis CHAT :
— Stock théorique CHAT : 250 articles à 1 300 F l'un
— Stock réel : 240 articles à 1 300 F l'un
3 - Matières consommables POL :
— Stock théorique : 125 unités pour 1 500 F

Les sorties ont été valorisées à un coût approché ; le coût réel unitaire est de 13 F pour la période et le stock réel est égal à 128 unités.

4 - Matières consommables LUCE :

— Stock théorique : 110 kg pour 1 100 F

— Stock réel : 105 kg au coût réel de 9,80 F. Les sorties ont été valorisées à un coût approché :

Travail à faire :

Calculer les différences de traitement comptable et passer les écritures.

Exercice n° 4 : Société NORD TRANSMISSION

La Société NORD TRANSMISSION fabrique des courroies. Les mouvements de matières premières pendant le mois de janvier ont été les suivants (matière A) :

1er janvier		En stock : 160 kg à 4 F le kg
3	"	Sortie de 40 kg pour la commande n° 280
4	"	Achat de 60 kg, facturés de 4,90 F le kg
6	"	Sortie de 50 kg pour la commande n° 283
11	"	Sortie de 40 kg pour la commande n° 284
18	"	Entrée de 60 kg au prix de 5,30 F le kg
20	"	Sortie de 50 kg pour la commande n° 283
27	"	Entrée de 75 kg au prix de 5,40 kg le kg
30	"	Sortie de 40 kg pour la commande n° 234

La fabrication de la commande n° 283, entièrement exécutée en janvier n'a nécessité aucune autre matière première.

Pour le calcul du coût de la commande, la matière utilisée a été valorisée suivant la méthode du coût moyen après chaque entrée et les frais ont été incorporés suivant la méthode des centres homogènes.

On a ainsi obtenu un coût de revient de 770 F.

Le tableau de répartition des charges se présente ainsi :

	CENTRES D'ANALYSE			
	Approvisionnement	Atelier A	Atelier B	Distribution
....	....	....	....	
Totaux en F	3 672	U	V	W
Unité d'œuvre	100 F de matière utilisée	kg de matière utilisée	heures machine	100 F de ventes hors taxes
Nombre total d'unité d'œuvre	X	7 500	Y	1 080
Coût de l'unité d'œuvre	Z (%)	1,1 F	19,5 F	9 %

Travail à faire :

1° Présenter la fiche de stock de matière A, tenue en quantité et en valeur, suivant la méthode du coût de revient moyen après chaque entrée.

2° Sachant :

— que la commande n° 283 a été vendue 850 F hors taxes,

— qu'elle a exigé 1/40 du temps d'usage total de la machine pendant le mois, et que les frais du centre approvisionnement sont intervenus dans son coût de revient pour 36 F,

calculer les valeurs de U, V, W, X, Y, Z qui figurent dans le tableau ci-dessus ; présenter ensuite la fiche de coût de revient de la commande n° 283.

3° Calculer le nombre de kg de matière A qu'il sera possible d'acheter, au dernier cours d'achat, avec le produit de la vente hors taxes de la commande n° 283, après retenue sur ce montant de la somme nécessaire pour couvrir les charges. Apporter un bref commentaire.

Chapitre 12

LES COÛTS
LES EN-COURS
LES DÉCHETS
LES REBUTS
LES SOUS-PRODUITS

A - LES COÛTS

L'activité de l'entreprise va conduire les responsables à déterminer les coûts adaptés à leurs besoins. L'étude proposée permet de réaliser la synthèse des différentes difficultés nées de l'exploitation et du système des coûts et de proposer une solution.

I - RAPPEL : LA REPRISE DES STOCKS ET LA RÉPARTITION DES CHARGES

1 - Reprise des stocks

Cette reprise ne doit être réalisée que si les comptes de stocks permanents ont été soldés.

Schéma d'écritures :

941	Stock de matières premières	×	
403	Stocks réfléchis Reprise des stocks		×

2 - Reclassement des charges de la comptabilité générale et éléments supplétifs

Cette écriture permet de préparer le calcul des coûts après l'analyse des charges :
— charges directes (y compris les achats),
— charges indirectes,

— charges non incorporées,
— charges supplétives.

Schéma d'écritures :

911	Charges directes reclassées **(pour affectation aux différents coûts)**	×	
915	Charges indirectes reclassées **(pour répartition dans les centres)**	×	
973	Différences d'incorporation — Charges non incorporables	×	
904	Achats réfléchis		×
905	Charges réfléchies		×
972	Différences d'incorporation pour éléments supplétifs		×

3 - Répartition des charges entre les différents centres

Ce travail comprend deux parties :
— la répartition primaire,
— la répartition secondaire.

Schéma d'écritures :
— Répartition primaire

920	Centre d'Administration	×	
929	Autres frais à couvrir	×	
915	Charges indirectes reclassées		×
942	Stocks de matières consommables **(éventuellement)**		×
	D'après la répartition primaire		

— Répartition secondaire

925	Centres d'approvisionnement	×	
929	Autres frais à couvrir	×	
920	Centre d'Administration d'exploitation		×
	D'après la répartition secondaire		

Le compte 975 « Différences sur coûts et taux de cession » peut être utilisé lors de la répartition secondaire pour recevoir les écarts sur cessions.

Note : Cette double écriture peut être remplacée par une seule écriture

925	**Centres d'approvisionnement**	×	
929	**Autres frais à couvrir**	×	
915	**Charges indirectes reclassées**		×
942	**Stocks de matières consommables**		×
	D'après le tableau après répartition secondaire.		

II - LE COÛT D'ACHAT OU COÛT D'ACQUISITION

1 - Son positionnement dans le cycle

Il se situe à l'entrée du cycle et sa valeur sera fonction d'éléments externes et internes.

2 - Sa structure

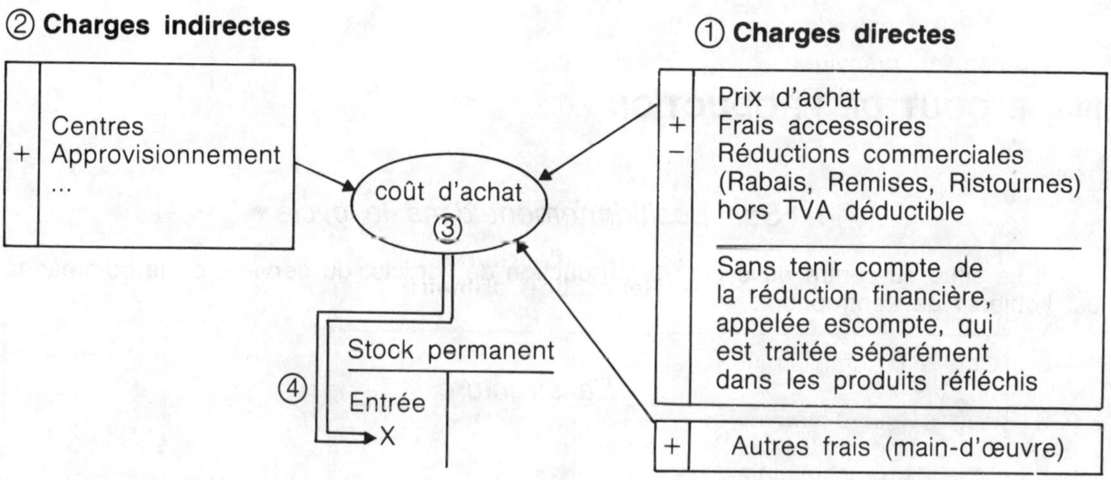

3 - Son calcul

Le coût d'achat est déterminé selon les besoins :

— par matière, service,...

Les calculs doivent être présentés dans des feuilles d'imputation : Tableau déjà étudié.

4 - Son utilisation

Le coût d'achat ou d'acquisition représente la valeur d'entrée des éléments concernés dans le stock permanent.

La valeur de sortie est déterminée comme cela a été précisé dans le chapitre précédent.

5 - Sa comptabilisation

Les opérations relatives à l'achat peuvent être schématisées par les écritures ci-après :

— détermination du coût

931	Coût d'achat des...	×		③
911	Charges directes reclassées		×	①
925	Centre Approvisionnement		×	②
	....			
	Selon feuille d'imputation			

— entrée en stock permanent

94-	Stock permanent de.....	×		④
931	Coût d'achat des...		×	
	Entrée au coût d'acquisition			

III - LE COÛT DE PRODUCTION

1 - Son positionnement dans le cycle

Il se situe au centre du cycle : la production de l'article, du service, de la commande est l'objectif de l'entreprise..

2 - Sa structure

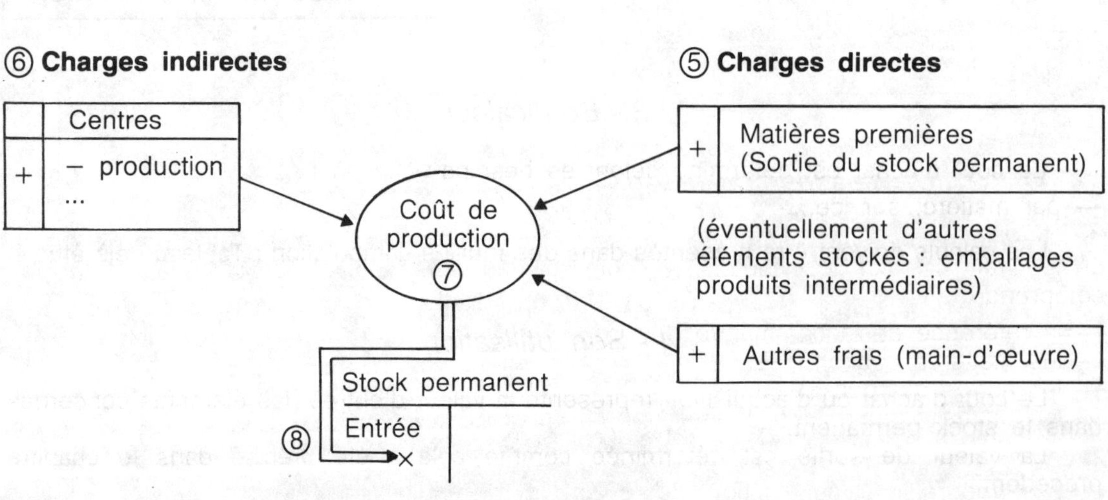

3 - Son calcul

Le coût de production est déterminé selon les besoins :

— au stade final et définitif de fabrication : coût de production du produit final,
— à un stade intermédiaire d'achèvement et destiné à entrer dans une nouvelle phase du cycle de production : coût de production du produit intermédiaire,
— pour une unité, un lot, une commande, un service.

Les calculs doivent être présentés dans des feuilles d'imputation : Tableau déjà étudié.

4 - Son utilisation

Le coût de production représente la valeur de l'unité de référence de l'entreprise, il est également la valeur d'entrée des éléments concernés dans le stock permanent s'il y a stockage.

La valeur de sortie est déterminée comme cela a été précisé dans le chapitre précédent.

5 - Sa comptabilisation

Les opérations relatives à la production peuvent être schématisées par les écritures ci-après :

— détermination du coût

935	Coûts de production des produits finis	×		⑦
911	Charges directes reclassées		×	⑤
941	Stock de matières premières		×	
927	Centre de production		×	⑥

— entrée en stock permanent

94-	Stock permanent de...	×		⑧
935	Coûts de production des produits finis		×	⑦

6 - Cas particuliers de la production sur commande

La fabrication sur commande nécessite un suivi particulier des consommations afin de pouvoir calculer les coûts. La fiche suiveuse qui sert de grille d'imputation doit comprendre :

— la référence de la commande,
— les matières consommées,
— les autres charges directes,
— les unités d'œuvre des divers centres,
— ...

pour permettre le calcul du coût de revient et du résultat sur commande.

IV - LE COÛT HORS PRODUCTION

1 - Son positionnement dans le cycle

Il se situe à la sortie de l'entreprise pour le coût de distribution et en parallèle au cycle pour les autres frais (Administration générale, Gestion financière, Autres frais à couvrir).

2 - Sa structure

Il peut être :
— global : coût hors production,
— décomposé : coût de distribution, autre coût hors production.

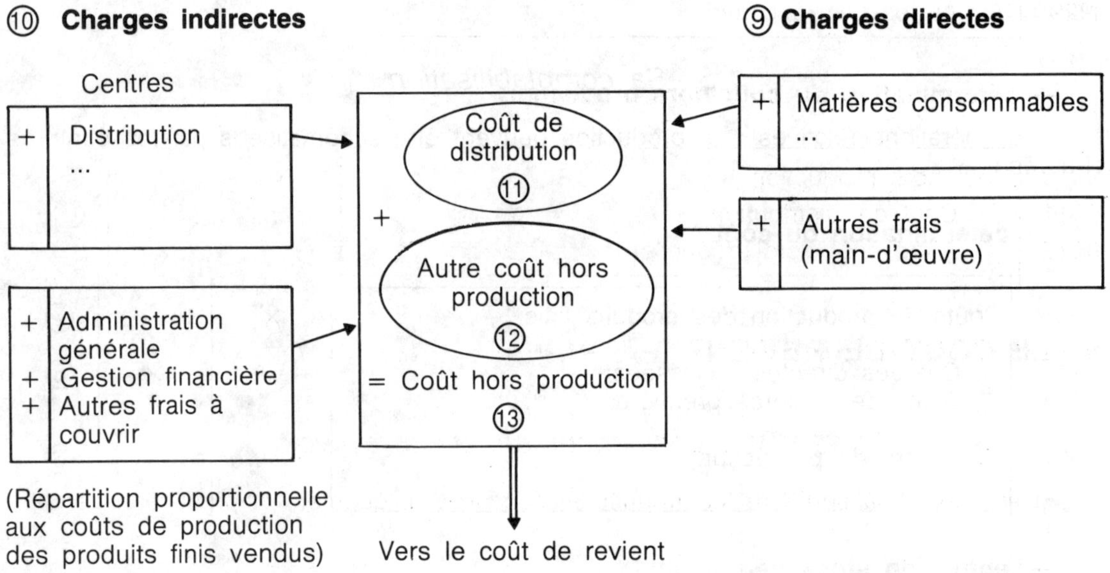

3 - Son calcul

Le coût hors production est calculé pour les produits, les services,... vendus.
Les calculs doivent être présentés dans des feuilles d'imputation : Tableau déjà étudié.

4 - Utilisation

Ce coût est calculé pour pouvoir le surveiller avec attention (il peut être le reflet d'une mauvaise gestion). Il est incorporé aux coûts de revient et ne vient surtout pas corriger la valeur des stocks. Ces dépenses représentent des charges qui concernent uniquement la production vendue.

5 - Sa comptabilisation

Les opérations relatives à la détermination des coûts hors production peuvent être schématisées par les écritures ci-après :

— détermination du coût de distribution

		Débit	Crédit	
9511	Coût de Distribution	×		(11)
911	Charges directes reclassées		×	(9)
928	Centre de distribution		×	(10)
	....			

— détermination de l'autre coût hors production

		Débit	Crédit	
9512	Autre coût hors production	×		(12)
911	Charges directes reclassées		×	(9)
9201	Centre Administration Générale		×	(10)
9202	Centre de Gestion financière		×	(10)
929	Autres frais à couvrir		×	(10)

— détermination du coût hors production

		Débit	Crédit	
9510	Coût hors production	×		(13)
9511	Coût de Distribution		×	(11)
9512	Autre coût hors production		×	(12)

V - LE COÛT DE REVIENT

1 - Son positionnement dans le cycle

Il se situe à la sortie de l'entreprise et concerne uniquement la production vendue.

2 - Sa structure

Il comprend :
— le coût de production du produit vendu, service,...
— le coût hors production.

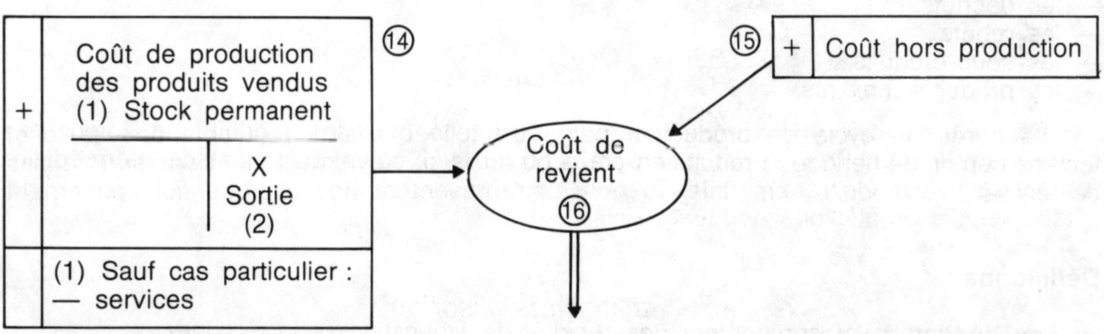

(2) Valorisée au coût présenté chapitre précédent

3 - Son calcul

Le coût de revient est calculé pour les produits, les services,... vendus.
Les calculs doivent être présentés dans des feuilles d'imputation : Tableau déjà étudié.

4 - Utilisation

Ce coût de revient peut servir de base à la fixation du prix de vente et à la détermination du résultat analytique...

5 - Comptabilisation

Les opérations relatives à la détermination du coût de revient peuvent être schématisées par l'écriture ci-après :

— détermination du coût de revient

952	Coût de revient...	×		⑯
951	Coût hors production		×	⑮
945	Stock de produits finis...		×	⑭

Remarque : Les écritures de détermination du résultat peuvent être revues dans le chapitre 9.

B - LES EN-COURS, LES DÉCHETS, LES REBUTS, LES SOUS-PRODUITS ET PRODUITS CONJOINTS

I - DÉFINITION

Les processus de fabrication, plus ou moins complexes, donnent naissance aux produits finis recherchés, et, parfois à d'autres éléments comme :

— les déchets,
— les rebuts,
— les sous-produits,
— les produits conjoints.

La durée du cycle de production peut être telle que des produits ne soient pas terminés en fin de période : produits en-cours ou qu'ils ne soient qu'à un stade intermédiaire de réalisation : produits semi-finis.

Définitions :

— **Les déchets :** ils représentent des résidus de fabrication (sciure, copeaux,...).
— **Les rebuts :** ils représentent des produits fabriqués impropres à la consommation (défauts...),

— **Les sous-produits :** ils représentent des produits obtenus en même temps que le produit principal, mais dont ils sont une résultante (goudron, etc.) sans très grande valeur marchande.
— **Les produits-conjoints :** ils représentent un groupe de produits distincts fabriqués simultanément jusqu'au point de séparation. Ils sont souvent distingués des sous-produits parce qu'ils ont une plus grande valeur marchande.

II - LES PRODUITS EN-COURS

1 - Principe

La valeur des produits en-cours affecte le coût de production des produits finis d'après le schéma ci-après.

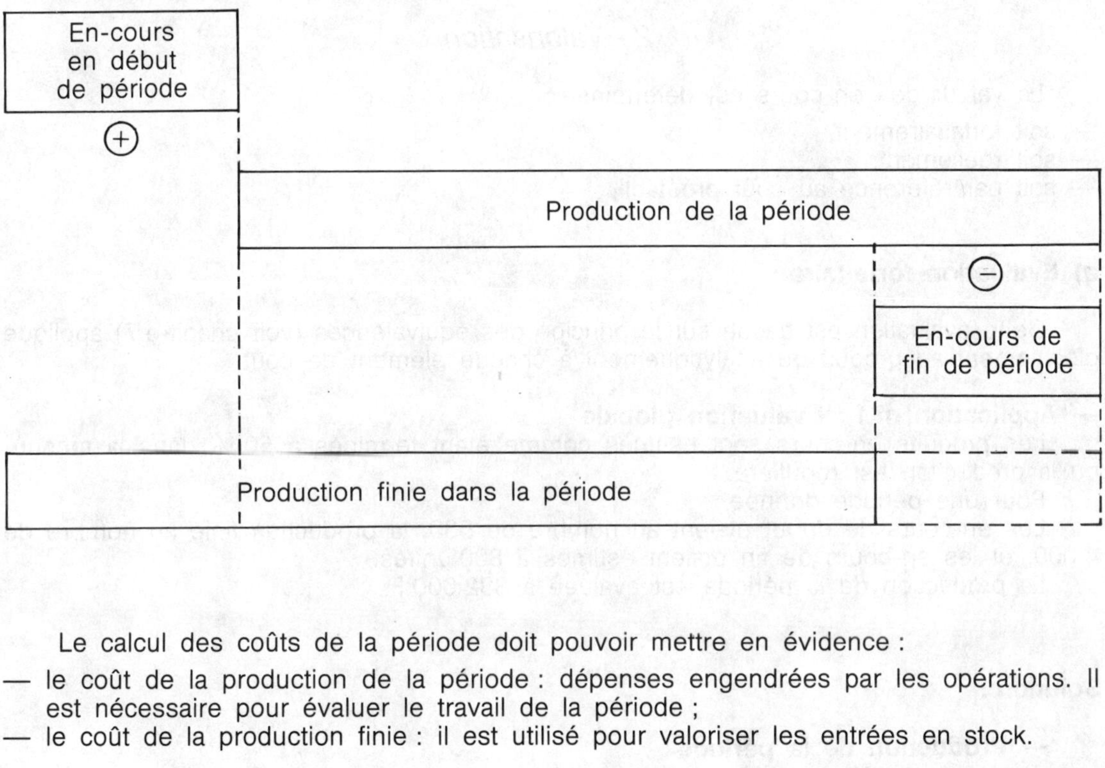

Le calcul des coûts de la période doit pouvoir mettre en évidence :
— le coût de la production de la période : dépenses engendrées par les opérations. Il est nécessaire pour évaluer le travail de la période ;
— le coût de la production finie : il est utilisé pour valoriser les entrées en stock.

Coût de production des produits finis	=	Coût des en-cours en début de période	+	Coût de la production de la période	−	Coût des en-cours en fin de période

L'incidence du coût des en-cours sur les coûts de la période peut être traduite dans la feuille d'imputation de la façon suivante :

Coût de production des produits finis

Eléments	Unités d'œuvre	Quantités	Coûts des unités d'œuvre	Montant
Charges directes **Charges indirectes** **Coût de la production**				
+ Coût de production des en-cours de début				
− Coût de production des en-cours de fin				
= Coût de production des produits finis				

2 - Valorisation

La valeur des en-cours est déterminée :

— soit forfaitairement,
— soit réellement,
— soit par référence au coût préétabli.

a) Évaluation forfaitaire :

Cette évaluation est basée sur le principe des équivalences (voir chapitre 7) appliqué globalement au produit ou analytiquement à chaque élément de coût.

— Application n° 1 : Evaluation globale

Les produits en-cours sont estimés comme étant terminés à 50 % dans la mesure où la production est régulière.

Pour une période donnée :

Les en-cours de début étaient au nombre de 500, la production finie au nombre de 4 000, et les en-cours de fin étaient estimés à 800 unités.

La production de la période est évaluée à 332 000 F.

Solution :

— Production de la période

— Produits finis	4 000	
— en-cours de début 500 ⇒ soit en équivalents produits finis $500 \times \frac{50}{100}$	−250	
— en-cours de fin. 800 ⇒ soit en équivalents produits finis $800 \times \frac{50}{100}$	+400	
Production de la période	**4 150**	équivalents produits finis

— **Coût de production :**

— des en-cours de début : $\frac{332\,000 \times 250}{4\,150} = 20\,000$

— des en-cours de fin : $\frac{332\,000 \times 400}{4\,150} = 32\,000$

— des produits finis : $\frac{332\,000 \times 4\,000}{4\,150} = 320\,000$

Vérification :
332 000 + 20 000 − 32 000 = 320 000

— ***Application n° 2 : Evaluation analytique***

Le principe d'équivalence qui vient d'être appliqué globalement est mis en œuvre pour chaque élément de coût. Le calcul peut être présenté dans le tableau suivant des équivalents :

Eléments	Production finie de la période	Evaluation des en-cours		Production de la période
		de début	de fin	
Charges directes	+	−	+	=
Matières				
....				
Charges indirectes				
Centre				
....				

Au cours du mois de février, la société ANACOUR a réalisé la production suivante :
— production finie : 12 000 unités,
— matières consommées : 70 800 F,
— main-d'œuvre directe : 131 120 F,
— centre de production : 59 900 F.

Etat d'avancement des en-cours

	Début de période	Fin de période
Matières	400 unités à 100 %	200 unités à 100 %
Main-d'œuvre	400 unités à 50 %	200 unités à 60 %
Centre	250 unités à 40 %	100 unités à 80 %

Solution :

Tableau des équivalents produits finis

Eléments	Production finie	En-cours				Production de la période
		Début		Fin		
Charges directes	+		–		+	=
Matières	12 000	$400 \times \frac{100}{100}$	400	$200 \times \frac{100}{100}$	200	11 800
Main-d'œuvre	12 000	$400 \times \frac{50}{100}$	200	$200 \times \frac{60}{100}$	120	11 920
Charges indirectes						
Centre	12 000	$250 \times \frac{40}{100}$	100	$100 \times \frac{80}{100}$	80	11 980

— Coût de production

- Matières
  - — en-cours de début : $70\,800 \times \frac{400}{11\,800} = 2\,400$
  - — en-cours de fin : $70\,800 \times \frac{200}{11\,800} = 1\,200$
  - — produits finis : $70\,800 \times \frac{12\,000}{11\,800} = 72\,000$

- Main-d'œuvre
  - — en-cours de début : $131\,120 \times \frac{200}{11\,920} = 2\,200$
  - — en-cours de fin : $131\,120 \times \frac{120}{11\,920} = 1\,320$
  - — produits finis : $131\,120 \times \frac{12\,000}{11\,920} = 132\,000$

- Centre
  - — en-cours de début : $59\,900 \times \frac{100}{11\,980} = 500$
  - — en-cours de fin : $59\,900 \times \frac{80}{11\,980} = 400$
  - — produits finis : $59\,900 \times \frac{12\,000}{11\,980} = 60\,000$

- Total :
  - — en-cours de début :
    2 400 + 2 200 + 500 = 5 100
  - — en-cours de fin :
    1 200 + 1 320 + 400 = 2 920
  - — produits finis :
    72 000 + 13 200 + 60 000 = 145 200

b) Évaluation réelle :

Cette évaluation est réalisée à l'aide des feuilles d'imputation sur lesquelles figurent les consommations (matières, main-d'œuvre, unités d'œuvre,...).

Application :

Au cours de la période de référence la société COURPE a réalisé les traitements de 1 000 produits finis et des en-cours dans les conditions suivantes :

— matières premières : 20 000 kg à 6 F dont 3 650 kg pour les en-cours de fin ;
— main-d'œuvre directe : 4 800 heures à 110 F dont 860 heures pour les en-cours de fin ;
— centre de production : 2 500 heures-machines à 50 F dont 370 heures pour les en-cours de fin.

Les en-cours de début ont été évalués sur les bases suivantes :

— matières premières : 1 700 kg à 5,80 F,
— main-d'œuvre directe : 420 heures à 100 F,
— centre de production : 160 heures à 45 F.

Travail à faire :

Calculer les coûts de production.

Solution ;

Coût de production

Eléments	Unité d'œuvre	Coût de l'unité d'œuvre	Quantité	Montant	
Coût de la production					
Charges directes					
Matières premières	kg	6	20 000	120 000	
Main-d'œuvre	H.O.	110	1 800	528 000	
Charges indirectes					
Centre de production	H.M.	50	2 500	125 000	
Coût de la production				773 000	+ **773 000**
+ **En-cours de début**					
Charges directes					
Matières premières	kg	5,80	1 700	+ 9 860	
Main-d'œuvre	H.O.	100	420	+ 42 000	
Charges indirectes					
Centre de production	H.M.	45	160	+ 7 200	+ **59 060**
− **En-cours de fin**					
Charges directes					
Matières premières	kg	6	3 650	− 21 900	
Main-d'œuvre	H.O.	110	860	− 94 600	
Charges indirectes		50	370	− 18 500	− **135 000**
Centre de production	H.M.				
Coût de production des produits finis	**1 article**	**1 000**	**697,06**	**697 060**	

Remarque : le détail des calculs des coûts, des en-cours peut être réalisé sur des feuilles annexes

c) Comptabilisation :

L'enregistrement peut se faire en deux étapes :

— étape n° 1 : détermination du coût de production,
— étape n° 2 : entrée en stocks.

Il faut procéder à l'ouverture d'un compte de stock pour suivre les produits en cours.

Application : Ecritures relatives à l'application précédente.

— détermination des coûts de production

935	Coût de production des produits finis	697 060	
933	Coût de production des en-cours	135 000	
941	Stocks de matières premières		120 000
943	Stocks des productions en cours		59 060
911	Charges directes reclassées		528 000
927	Centre de production		125 000
	D'après feuille d'imputation		

— entrée en stocks

945	Stock de produits finis	697 060	
943	Stock de produits en cours	135 000	
935	Coût de production des produits finis		697 060
933	Coût de production des en-cours		135 000
	Entrées de la période		

III - LES DÉCHETS ET REBUTS : PRODUITS RÉSIDUELS

1 - Principe

Le traitement comptable des déchets et des rebuts varie en fonction de leur importance et du sort qui leur est réservé. Deux cas sont à envisager :

— déchets et rebuts sans valeur marchande,
— déchets et rebuts avec valeur marchande.

1er Cas : Les déchets et rebuts sans valeur marchande

Ces déchets ne font pas l'objet d'une évaluation et leur coût éventuel de destruction est intégré dans celui du coût du produit principal. Certains traitements sont très coûteux (déchets radioactifs...).

Cette intégration est présentée dans la feuille d'imputation ci-après d'après la structure des charges.

Coût de production

Eléments	Unité d'œuvre	Quantité	Coût de l'unité d'œuvre	Montant
Charges directes - - - - - - - - - - - Traitement des déchets **Charges indirectes** - - - - - - - - - - - - - Traitement des déchets Coût de la production				 + +

2e Cas : Les déchets et rebuts avec une valeur marchande plus ou moins importante, soit parce qu'ils sont vendus, soit parce qu'ils sont recyclés.

Il faut distinguer :

— les déchets (1) vendus avec ou sans traitement pour les rendre commercialisables,
— les déchets réemployés ou recyclés par l'entreprise.

Déchets vendus :

Le prix de vente des déchets, réduit des éventuels frais particuliers, est déduit :

— du coût du produit principal (déchets propres à un produit),
— du coût du centre d'analyse (déchets propres à un centre de production).

Déchets réemployés :

La valeur des déchets est déterminée, selon le cas, d'après le prix du marché ou forfaitairement net des frais de distribution.

La **valeur des déchets** :

— est *lors de leur production* **soustraite** dans les mêmes conditions que les déchets vendus ;
— est *lors de leur utilisation* **ajoutée** aux coûts de production concernés.

Les mouvements relatifs aux déchets d'une certaine valeur marchande sont suivis dans des comptes de stocks.

(1) Pour la suite, déchet sera employé pour déchets et rebuts.

2 - Schémas du traitement des déchets vendus avec valeur marchande

Ce traitement peut être schématisé de la façon suivante :

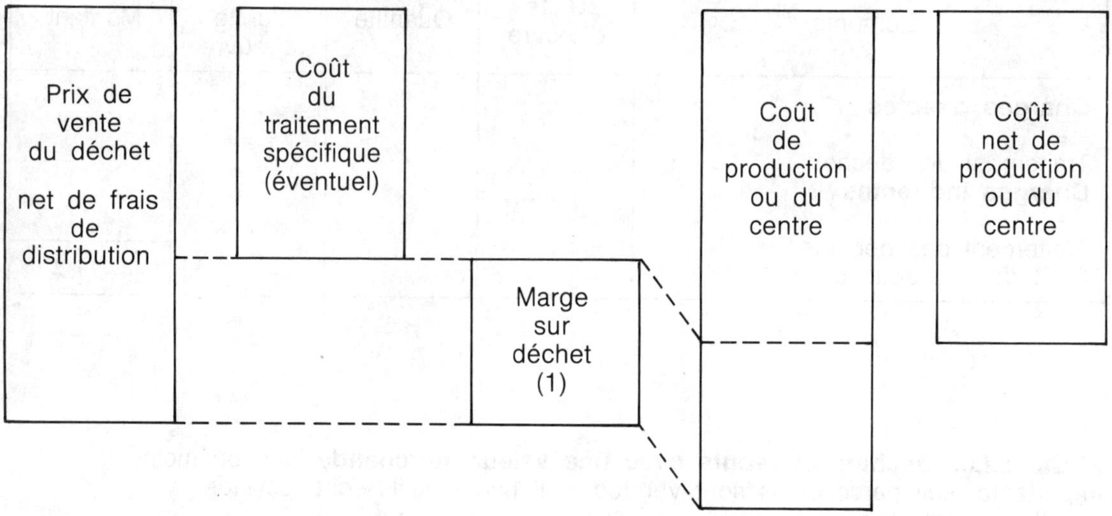

Tableau de calcul :

— Coût de production

Éléments	U.O	Q	CUO	Mt
Charges directes				
Charges indirectes				
Coût total				
à déduire :				
Marge sur déchets				–
Coût de la production				Net

— Tableau de répartition des charges indirectes

Éléments	Mt	Centre de production
Tableau après répartition secondaire		
à déduire :		
Marge sur déchets	–	–
Totaux nets		Net
Unité d'œuvre		
Nombre d'unités d'œuvre		x
Coût de l'unité d'œuvre		Net/x

Remarque : Lorsque la valeur marchande des déchets est importante pour une entreprise donnée, ils deviennent des sous-produits.

(1) Parfois cette marge est ajoutée purement et simplement au résultat.

IV - LES SOUS-PRODUITS — LES PRODUITS-CONJOINTS

Ils sont généralement d'une valeur plus grande que celle des déchets et rebuts et font l'objet d'un traitement comptable « complet » avec détermination des coûts et résultats de la même manière que les produits principaux. Dans le cas contraire ils sont assimilés à des déchets et traités comme tels.

1 - Principe

La production du produit principal (produit-objectif) s'accompagne de la fabrication d'un autre produit secondaire (sous-produit).

La difficulté réside dans le calcul des coûts, puisque, bien souvent, la réalisation est conjointe : il se pose alors la question de la répartition des coûts-conjoints donc avant le point de préparation, pour aboutir au coût de chaque article.

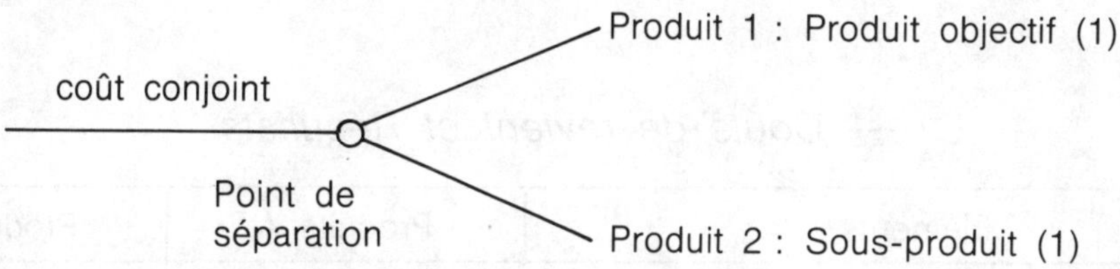

Le calcul des coûts peut se faire sur l'une des bases suivantes :

— coût réel,
— coût forfaitaire à partir de la valeur marchande.

2 - Calcul du coût à partir des dépenses réelles

Le calcul du coût pose le problème de la répartition des dépenses conjointes. Celles-ci peuvent être éclatées entre les produits selon l'une des méthodes suivantes :

— répartition proportionnelle à une unité de mesure physique (avec ou sans équivalence),
— répartition proportionnelle aux chiffres d'affaires.

a) Répartition des coûts conjoints :

proportionnellement à une unité de mesure physique ou unités équivalentes

Application :

La société PEUTETRE fabrique un produit A qui dans sa première phase d'élaboration donne naissance à un autre produit, le sous-produit B. A partir de ce stade, les produits sont traités séparément pour être ensuite commercialisés.

Les coûts sont résumés ci-après :

— Coûts conjoints 150 000 F pour obtenir 10 000 kg de A.
5 000 kg de B.

— Coûts de traitement :
— Traitement pour A : 24 000 F
— Traitement pour B. 18 000 F

(1) Le classement produit-objectif, sous-produit peut s'inverser si le marché se transforme : ce classement n'est jamais définitif.

— Coût de distribution : 36 000 F
— Chiffres d'affaires
  — Produit A : 180 000 F
  — Produit B : 120 000 F

Travail à faire :

Calculer les coûts des produits A et B ainsi que les résultats correspondants.

Solution :

— Répartition des coûts conjoints selon les poids obtenus :
— Part de A : 150 000 × 10 000/15 000 = 100 000 F
— Part de B : 150 000 × 5 000/15 000 = 50 000 F

— Coûts de revient et Résultats

Eléments	Produits A	Produits B
— Coûts conjoints — Coûts des traitements	100 000 24 000	50 000 18 000
• Coûts de production — Coûts de distribution — 36 000 × 180 000/300 000 — 36 000 × 120 000/300 000	124 000 21 600 	68 000 14 400
• Coûts de revient — Chiffres d'affaires	145 600 180 000	82 400 120 000
Résultats (Bénéfice)	**34 400**	**37 600**

Principe des unités équivalentes :

L'équivalence doit être retenue lorsque les productions conjointes n'ont pas la même unité :
— exemple : kg et m³ gazeux.

Afin de réaliser la répartition, il faut trouver une équivalence qui peut être celle du rendement.
— exemple :
Un kg traité donne 500 g de produit A et 1 m³ de gaz en moyenne.
L'équivalence peut être le kg traité.

Application :

Les productions de A et B sont supposées être de 10 000 kg pour A et 20 000 m³ pour B.

Travail à faire :

Calculer les coûts des produits A et B ainsi que les résultats correspondants.

Solution :

— Répartition des coûts conjoints :
— coefficient d'équivalence
si 500 g de A ⇔ 1 m³ de B ⇔ 1 kg Traité, on peut écrire en équivalents produits traités

— 1 kg de A = $1 \text{ kg} \times \frac{1\,000 \text{ g}}{500 \text{ g}} = 2$

— 1 m³ de A = $1 \text{kg} \times \frac{1 \text{ m}^3}{1 \text{ m}^3} = 1$

— Production équivalente kg traités
A : 10 000 × 2 = 20 000
B : 20 000 × 1 = 20 000

40 000

— Répartition :

— part de A : $150\,000 \times \frac{20\,000}{40\,000} = 75\,000$

— part de B : $150\,000 \times \frac{20\,000}{40\,000} = 75\,000$

— Coûts de revient et Résultats

Eléments	Produits A	Produits B
— Coûts conjoints	75 000	75 000
— Coûts des traitements	24 000	18 000
• Coûts de production	99 000	93 000
— Coûts de distribution	21 600	14 400
• Coûts de revient	120 600	107 400
— Chiffres d'affaires	180 000	120 000
Résultats (Bénéfice)	**59 400**	**12 600**

Note : La réalisation des calculs pouvait être différente : il y a de nombreuses solutions.

b) Répartition des coûts conjoints *proportionnellement au chiffres d'affaires*

Principe : il est identique au précédent.

Application : Voir éléments page 169.

Solution :

— Répartition des coûts conjoints :

— part de A : $150\,000 \times \frac{180\,000}{300\,000} = 90\,000$

— part de B : $150\,000 \times \frac{120\,000}{300\,000} = 60\,000$

Coûts de revient et Résultats

Eléments	Produits A	Produits B
— Coûts conjoints — Coûts des traitements	90 000 24 000	60 000 18 000
• Coûts de production — Coûts de distribution	114 000 21 600	78 000 14 400
• Coûts de revient — Chiffres d'affaires	135 600 180 000	92 400 120 000
Résultats (Bénéfice)	**44 400**	**27 600**

Remarque sur la répartition des coûts conjoints :

Les méthodes proposées conduisent à des solutions toutes, plus ou moins, critiquables. Certaines entreprises préfèrent alors partir du prix de vente pour déterminer le coût.

3 - Calcul du coût à partir d'une évaluation forfaitaire

Le coût est calculé en remontant le cycle :

Vente ⇒ marge ⇒ Production spécifique ⇒ Production conjointe

Principe :

Le coût conjoint est déterminé dans le tableau suivant :

Eléments	Montant
+ Prix de vente – Bénéfice forfaitaire	+ –
• Coût de revient – Coût hors production spécifique ou forfaitaire	+ –
• Coût de production – Coût spécifique	+ –
Coût conjoint affecté	=

Coût du produit considéré comme principal : Coût total – Coût conjoint affecté.

Eléments	Montant
Coût total – Coût conjoint affecté	+ –
Coût du produit principal	=

Cette méthode est basée sur l'étude de rentabilité de l'entreprise qui considère dans son choix le produit-objectif comme l'essentiel de son activité.

Conclusion :

La répartition des coûts-conjoints conduit-elle à des coûts pertinents ?
Non, il faut donc revoir l'analyse au résultat marginal sur le coût après séparation.
Faut-il ou non commercialiser le sous-produit ?
La décision dépendra de l'importance du sous-produit.

V - COMPTABILISATION

L'enregistrement des opérations relatives aux rebuts et déchets (Produits résiduels) sous-produits sera fonction de la méthode d'évaluation retenue :

— il peut aller du traitement comme un produit fini à celui d'une compensation de charges ou de produits d'exploitation complémentaire.

Exercice n° 1 : Société TIMOI

Au cours du mois de février, la société TIMOI a réalisé les opérations suivantes :

— production : 600 articles finis et 40 en-cours ;
— matières premières consommées : 50 tonnes à 140 F;
— main-d'œuvre directe : 1 250 heures à 70 F ;
— centres de production : 500 heures-machines à 60 F.

Les en-cours en début de mois, au nombre de 30, sont évalués dans les conditions ci-après :

— matières premières : 0,5 tonne à 130 F ;
— main-d'œuvre directe : 50 heures à 65 F ;
— centres de production : 4 heures-machines à 58 F.

Les en-cours de fin de mois comprennent les éléments ci-après :

— matières premières : 0,8 tonnes ;
— main d'œuvre directe : 62 heures ;
— centres de production : 6 heures-machines.

La fabrication génère un déchet qui représente 5 % de la matière première travaillée dans la période ; ce déchet est vendu 50 F la tonne après avoir subi une petite transformation qui coûte 15 F la tonne. Il n'y a pas de frais de distribution pour cette vente.

Travail à faire :

Calculer le coût de production des produits finis.
Les écritures pourront être passées.

Exercice n° 2 : Société Outillage de CROQUIE

La Direction de la Société « Outillage de CROQUIE » désire que soient calculés les prix de revient de deux produits A et B et que soient dégagés les résultats mensuels d'exploitation pour les deux branches A et B.

L'entreprise comporte, outre deux ateliers respectivement spécialisés dans la fabrication continue des produits A et B, un service commercial commun et trois centres auxiliaires :

— gestion des moyens,
— gestion du personnel,
— administration d'exploitation.

Les matières premières achetées à l'extérieur ne sont utilisées que pour la fabrication A ; la fabrication B utilise comme matière première une partie du produit fini A obtenu par la fabrication A.

Le tableau de répartition des frais pour le mois de mars 1989 se présente ainsi :

Tableau de répartition

	Totaux à répartir	Approv.	Entretien	Transports	Administration d'exploitation	Fabrication A	Fabrication B	Service commercial
Matières consommables	à déterminer							
Charges de personnel	130 000							
Impôts et taxes et versements assimilés	5 000							
Services extérieurs	4 000							
Autres services extérieurs	35 000							
Autres charges de gestion courante	26 000							
Charges financières	2 000							
Dot. Amortissements ...	23 000							
	420 000	4 200	4 000	24 000	27 800	280 000	56 000	24 000

Clés de répartition des centres auxiliaires :

Gestion des moyens :	administration d'exp.	2/5
	fabrication A	1/5
	fabrication B	1/5
	commercial	1/5
Gestion du personnel :	administration d'exp.	1/4
	fabrication A	1/4
	fabrication B	1/4
	commercial	1/4
Administration d'exploitation :	fabrication A	1/3
	fabrication B	1/3
	commercial	1/3

Les frais d'approvisionnement ne concernent que les achats de matières premières.

Première question : Terminer le tableau de répartition.

Autres renseignements

1° **Stocks** au premier mars 1989 :

Matières premières	300 000	
Matières consommables	40 000	
Produits finis A	124 200 F	pour 12 000 kg
Produits finis B	40 500 F	pour 3 000 kg
En-cours produits A	30 000	
En-cours produits B	20 000	

2° **Achats** du mois de mars :

Matières premières	140 000
Matières consommables	42 000

3° **Ventes** du mois de mars :

Produits finis A	180 000 F	pour 12 000 kg
Produits finis B	342 000 F	pour 18 000 kg

4° **Production** du mois de mars :
27 000 kg de produits A ont été remis au magasin, venant de l'atelier A.
18 000 kg de produits A ont été prélevés au magasin pour la fabrication des produits B.
19 000 kg de produits B sont entrés au magasin venant de la fabrication B.

5° **Stocks** au 31 mars 1989 (on ne constate pas de différence d'inventaire).

Matières premières	264 200 F
Matières consommables	67 000 F
Produits finis A	97 200 F
Produits finis B	54 000 F
En-cours produits A	31 600 F
En-cours produits B	32 500 F

Deuxième question :

1° Calculer les coûts de production A et B, globaux et unitaires.
2° Présenter les comptes d'inventaire permanent des produits A et B.
3° Déterminer les résultats analytiques des branches A et B sachant qu'il est convenu d'imputer le coût du service commercial à raison de 1/3 aux produits A et de 2/3 aux produits B.

Troisième question :

a) Après avoir pris connaissance des résultats analytiques des deux branches A et B, pour le mois de mars, la Direction vous demande de lui expliquer pourquoi le résultat de la branche A est si faible par rapport à celui de la branche B.
Rédiger votre réponse.
b) Quelles observations peut-on faire au sujet de la méthode qui est proposée dans ce texte pour le calcul des coûts de production ?

Exercice n° 3 : Société KIVA

La Société KIVA fabrique en série des réfrigérateurs. Elle vend sa production soit à des particuliers, soit à l'Etat.
Au cours de la fabrication, les réfrigérateurs sont traités successivement dans deux ateliers :
— ATELIER A « Montage » dans lequel on utilise les éléments X et Y.
— ATELIER B « Finition » dans lequel on utilise en sus l'élément Z.

Les charges semestrielles, y compris les matières consommables ont été ventilées entre les sections comme suit, après répartition secondaire :

Totaux	Administration d'exportation	Gestion du personnel	Gestions des moyens	Magasin	Atelier A	Atelier B	Ventes particulières	Ventes Etat
651 920	0	0	0	50 120	207 600	223 800	90 800	79 600

On sait qu'en comptabilité générale, il a été enregistré des provisions non incorporables de 1 600 F, écartées du tableau de répartition. Par contre, le total de 651 920 F comporte 9 000 F de charges supplétives.

Les frais de magasinage sont à imputer aux matières et produits stockés à raison de :

— 15 % à chacune des matières premières ;

— 55 % aux produits fabriqués, frais traités comme charges de distribution réparties entre les catégories de ventes (particuliers et Etat) dans la proportion habituelle de l'activité, appréciée en nombre d'unités vendues, se rapportant à chacune d'elles, soit :

— 8 pour les ventes aux particuliers,

— 3 pour les ventes à l'Etat.

Au début du semestre, les stocks étaient les suivants :

— Eléments X	*= 3 000 unités*	*= 22 682*
— Eléments Y	*= 2 500 unités*	*= 17 682*
— Eléments Z	*= 3 800 unités*	*= 73 162*
— Produits fabriqués	*= 375*	*= 381 600*
— En cours de fabrication Atelier A		*= 37 800*

Le service des achats a procédé aux acquisitions suivantes :

— Eléments X	*= 24 000 unités*	*= 99 400*
— Eléments Y	*= 21 500 unités*	*= 126 000*
— Eléments Z	*= 12 400 unités*	*= 185 000*

Le service de fabrication a utilisé :

— Eléments X	*= 22 000 unités*
— Eléments Y	*= 21 000 unités*
— Eléments Z	*= 12 500 unités*

On remarque en outre que :

— en sus des charges indirectes, les frais de main-d'œuvre directe sont :
368 000 F dans l'Atelier A
270 400 F dans l'Atelier B

— en fin de semestre, restent en fabrication des en-cours
pour 64 800 F dans l'Atelier A
39 360 F dans l'Atelier B

— *la fabrication entraîne la production de déchets industriels :*
   — *dans l'Atelier A, leur évacuation par des récupérateurs impose 760 F de dépenses (somme ne figurant pas dans le tableau de répartition) ;*
   — *dans l'Atelier B, les chutes d'éléments Z sont périodiquement vendues. Ainsi on a pu en tirer une recette de 1 500 F.*

N.B. *Les frais d'évacuation de déchets ou produits de leur vente s'imputent au niveau de chaque Atelier, au coût de production correspondant.*

— *l'Atelier B a livré au cours de la période 2 480 unités terminées,*
— *les ventes du semestre se décomposent ainsi :*
   • *au prix unitaire de 700 F, ventes à l'Etat, 720 éléments,*
   • *au prix unitaire de 840 F, ventes aux particuliers, 1 920 éléments,*
— *l'inventaire extra-comptable de fin de semestre fournit les informations suivantes, concernant les stocks :*

— *Eléments X*	*5 020 unités*
— *Eléments Y*	*2 950*
— *Eléments Z*	*3 650*
— *Produits finis*	*210*

Travail à faire :

1° Calculer le coût d'achat de chacune des matières de base.
2° Calculer les coûts de production, respectivement au niveau
— de l'Atelier A
— puis de l'Atelier B, auquel l'Atelier A fournit sa fabrication.
3° Calculer le coût de revient commercial pour chaque catégorie de ventes.
4° Calculer le résultat analytique et sa correspondance avec le résultat de la comptabilité générale.

N.B. *Les comptes d'Inventaire Permanent seront dressés chaque fois qu'il convient.*

Exercice n° 4 : Entreprise CALHEM

L'entreprise « CALHEM » fabrique plusieurs produits. Le produit « L » est composé de 2 pièces principales produites dans ses propres ateliers. La pièce C est achetée à l'extérieur.

L'entreprise est divisée en 6 fonctions :
• *Fonction Administration,*
• *Fonction Energie,*
• *Fonction Transports,*
• *Fonction Approvisionnement,*
• *Fonction Production répartie en trois ateliers (Atelier 1, Atelier 2 et Atelier 3). Ces trois ateliers ne produisent pas seulement l'article « L » avec les matières X et Y.*
• *Fonction Distribution.*

On précise que :
• *l'atelier 1 fabrique les pièces A avec la matière X,*
• *l'atelier 2 fabrique les pièces B avec la matière Y,*
• *l'atelier 3 fabrique les 2 pièces en y ajoutant la pièce C.*
• *Le produit fini est donc composé de 2 pièces A, 1 pièce B et d'une demi-pièce C.*

Vous disposez des informations suivantes concernant les charges indirectes des mois de janvier et février 1989 :

• *Matières consommables*	*à déterminer*
• *Charges de personnel*	*78 000,00*
• *Impôts, taxes et versements assimilés*	*6 000,00*
• *Services Extérieurs*	*30 000,00*
• *Autres services extérieurs*	*10 000,00*

- *Autres charges de gestion courante* *6 600,00*
- *Charges financières* *3 000,00*
- *Dotations aux amortissements et provisions* *8 550,00*

Il est précisé qu'un montant de 1 550,00 F inclus dans les provisions et amortissements, concerne l'amortissement des frais d'établissement et que l'on estime à 48 000,00 F par an la rémunération des capitaux engagés.

Le tableau de répartition a été commencé de la manière suivante (annexe 1).

L'activité se résume dans les données suivantes :
(Ces différentes informations concernent les stocks au début de la période.)

- *Matière X : 23 000 unités pour une valeur de* *24 650,00*
- *Matière Y : 18 500 unités pour une valeur de* *56 791,00*
- *Matières consommables* *2 000,00*
- *Pièce A : 40 000 unités pour une valeur de* *225 600,00*
- *Pièce B : 19 000 unités pour une valeur de* *140 500,00*
- *Produits finis : 26 400 articles « L » pour une valeur de* *898 500,00*
- *Les différentes pièces ou produits en cours de fabrication sont les suivants :*
- *Atelier 1* *9 000,00*
  - *Atelier 2* *4 800,00*
  - *Atelier 3* *125 000,00*
- *Pièce C : 10 000 unités à 5,00 F.*

— *Achats du mois :*

- *Matière X : 36 000 unités à 115,00 F la centaine*
  26 000 unités à 117,50 F la centaine
  15 000 unités à 120,00 F la centaine
- *Matière Y : 34 000 unités à 181,25 F la centaine*
  11 000 unités à 198,00 F la centaine
- *Matière consommables : 10 000,00 F*
- *Pièce C : 8 500 unités pour une valeur de* *70 250,00*

— *Ventes du mois :*

- *Produits « L » : 12 000 à 52,92 F l'un*
- *Produits « M » : 20 000 à 75,26 F l'un*
- *Produits « N » : 23 800 à 117,60 F l'un*
- *Produits « P » : 11 984 à 235,20 F l'un*
- *Produits « Q » : 1 712 à 823,20 F l'un.*

- *Les prix indiqués sont ceux inscrits sur les tarifs envoyés aux clients (taux de la T.V.A. : taux normal).*

- *L'entreprise a décidé de calculer son bénéfice à raison d'un taux de marque de 20,00 %.*

- *Main d'œuvre directe utilisée dans les différents ateliers ou fonctions :*
- *Approvisionnement : 500 heures à 69,4 F l'heure (matière X)*
  660 heures à 69,4 F l'heure (matière Y)

- *Atelier 1 : 808 heures à 60,00 F l'heure*
- *Atelier 2 : 480 heures à 64,00 F l'heure*
- *Atelier 3 : 201,6 heures à 64,00 F l'heure*
- *Distribution : 537,5 heures* **à déterminer** *l'heure* *(suite p. 180)*

ANNEXE 1

TABLEAU DE REPARTITION DES CHARGES INDIRECTES

	MONTANT	CENTRES AUXILIAIRES			CENTRES PRINCIPAUX				
		Energie	Transports	Administration d'exploitation	Approvi-sonnement	Atelier 1	Atelier 2	Atelier 3	Distribution
Matières consommables		10 %	5 %	10 %		10 %	11 %	12 %	42 %
Charges de personnel	78 000,00	6 240,00	3 900,00	7 800,00	3 900,00	17 160,00	14 040,00	18 720,00	6 240,00
Impôts, taxes...	6 000,00	300,00	150,00	1 440,00	—	—	—	—	4 110,00
Services extérieurs	30 000,00	300,00	6 000,00	900,00	3 000,00	6 300,00	6 300,00	5 400,00	1 800,00
Autres services extérieurs	10 000,00	700,00	3 500,00	900,00	400,00	—	—	—	4 500,00
Frais de gestion courante	6 600,00	—	660,00	3 366,00	396,00	792,00	396,00	858,00	132,00
Charges financières	3 000,00	—	—	2 100,00	—	—	—	—	900,00

On envisage d'utiliser les clefs de répartition suivantes pour les lignes non encore chiffrées

Amortissements et provisions	8 %	12 %	3 %	7 %	17 %	33 %	19 %	1 %
Charges supplétives	5 %	5 %	11 %	5 %	14 %	14 %	40 %	6 %

La répartition des centres auxiliaires entre les autres centres se fait conformément aux indications ci-après

Répartition énergie	100 %	20 %	5 %	5 %	20 %	20 %	20 %	10 %
Répartition transports	10 %	100 %	17 %	5 %	20 %	20 %	20 %	8 %
Répartition administration d'exploit.				2 164,00	6 538,00	6 504,00	6 052,00	648,00
Unité d'œuvre				kg de matière achetée	Unité de matière utilisée x et y	Heure de M. O. directe dans les ateliers	Article de produit stocké (21100)	100 F de chiffre d'affaires

- *Production du mois :*
  - *Atelier 1 : 22 000 unités,*
  - *Atelier 2 : 11 000 unités,*
  - *Atelier 3 : 15 000 articles « L ».*

- *En fin de mois le magasinier donne le décompte suivant des existants réels en stock :*
  - *Matière X : 80 000 unités*
  - *Matière Y : 33 500 unités*
  - *Matières consommables X : 5 000,00 F*
  - *Pièce A : 32 000 unités*
  - *Pièce B : 15 000 unités*
  - *Pièce C : 11 000 unités*
  - *En cours de fabrication dans les ateliers :*
    - *Atelier 1 : 1 720,00 F*
    - *Atelier 2 : 520,00 F*
    - *Atelier 3 : .... 67 402,40 F*

Travail à faire :

- *Compléter le tableau de répartition. (Annexe 1).*
- *Faire apparaître dans une série de tableaux successifs :*
  - *Les coûts d'achats des matières.*
  - *Les différents coûts de production.*
  - *Le coût de revient du produit « L ».*
  - *Le résultat analytique.*

On veillera à la clarté de ces tableaux et les sommes, si besoin est, toujours justifiées.

***N.B.** : les stocks sont tenus en coût unitaire moyen pondéré.*

Exercice n° 5 : Entreprise INDUVEST

Une entreprise industrielle fabrique et vend un produit unique P. La fabrication de ce produit nécessite :

1 - Le traitement d'une matière première M1, dans un atelier de préparation, traitement qui laisse un déchet égal à 10 % des quantités utilement employées. Le prix de vente de ce déchet, non stocké, diminue le coût de revient de cette phase de fabrication.

2 - La fabrication dans un atelier principal du produit P par adjonction à M1, transmis immédiatement du 1er atelier, de deux autres matières M2 & M3.

3 - Le traitement d'un sous-produit Q, qui est obtenu en même temps que P, mais qui nécessite, pour sa vente, l'utilisation d'une nouvelle matière première M4.

L'entreprise détermine un coût de production à chaque stade.

Le coût de production du sous-produit Q, non transformé, est déterminé à partir de sa valeur marchande déduction faite de 10 % pour tenir compte du bénéfice.

Les charges indirectes de fabrication représentent 60 % du coût de la main-d'œuvre directe.

Les charges indirectes de distribution sont réparties, entre le produit P et le sous-produit Q, proportionnellement aux quantités vendues.

Les opérations du mois d'avril sont résumées ci-après :

Les achats du mois d'avril ont été les suivants :

matière M1	*8 000 kg à*	*6,75 F le kg*
matière M2	*5 000 kg à*	*13,39 F "*
matière M3	*3 000 kg à*	*9,50 F "*
matière M4	*1 800 kg à*	*4,50 F "*

On a payé en avril comme frais de transports sur achats :

sur matière M1	*2 800 F.*	—	*sur matière M3*	*470 F.*
sur matière M4	*1 900 F.*			

Les déchets ont été vendus 0,5 F le kg.
On a vendu :
14 100 kg du produit P à 42,50 F le kg.
2 500 kg du sous-produit Q à 15 F le kg.
La répartition de la main-d'œuvre directe donne :

atelier de préparation	*19 100*
atelier principal	*82 900*
atelier de traitement du sous-produit	*8 200*

Les approvisionnements consommés dans le mois se répartissent ainsi :

atelier de préparation	*3 580*
atelier principal	*18 310*
atelier de traitement du sous-produit	*1 050*

Il a été produit durant le mois d'avril 11 900 kg de produit P.

Le poids du sous-produit non transformé représente un septième du poids de la production terminée dans l'atelier principal.

Le poids du sous-produit transformé est égal au poids du sous-produit non transformé, ajouté à celui de la matière M4. Il n'y a pas de stockage entre les deux derniers ateliers, ni d'en-cours dans l'atelier de traitement du sous-produit.

Les en-cours de fabrication à la fin du mois dans l'atelier principal représentent en valeur : 800 kg de matière M2, 300 kg de matière M3, 8 750 F de main d'œuvre directe, 2 112,50 F d'approvisionnement et la part de frais de fabrication (en cours fin avril).

Les stocks de matières comptabilisées au 30 avril sont de :

matière M1	*4 400 kg*	—	*matière M2*	*6 700 kg*
matière M3	*4 700 kg*	—	*matière M4*	*3 850 kg*

Les sorties de matières sont comptabilisées au coût moyen pondéré.
Au 31 mars, la situation des stocks était la suivante :

en cours de fabrication atelier principal		*94 867,50 F*
matières M1	*3 000 kg*	*21 300,00 F*
matières M2	*7 200 kg*	*100 800,00 F*
matières M3	*3 800 kg*	*36 480,00 F*
matières M4	*4 000 kg*	*19 000,00 F*
produits P	*9 000 kg*	*260 000,00 F*

Les charges de distribution qui sont à répartir s'élèvent à 66 400 F.

Travail à faire :

1 - Présenter les stocks permanents des matières premières.

2 - Présenter le calcul du coût de production de l'atelier de préparation donnant le coût de production unitaire des produits livrés à l'atelier principal.

3 - Présenter le calcul permettant de déterminer, à partir du coût de production du sous-produit Q transformé, la valeur du sous-produit Q non transformé.

4 - Présenter le calcul du coût de production des produits fabriqués par l'atelier principal avec détermination du montant des en-cours.

5 - Présenter le calcul du coût du revient, et le résultat sur les produits P vendus.

Chapitre 13

LES OPÉRATIONS PARTICULIÈRES — LA PRODUCTION IMMOBILISÉE — LES CESSIONS INTERNES — LES EMBALLAGES

I - TRAVAUX FAITS PAR L'ENTREPRISE POUR ELLE-MÊME

1 - Principe

Il s'agit ici du cas particulier des immobilisations fabriquées par l'entreprise pour sa propre utilisation. Les dépenses engagées, initialement considérées comme des charges, doivent être immobilisées : il est nécessaire de transformer un emploi définitif (charge) en un emploi temporaire (actif).

Comptabilité générale

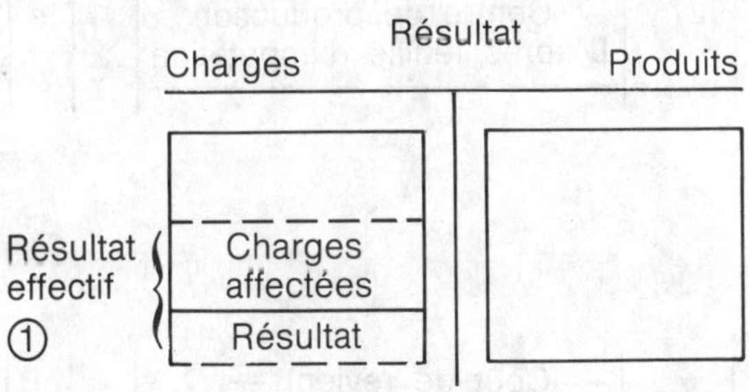

La charge a réduit anormalement le résultat :

il faut corriger

— **solution 1 :** réduire la charge pour immobiliser

Origine : Charge
Emploi : Immobilisation

Solution non retenue

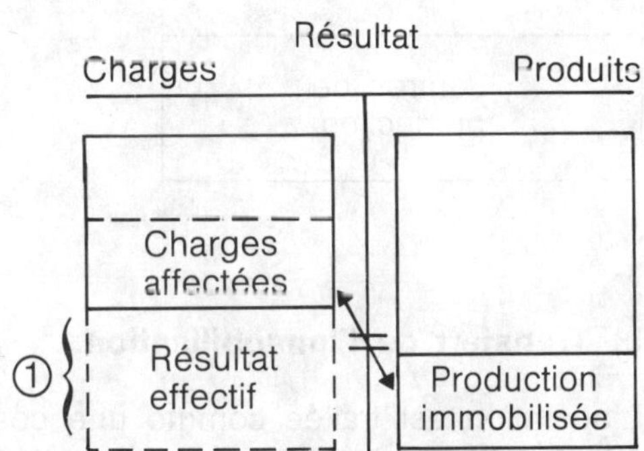

Le résultat est augmenté du montant de la production immobilisée et ramené à son niveau correct

2..	Valeurs immobilisées	+	
72	Production immobilisée		+

— **solution 2 :** compenser la charge par un produit : en considérant finalement qu'il s'agit d'une « Cession Interne » ou plutôt d'un « transfert de charges ».

Origine : Produit (Production immobilisée)
Emploi : Immobilisation

Solution retenue

Comptabilité analytique

La comptabilité analytique :

— fournit le coût de l'immobilisation : c'est un coût de production,
— enregistre un produit pour compenser la charge : c'est un produit.

2. Traitement comptable ou comptabilité analytique

a) **Calcul du coût de revient de l'immobilisation produite.**

Feuille d'imputation.

Matières premières
Autres charges directes
Centres de production

— coût de production —

9582	Coût de revient de la production immobilisée	+	
941	Stock de matières premières		+
911	Charges directes reclassées		+
927	Centre de production		+
	D'après feuille d'imputation		

b) **Transfert de l'immobilisation.**

L'opération est traitée comme une cession au coût de revient pour donner un résultat analytique nul.

	— Coût de revient —		
9882	Résultat analytique ou production immobilisée	+	
9582	Coût de revient de la production immobilisée		+
	— « Cession » Transfert de charges —		
907	Produits réfléchis	+	
9882	Résultat analytique sur production immobilisée		+

3 - Application

La société de construction QUIFAB a construit un atelier dans les conditions suivantes :

— Matériaux	250 000
— Autres charges directes	70 000
— Centres de production	80 000
Coût de production	400 000

L'entreprise a son activité soumise à la TVA au taux de 18,6 % et un prorata de 100 %.

Travail à faire :

Réaliser l'enregistrement en comptabilité générale et en comptabilité analytique autonome.

Solution :

	Comptabilité Générale				**Comptabilité analytique** — coût de production —		
	Les charges ont été constatées pour 400 000 F			9582	Coût de revient de la production immobilisée	400 000	
				941	Stock de matières premières		250 000
				911	Charges directes reclassées		70 000
				927	Centres de production		80 000
					— Transfert de charges —		
				9882	Résultat analytique sur production immobilisée	400 000	
				9582	Coût de revient de la production immobilisée		400 000
					Pour solde du compte crédité		
213	Constructions	400 000		907	Produits réfléchis	400 000	
44562	Etat, TVA déductible sur immobilisations	74 400		9882	Résultat analytique sur production immobilisée		400 000
72	Production immobilisée		400 000		Transfert de charges		
44571	Etat, TVA collectée		74 400				
	Immobilisation réalisée						

Résultat de l'exercice
(Extrait)

Charges par nature	400 000	Production immobilisée	400 000

Résultat : 0

Résultat analytique
sur production immobilisée

Coût de revient	400 000	Produits	400 000

Résultat = 0

II - CESSIONS INTERNES

1 - Principe

Les cessions internes représentent des « ventes » entre établissements distincts d'une même entreprise.

Ces opérations posent les problèmes de la fixation du prix et de l'enregistrement comptable, sachant que les établissements concernés sont très divers : succursales, usines, ateliers... (toute division de l'entreprise disposant d'une comptabilité autonome).

2 - Prix de cessions internes

La fixation du prix doit être conforme :

— à l'intérêt des intervenants dans le cadre de leur autonomie qui ne doit pas être mise en cause :

— division vendeuse,

— division acheteuse,

— à l'intérêt global de l'entreprise.

Les prix de cessions internes peuvent être fixés dans les conditions suivantes :

— coût complet, coût variable, coût marginal, ... coûts préétablis,

— prix du marché avec ou sans commission déduite.

Les règles retenues dépendent souvent du niveau d'indépendance des divisions et de la volonté de la direction générale.

Schéma de principe

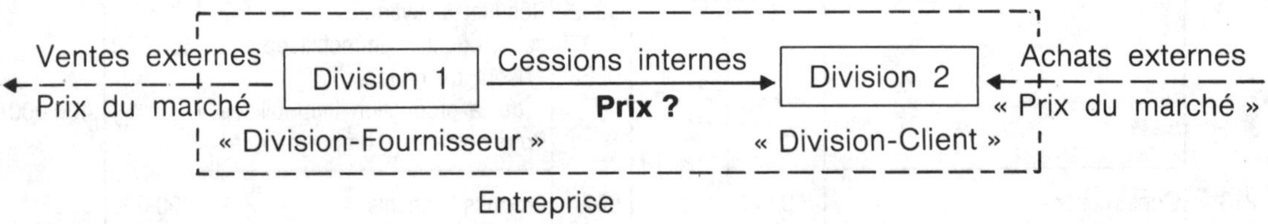

Ce schéma met en évidence les termes du choix de la référence pour le prix à fixer : le marché, la rentabilité individuelle et globale... et montre les difficultés pour trouver une solution qui satisfasse tous les intervenants.

3 - Traitement comptable

Le traitement comptable dépend du « degré » d'autonomie comptable des établissements : comptabilité générale et/ou comptabilité analytique. Il peut donc être intégré dans l'une des situations suivantes :

— comptabilité générale et comptabilité analytique dans chaque établissement ;

— comptabilité générale unique et comptabilité analytique dans chaque établissement ;

— comptabilité générale et comptabilité analytique uniques.

a) Comptabilité générale et comptabilité analytique dans chaque établissement

Schéma de principe

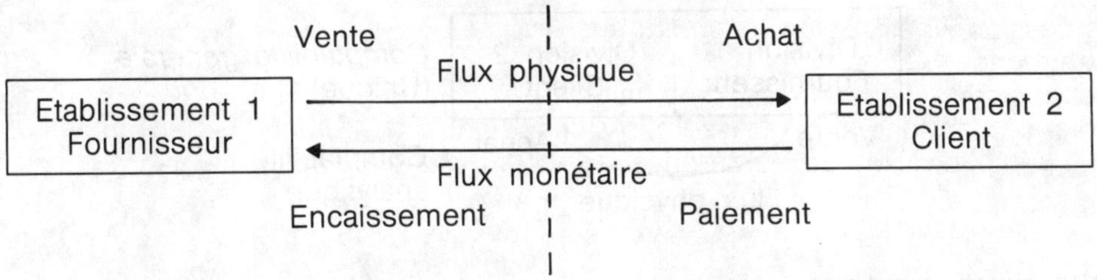

Le plan comptable distingue :

— les opérations « élémentaires » qui portent sur un élément simple : une marchandise par exemple ;

— les opérations « complexes » qui nécessitent un calcul de coût : un produit fini.

L'enregistrement en comptabilité générale nécessite selon le cas l'utilisation des comptes.

+ 181. « Compte de liaison des établissements ».

+ 186. « Biens et prestations de services échangés entre établissements — charges ».

+ 187. « Biens et prestations de services échangés entre établissements — Produits ».

En comptabilité analytique indépendante les cessions sont constatées selon la valeur retenue avec l'utilisation des comptes réfléchis :

— Etablissement — Fournisseur :
Il s'agit d'une vente ⇒ 907 — Produits réfléchis

— Etablissement — Client
Il s'agit d'un achat ⇒ 905 — Achats réfléchis.

Application : Cession au coût de production.

La succursale QUI cède à la succursale VIENT une partie de sa production au coût de production, soit 121 000 F.

Travail à faire :

Constater la cession en comptabilité analytique.

Solution :

	— QUI — Fournisseur		
907	Produits réfléchis	121 000	
945	Stocks de produits fixés		121 000
	Sortie		

	— VIENT — Client		
941	Stocks de matières premières (ou autre selon la nature)	121 000	
904	Achats réfléchis		121 000
	Entrée		

Note :

Ces écritures dépendent des méthodes de valorisation retenues et de l'objectif de rentabilité fixé.

b) Comptabilité générale unique et comptabilité analytique dans chaque établissement (division) :

Schéma de principe

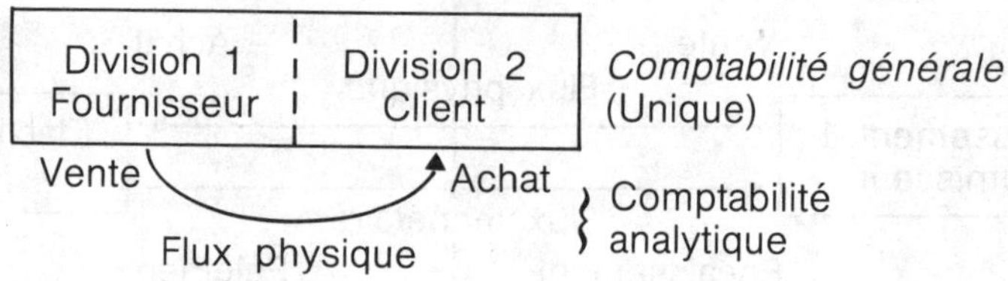

Cette situation montre :

— qu'en comptabilité générale il n'y a pas d'opération à noter : il s'agit d'un simple transfert à l'intérieur de l'entreprise,

— alors qu'en comptabilité analytique, il faut constater le transfert puisque l'entreprise est structurée en divisions indépendantes mais sans les comptes réfléchis (puisque la comptabilité générale ne constate rien à ce niveau) ; le plan comptable a prévu les comptes « 99 - Liaisons internes » :

— 991 Liaisons internes propres à un même établissement
Ce compte a en comptabilité analytique le rôle des comptes de virements internes en comptabilité générale : ils servent de liaison entre différents journaux et doivent normalement être soldés en fin de période.

— 996 Cessions reçues d'autres établissements (Division-Client)

— 997 Cessions fournies à d'autres établissements (Division-Fournisseur).

qui jouent le rôle des comptes réfléchis.

Application :
Texte précédent.

Solution :

	— Division 1 — Fournisseur				— Division 2 — Client		
997	Cessions fournies à d'autres établissements	121 000		941	Stocks de matières premières (ou autre selon la nature)	121 000	
945	Stocks de produits finis		121 000	996	Cessions reçues d'autres établissements		121 000
	Sortie				Entrée		

c) Comptabilité générale et comptabilité analytique unique

Schéma de principe

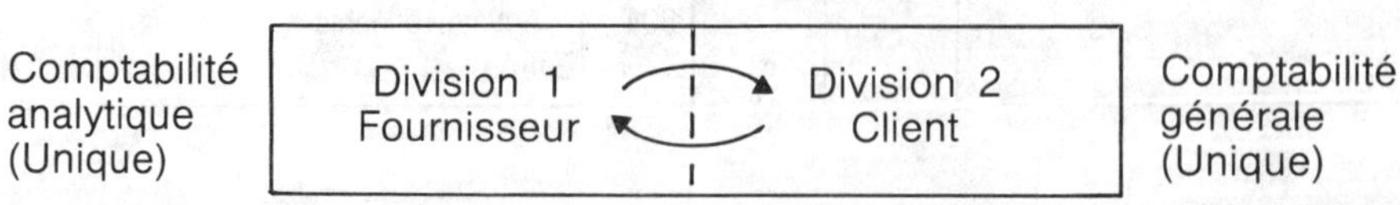

Il n'y a pas d'enregistrement à constater à propos de cette opération.

III - LES EMBALLAGES

1 - Les notions essentielles

Les **emballages** sont des contenants destinés à être livrés avec la marchandise. Ils peuvent être :

— **perdus :** les emballages sont livrés avec la marchandise ; ils sont considérés comme d'un **usage unique** et leur coût est intégré dans celui du produit (papier, bouteille en plastique...) ;

— **récupérables :** les emballages sont mis à la disposition des clients pour un temps déterminé et doivent être retournés dans les délais ; passé ce délai, ils sont considérés comme vendus. Ils sont considérés comme d'un usage répété.

Il faut distinguer :

— les emballages récupérables identifiables qui sont gérés comme des immobilisations ;

— les emballages récupérables non identifiables qui sont gérés comme des valeurs d'exploitation.

Ces emballages qui restent la propriété de l'entreprise tant qu'ils ne sont pas vendus, sont :

— soit prêtés aux clients, qui ne versent aucune contrepartie monétaire, et qui doivent les retourner dans les délais en bon état ;

— soit consignés aux clients, qui versent un prix de consignation, véritable cautionnement, et qui doivent les retourner dans les délais, en bon état contre-remboursement du prix.

Certaines entreprises prélèvent sur ce prix :

— un loyer,

— le coût de la remise en état éventuel.

Le prix de consignation fixé par l'entreprise peut être sans commune mesure avec la valeur réelle de l'emballage afin d'obtenir des clients un retour dans les délais.

La gestion des stocks d'emballages récupérables représente un volume et un coût parfois élevés. C'est pourquoi certaines entreprises les remplacent par des emballages perdus.

— **à usage mixte :** à traiter selon la nature.

2 - Les opérations

Il faut distinguer :

— les emballages perdus ;

— les emballages récupérables.

a) Les emballages perdus :

Ils sont considérés comme des matières consommables et gérés comme tels, c'est-à-dire :

— intégrés au coût concerné (charges directes) :

— production : ex. : la boîte métallique pour une conserve ;

— distribution : ex. : la boîte de carton pour emballer les boîtes métalliques et les distribuer ;

— considérés comme des charges indirectes.

Leur gestion implique :

— un suivi de stock : Entrées, Sorties ;

— la détermination du coût d'acquisition : coût d'achat ou coût de production lorsque l'entreprise fabrique son emballage ;

— la détermination du coût de sortie : à l'aide des méthodes évoquées chapitre 11.

Les comptes utilisés :

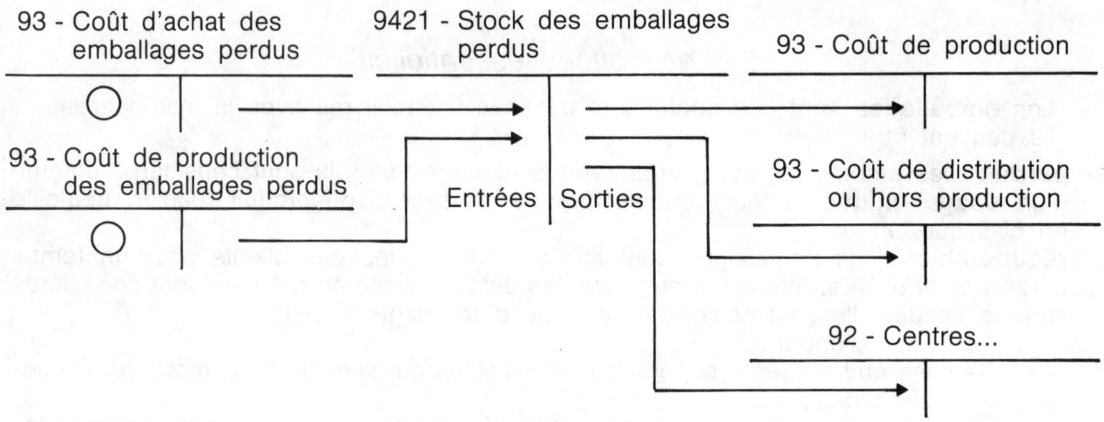

b) Les emballages récupérables :

Ils sont traités comme des « produits » sans transferts de propriété, sauf si le client manifeste sa volonté d'achat, ou laisse passer le délai.

L'écart éventuel entre le prix de consignation et le prix de déconsignation représente un produit : loyer.

Le non-retour de l'emballage transforme la consignation en une vente avec transfert de propriété. Les mouvements antérieurs ne sont donc à considérer que comme des « mouvements physiques » : changement de lieu de stockage (les emballages chez les clients font partie des stocks de l'entreprise à reprendre au bilan).

Leur gestion implique :

— un suivi de stock : Entrées, Sorties avec changement du lieu de stockage (Entreprise, Clients-consignés, Clients-prêtés) ;
— la détermination du coût d'acquisition : achat, production ;
— la détermination du coût de sortie (voir chapitre 11) ;
— la constatation du Loyer perçu ;
— la constatation de la vente.

Les comptes utilisés pour les emballages récupérables non identifiables :

— pour l'acquisition :

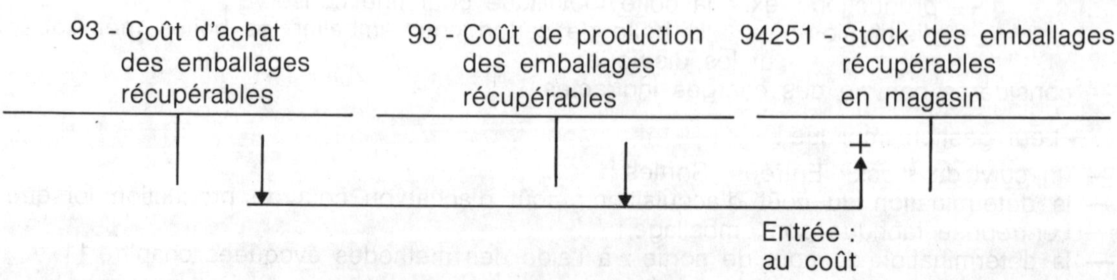

— pour le prêt :

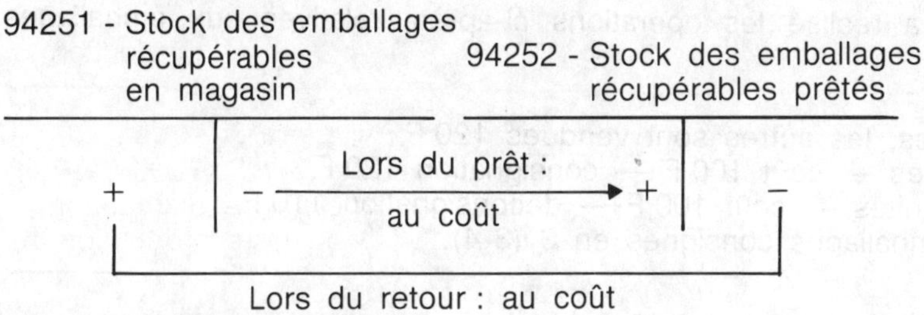

— pour la consignation :

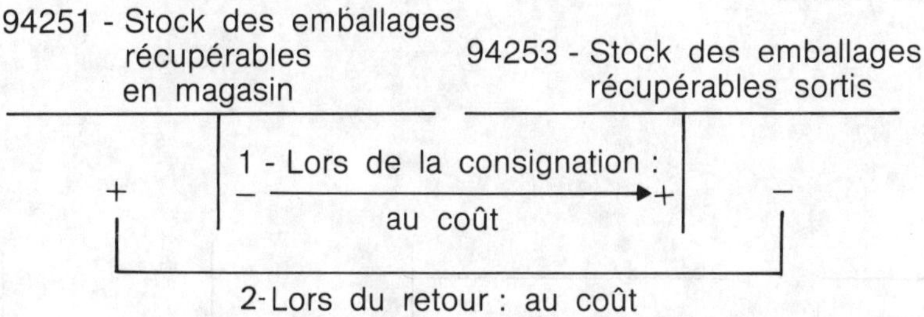

— Boni de déconsignation : Loyer

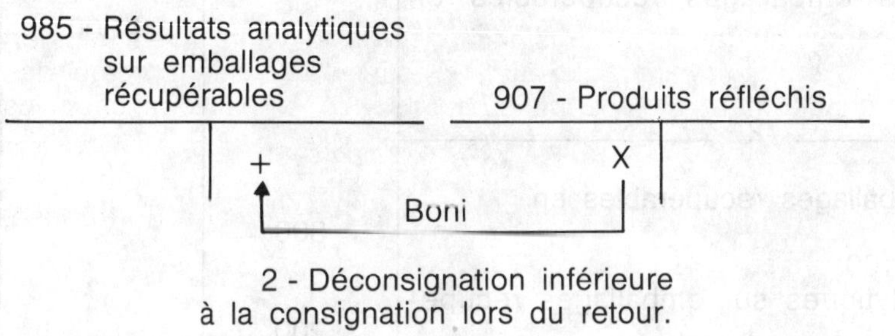

— Non retour : Vente d'emballages

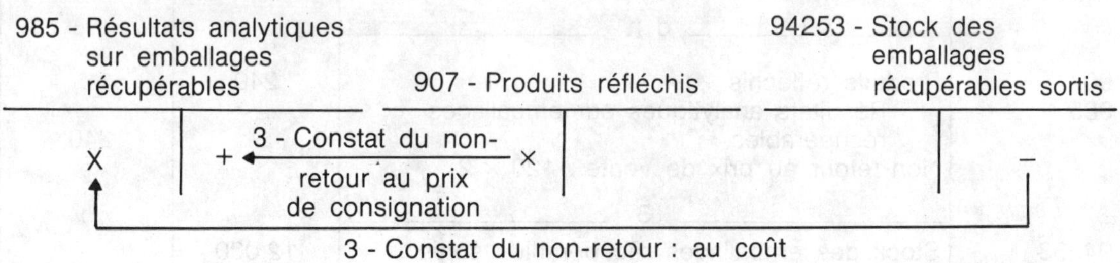

Les autres opérations sont conformes à celles des produits (différences d'inventaire...).

Les emballages récupérables identifiables sont des immobilisations suivies en dehors des comptes de stocks permanents.

Les stocks de l'entreprise sont représentés par la somme des soldes des comptes après corrections éventuelles :

— 94251 stocks des emballages récupérables en magasin,
— 94 252 stock des emballages récupérables prêtés,
— 94 253 stock des emballages récupérables sortis.

c) Application :

L'entreprise EMBALLE a réalisé les opérations ci-après, relatives aux emballages récupérables :

1 - prêt de 10 unités à 100 F,
2 - retour de 8 unités prêtées, les autres sont vendues 120 F,
3 - consignation de 120 unités — coût 100 F — consignation 120 F,
4 - déconsignation de 110 unités — coût 100 F — déconsignation 110 F,
5 - non-retour des autres emballages consignés en 3 (3-4).

Travail à faire :

Présenter les écritures au journal.

Solution :

	1		
94252	Stock des emballages récupérables prêtés 10 × 100	1 000	
94251	Stock des emballages récupérables en magasin		1 000
	Prêt		
	2		
94251	Stock des emballages récupérables en magasin	800	
	Retour : 8 × 100		
985	Résultats analytiques sur emballages récupérables	200	
	non retour : 2 × 100		
94252	Stock des emballages récupérables prêtés		1000
	d n°		
907	Produits réfléchis	240	
985	Résultats analytiques sur emballages récupérables		240
	Non-retour au prix de vente : 120 × 2		
	3		
94253	Stock des emballages récupérables sortis	12 000	
94251	Stock des emballages récupérables en magasin		12 000
	Consignation au coût de sortie : 100 × 120		
	4		
94251	Stock des emballages récupérables en magasin	11 000	
	Déconsignation 100 × 110		
985	Résultats analytiques sur emballages récupérables	1 000	
	Non-retour : 100 × 10 au coût		
94253	Stock des emballages récupérables sortis		12 000

	5		
907	Produits réfléchis — Bonis sur déconsignation : (120 − 110) × 10 = 100 — Vente d'emballages 120 × 10 = 1 200	1300	
985	Résultats analytiques sur emballages récupérables		1 300

985 - Résultats analytiques sur emballages récupérables

Charges	Montant	Produits	Montant
— Coût des emballages prêtés vendus	200	— Ventes d'emballages prêtés	240
— Coût des emballages récupérables vendus	1 000	— Ventes d'emballages consignés	1 200
Solde créditeur	**340**	— Bonis sur retours	100
Total	1 540	Total	1 540

Le solde du compte est repris lors de la détermination du résultat de la comptabilité analytique.

Exercice n° 1 : Entreprise VUILTE

L'entreprise VUILTE a réalisé, pour ses besoins, un matériel spécifique dans ses ateliers dans les conditions suivantes :

— Matières premières	*140 000*
— Autres charges directes	*100 000*
— Centres de production	*85 000*
Coût de production	*325 000*

L'entreprise a son activité soumise à la TVA au taux de 18,6 % et un prorata de 100 %.

Travail à faire :

Réaliser l'enregistrement en comptabilité générale et en comptabilité analytique autonome.

Exercice n° 2 : Société INTERNE

La société INTERNE possède une usine qui fabrique un produit qu'elle écoule soit par ses succursales, soit auprès de détaillants.

Ses succursales sont de deux types :

— Type 1 : le produit reçu subit une transformation complémentaire avant d'être écoulé ;
— Type 2 : le produit reçu est écoulé sans modification.

Au cours du mois de janvier les opérations de l'usine avec les succursales sont les suivantes :

— livraisons à Lyon — Type 1 :
10 000 kg à 25 F

— *livraisons à Lille — Type 2 :*
5 000 kg à 25 F.

Ces livraisons sont facturées au coût de production.

Travail à faire :

1 - Enregistrer les opérations dans les comptabilités analytiques indépendantes.
2 - Supposer que la facturation soit réalisée au prix du marché, soit à 30 F. Proposer une solution comptable.

Exercice n° 3 : Entreprise TIFON

Au cours du mois de mars l'entreprise TIFON a réalisé les opérations suivantes :

— *2 mars : achats de 120 emballages à 18 F et frais de transport 240 F.*
— *12 mars : consignation de 80 emballages à 25 F l'un.*
— *20 mars : déconsignation de 70 emballages repris :*
  — *60 à 25 F,*
  — *10 à 22 F,*
  selon l'état et tous consignés en mars.
— *22 mars : 15 emballages non retournés ce jour et consignés en février pour 25 F sont considérés comme vendus.*
— *28 mars : 5 emballages sont prêtés.*
— *30 mars : 3 emballages prêtés le 28 mars sont retournés, les autres sont facturés fermes au client.*
— *31 mars : l'inventaire fait apparaître un manquant de 4 emballages.*

Au 1er mars, les stocks étaient les suivants :

— *au magasin : 80 emballages à 18 F l'un ;*
— *chez les clients : 15 emballages à 18 F l'un.*

Travail à faire :

Enregistrer les opérations :

— *en comptabilité générale : TVA à 18,6 % sur les consignations hors TVA à 25 F ;*
— *en comptabilité analytique : les sorties sont valorisées en cours de période au CMUP de la période précédente.*

En fin de période, le CMUP est calculé et les corrections nécessaires sont faites.

Exercice n° 4 : Entreprise BOUNTIE

Au cours du mois de février, on relève les renseignements suivants dans les comptes de l'entreprise BOUNTIE.

— *Stocks au 1er février :*
  — *emballages récupérables en magasin : 200 unités à 20 F l'une ;*
  — *emballages récupérables sortis : 840 unités à 20 F l'une ;*
  — *emballages perdus : 1 200 F.*
— *Achats :*
  — *emballages récupérables : 1 400 unités à 22 F ;*
  — *emballages perdus : 4 800 F.*
— *Frais du centre approvisionnement des emballages récupérables : 2 800 F.*
— *Retours d'emballages par les clients : 940 unités.*

— *Consignations d'emballages : 1 200 unités.*
— *Ventes d'emballages récupérables non retournés : 120 emballages.*
— *Destruction de 10 emballages du magasin.*
— *La consignation est faite à 40 F et la reprise à 35 F.*

Les mouvements de la période sont faits au coût approché de 21 F pour être ensuite corrigés en fin de période par évaluation au CMUP.

Travail à faire :

1 - Présenter les écritures en comptabilité générale. La consignation est faite hors TVA, et l'entreprise a son activité soumise à la TVA au taux normal.
2 - Présenter les écritures en comptabilité analytique et donner la valeur du stock fin février.

Exercice n° 5 : Entreprise PRODUC

Dans l'entreprise PRODUC, il a été enregistré les opérations suivantes au cours du mois de mai :

— *Achats d'emballages perdus : 4 500 F.*
— *Achats d'emballages récupérables : 12 000 F.*
— *Ventes d'emballages récupérables sortis : 4 000 F, le coût d'achat était de 3 500 F.*
— *Emballages consignés aux clients : 6 000 F, le coût d'achat était de 5 000 F.*
— *Emballages consignés et rendus par les clients : 4 800 F, le coût d'achat était de 3 900 F.*
— *Emballages consignés par les fournisseurs : 1 200 F.*
— *Emballages rendus aux fournisseurs : 900 F, le reste est considéré comme acheté.*
— *Emballages prêtés aux clients — coût d'achat : 600 F.*
— *Frais du centre approvisionnement :*

— *pour les emballages récupérables*	*1 000 F*
— *pour les emballages perdus*	*500 F*

— *Frais de production du produit fini :*

— *centre production*	*48 000 F*
— *emballages perdus*	*3 000 F*
— *centre conditionnement*	*14 000 F*
— *autres charges directes*	*25 000 F*

Travail à faire :

Enregistrer les opérations relatives aux emballages et à la détermination du coût de production en comptabilité analytique.

Chapitre 14

SYNTHÈSE SUR LES COÛTS COMPLETS

I - THÈME

La société QUIPEUT fabrique deux produits RIV et QUIR, à partir de deux matières premières MIX et VOX.

La matière MIX subit un traitement dans l'atelier de préparation (P) et devient la matière MIXTE qui est stockée avant d'être utilisée. Le traitement de MIX produit un déchet, le NIVO qui représente 10 % du poids brut traité, qui est vendu 1 500 F la tonne à la sortie de l'atelier.

Le produit RIV est obtenu dans l'atelier Mixage (M) à partir des deux matières MIXTE et VOX.

Le produit QUIR est fabriqué dans l'atelier Cuisson (C) à partir des deux matières MIXTE et VOX ; ce traitement génère un sous-produit, le RUNA, qui est commercialisé.

Les opérations du mois de février sont résumées ci-après :

Tableau de répartition des charges indirectes

Charges par nature	Montant	Centres auxiliaires		Centres principaux					
		Energie	Gestion des moyens	Approvisionnement	P	M	C	Distribution	Administration générale
Totaux après répartition primaire	690 061	74 830	89 500	40 030	126 290	181 130	141 570	20 030	16 681
Unités d'œuvre				tonne achetée	tonne traitée	M.O.D.	M.O.D.	100 F de CA	100 F Coût de production des produits vendus

— Répartition secondaire :
  — Centre ENERGIE
    — 20 % au centre Approvisionnement,
    — 10 % au centre Gestion des moyens,
    — 15 % au centre P,
    — 15 % au centre M,
    — 15 % au centre C,
    — 20 % au centre Distribution,
    — 5 % au centre Administration générale.
  — Centre GESTION des MOYENS :
    — 5 % au centre Energie,
    — 5 % au centre Approvisionnement,
    — 40 % au centre P,
    — 30 % au centre M,
    — 20 % au centre C.
— Stocks au 1er février :
  — Matières premières MIX : 10 tonnes pour 37 250 F,
  — Matières premières VOX : 7,5 tonnes pour 45 250 F,
  — Matières MIXTE : 1 tonne pour 10 500 F,
  — Sous-produit RUNA : 0,5 tonne,
  — Produits finis RIV : 3,5 tonnes pour 72 500 F,
  — Produits finis QUIR : 5,5 tonnes pour 130 850 F,
  — En-cours Atelier M : 54 675 F,
  — E_1 : 50 000 F — E_2 : 28 000 F (emballages).
— Achats du mois de mars :
  — Matière première MIX : 30 tonnes pour 78 750 F,
  — Matière première VOX : 20 tonnes pour 93 000 F.
— Sorties de matières du mois :

Matières \ Ateliers	P	M	C
— Matière MIX	35 t		
— Matière MIXTE		15,5 t	12 t
— Matière VOX		13,5 t	9,5 t

— Frais de main-d'œuvre directe :
  — Atelier P : 175 heures à 180 F,
  — Atelier M : 272,5 heures à 180 F,
  — Atelier C : 315 heures à 180 F.
— Production du mois :
  — Atelier P : 31,5 tonnes de matière MIXTE,
  — Atelier M : 27,5 tonnes,
  — Atelier C : 20 tonnes,
  — En-cours atelier M : 55 125 F.

Le tonnage du sous-produit RUNA représente le 1/5 de la production. Le coût de production est déterminé forfaitairement à partir du prix de vente (9 750 F la tonne) compte tenu d'une marge de 20 % du prix de vente, de frais de distribution estimés à 800 F la tonne.

Une machine spéciale a été conçue par l'entreprise dans les conditions suivantes :
— Main-d'œuvre directe : 40 heures à 180 F.
— Matières spécifiques non stockées : 250 000 F.
— Centre gestion des moyens : 14 000 F à prélever avant répartition secondaire.
— Ventes de déchets : 3,5 tonnes à 1 500 F la tonne.
— Ventes de produits finis :
  — RIV : 27,5 tonnes à 24 000 F la tonne,
  — QUIR : 18,5 tonnes à 26 000 F la tonne.

— Ventes du sous-produit RUNA : 2 tonnes.
— Le coût du centre « Distribution » est réparti entre les deux produits principaux proportionnellement au chiffre d'affaires après le prélèvement de la part relative au sous-produit.
— Le coût du centre « Administration » concerne uniquement les produits principaux.
— Le produit RIV fait l'objet d'un emballage à usage perdu (E_1) lors de sa sortie de l'Atelier M.
— Le produit QUIR est emballé lors de sa distribution (emballages perdus : E_2).
— Emballages :
  — Achats :
    — E_1 : 65 000 F augmentés de 5 000 F de frais de port payés à la réception,
    — E_2 : 32 000 F augmentés de 1 500 F de frais de port payés à la réception.
    Il n'y a pas d'autres frais pour les emballages.
  — Sorties :
    E_1 : 85 000 F ; E_2 : 42 000 F.
— Les stocks réels en fin de mois sont les suivants :
  — Matière MIX : 4,9 tonnes,
  — Matière MIXTE : 5 tonnes,
  — Matière VOX : 4,5 tonnes,
  — Emballages E_1 : 36 000 F,
  — Emballages E_2 : 19 000 F,
  — Produit fini RIV : 3,5 tonnes,
  — Produit fini GUIR : 5 tonnes,
  — Sous-produit RUNNA : 2,5 tonnes.
— Parmi les dotations de la comptabilité générale, 10 500 F de provisions ne sont pas incorporables.
— Il faut tenir compte de la rémunération des capitaux propres estimée à 8 100 F pour le mois.

Travail à faire :

1 - Présenter l'organigramme technique.
2 - Réaliser la répartition secondaire.
3 - Calculer les différents coûts et résultats.
Présenter les comptes de stocks.
Les sorties sont valorisées au CMUP.
4 - Calculer le résultat de la comptabilité analytique et réaliser le rapprochement avec la comptabilité générale.

Solution :

1re question : Organigramme Technique

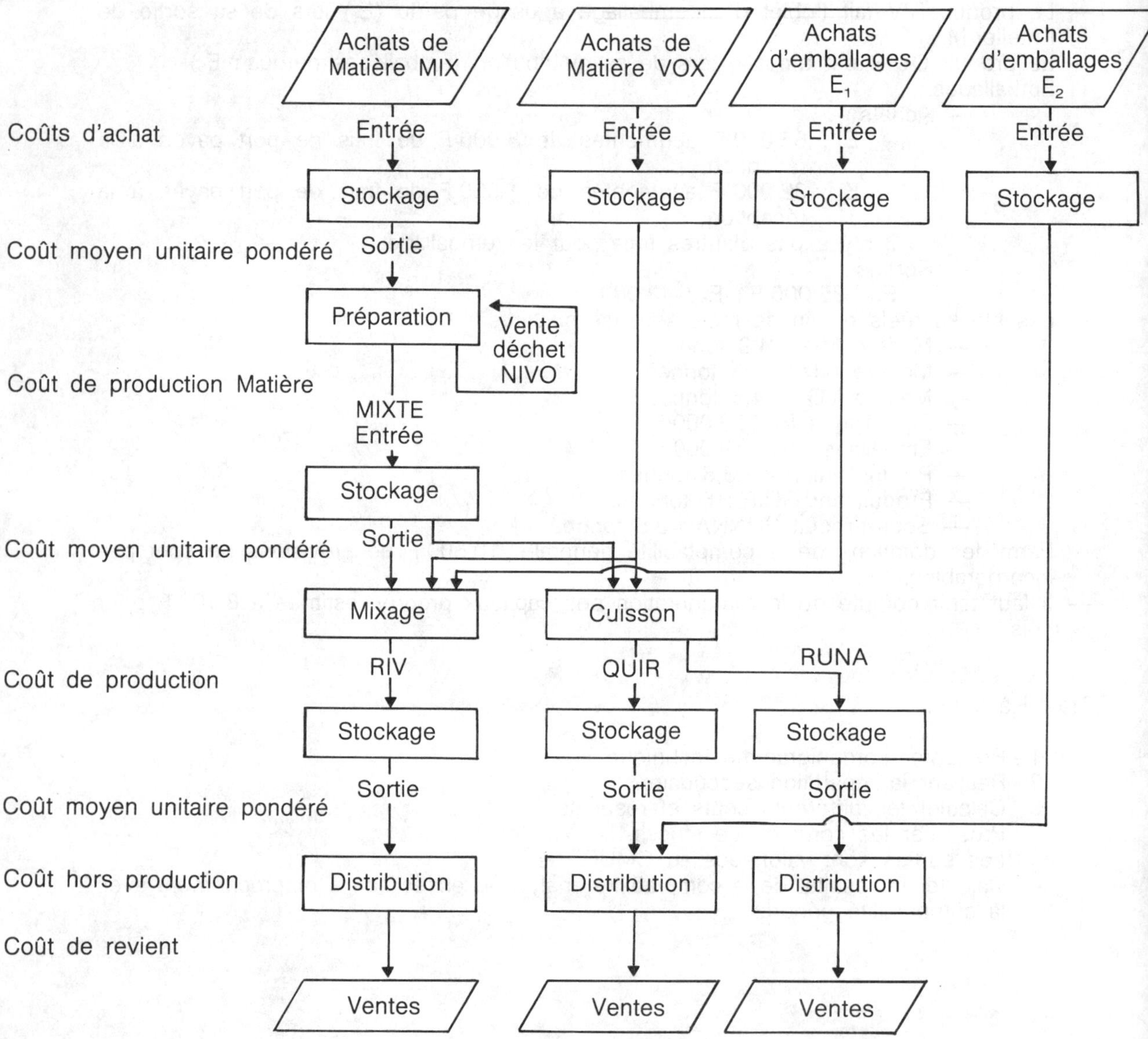

2e Question : Répartition secondaire

— Mise en évidence des transferts croisés : graphe.

Energie (E)

10/100 ⟳ 5/100

Gestion des moyens (G)

Total de G à répartir	
+ Répartition primaire :	89 500
– part de la production immobilisée	14 000
Total à répartir	75 500

— Système à résoudre

	E	G
— Répartition primaire	74 830	75 500
— Répartition secondaire		
— Centre E	—	0,1 x
— Centre G	0,05 y	—
Totaux à répartir	x	y

74 830 + 0,05 y = x
75 500 + 0,1 x = y
La solution du système est la suivante :
y = **83 400** = Gestion des moyens.
x = **79 000** = Energie

Tableau de répartition des charges indirectes

Charges par nature	Montant	Centres auxiliaires		Centres principaux					
		Energie	Gestion des moyens	Approvisionnement	P	M	C	Distribution	Administration générale
Totaux après répartition primaire	690 061	74 830	89 500	40 030	126 290	181 130	141 570	20 030	16 681
Répartition secondaire									
— Centre E		–79 000	7 900	15 800	11 850	11 850	11 850	15 800	3 950
— Centre G		4 170	–83 400	4 170	33 360	25 020	16 680	—	—
Totaux après répartition secondaire	690 061	0	14 000	60 000	171 500	218 000	170 100	35 830	20 631
Unités d'œuvre				tonne achetée	tonne traitée	M.O.D.	M.O.D.	100 F de CA	100 F Coût de production vendue
Nombre d'unités d'œuvre				50	35	272,5	315		10 315,50
Coût de l'unité				1 200	4 900	800	540		2

3e Question : Coûts et résultats

Coûts d'achats

Eléments	U.O.	MIX			VOX			E_1	E_2
		CUO	NUO	MT	CUO	NUO	MT		
Charges directes									
— Matières	t	2 625	30	78 750	4 650	20	93 000	65 000	32 000
— Frais de port								5 000	1 500
Charges indirectes									
— Centre approvisionnement	t	1200	30	36 000	1 200	20	24 000		
Coûts d'achat		3825	30	114 750	5 850	20	117 000	70 000	33 500

Stocks permanents

— Stock permanent de Matière MIX

Entrées	Q	CU	Mt	Sorties	Q	CU	Mt
Stock initial Achats	10 30	3 725 3 825	37 250 114 750	Consommation Stock théorique	35 5	3 800 3 800	133 000 19 000
	40	3 800	152 000	**Stock réel** Différence dévorable	**4,9** 0,1	**3 800** 3 800	**18 620** 380

CMUP = 152 000/40 = 3 800

— Stock permanent de Matière VOX

Entrées	Q	CU	Mt	Sorties	Q	CU	Mt
Stock initial Achats	7,5 20	 5 850	45 250 117 000	Consommation RIV Consommation QUIR	13,5 9,5	5 900 5 900	79 650 56 050
	27,5	5 900	162 250	Stock théorique **Stock réel**	4,5 **4,5**	5 900 **5 900**	26 550 **26 550**

CMUP = 162 250/27,5 = 5 900

— Stock permanent d'emballage E_1

Entrées	Q	CU	Mt	Sorties	Q	CU	Mt
Stock initial Achats			50 000 70 000	Consommation Stock théorique			85 000 35 000
 Différence favorable			120 000 1 000	**Stock réel**			**36 000**

— Stock permanent d'emballages E_2

Entrées	Q	CU	Mt	Sorties	Q	CU	Mt
Stock initial Achats			28 000 33 500	Consommation Stock théorique			42 000 19 500
			61 500	**Stock réel** Différence défavorable			**19 000** 500

— Stock permanent de Matière MIXTE

Entrées	Q	CU	Mt	Sorties	Q	CU	Mt
Stock initial	1	10 500	10 500	Consommation RIV	15,5	10 500	162 750
Achats	31,5	10 500	330 750	Consommation QUIR	12	10 500	126 000
	32,5	10 500	341 250	Stock théorique	5	10 500	52 500
				Stock réel	**5**	**10 500**	**52 500**

CMUP : 341 250/32,5 = 10 500

— Stock permanent du produit fini RIV

Entrées	Q	CU	Mt	Sorties	Q	CU	Mt
Stock initial	3,5		72 500	Ventes	27,5	21 500	591 250
Achats	27,5	21 600	594 000				
				Stock théorique	3,5	21 500	75 250
	31	21 500	666 500	**Stock réel**	**3,5**	**21 500**	**75 250**

CMUP : 666 500/31 = 21 500

— Stock permanent du produit fini QUIR

Entrées	Q	CU	Mt	Sorties	Q	CU	Mt
Stock initial	5,5		130 850	Ventes	18,5	23 800	440 300
Achats	16		380 850				
				Stock théorique	3	23 800	71 400
	21,5	23 800	511 700	**Stock réel**	**3**	**23 800**	**71 400**

CMUP : 511 700/21,5 = 23 800

— Stock permanent du sous-produit RUNA

Entrées	Q	CU	Mt	Sorties	Q	CU	Mt
Stock initial	0,5	7 000	3 500	Ventes	2	7 000	14 000
Achats	4	7 000	28 000				
				Stock théorique	2,5	7 000	17 500
	4,5	7 000	31 500	**Stock réel**	**2,5**	**7 000**	**17 500**

— Coût de production de la Matière MIXTE

Eléments	UO	CUO	NUO	Mt
Charges directes				
— Matière MIX	t	3 800	35	133 000
— Main-d'œuvre directe	HO	180	175	31 500
Charges indirectes				
— Centre P	t	4 900	35	171 500
				336 000
Coût de la production				
à déduire :				
— Ventes déchet NIVO 35 × 10/100	t	1 500	3,5	−5 250
Coût de production MIXTE	t	10 500	31,5*	330 750

Le prix de vente du déchet réduit le coût de production

* Poids net : 35 × 0,9 = 31,5 t

— Coûts de production du produit RIV

Eléments	UO	CUO	NUO	Mt
Charges directes				
— Matière MIXTE	t	10 500	15,5	162 750
— Matière VOX	t	5 900	13,5	79 650
— Main-d'œuvre directe	HO	180	272,5	49 050
— Emballage E1				85 000
Charges indirectes				
— Centre M	H.O.	800	272,5	218 000
Coût de la production				594 450
+ En-cours initial				+ 54 675
— En-cours final				− 55 125
Coût de la production RIV	t	21 600	27,5	594 000

— Coût de production du sous-produit RUNA

Eléments	UO	CUO	NUO	Mt
— Ventes	t	9 750	4	39 000
— marge de 20 % : 39 000 × 20/100				− 7 800
Coût de revient				31 200
— Coût de distribution	t	800	4	−3 200
Coût de production RUNA	t	7 000	4	28 000

20 × 1/5 = 4

— **Coût de production du produit QUIR**

Eléments	UO	CUO	NUO	Mt	
Charges directes					
— Matière MIXTE	t	10 500	12	126 000	
— Matière VOX	t	5 900	9,5	56 050	
— Main-d'œuvre directe	HO	180	315	56 700	
Charges indirectes					
— Centre C	HO	315	540	170 100	
Coût de la production				408 850	
— à déduire					
Coût de production RUNA	t	7 000	4	−28 000	
Coût de production QUIR	t	23 803	16	380 850	20 × 4/5 = 16

— **Coûts hors production**

Eléments	UO	RIV			QUIR			RUNA		
		CUO	NUO	Mt	CUO	NUO	Mt	CUO	NUO	Mt
Charges directes										
— Emballages E_2							42 000			
Charges indirectes										
— Centre distribution	100FCA	3	6 600	19 800	3	4 810	14 430	800	2	1 600
— Centre administration	100FCP	2	5 912,5	11 825	2	4 403	8 806			
Coûts hors production				31 625			65 236			1 600

Centre distribution à répartir : 35 830 − 1 600 = 34 230
Unité d'œuvre : 100 F de CA
Chiffre d'affaires global
24 000 × 27,5 + 26 000 × 18,5 = 1 141 000
Coût de l'unité d'œuvre :
(34 230/1 141 000) × 100 = 3/100

— **Coûts de revient**

Eléments	UO	RIV			QUIR			RUNA		
		CUO	NUO	Mt	CUO	NUO	Mt	CUO	NUO	Mt
Coût de production des produits vendus	t	21 500	27,5	591 250	23 800	18,5	440 300	7 000	2	14 000
Coût hors production				31 625			65 236			1 600
Coûts de revient		22 650	27,5	622 875	27 236	18,5	505 536	7 800	2	15 600

— **Résultats analytiques**

Eléments	UO	RIV			QUIR			RUNA		
		CUO	NUO	Mt	CUO	NUO	Mt	CUO	NUO	Mt
+ Chiffre d'affaires	t	24 000	27,5	660 000	26 000	18,5	481 000	9 750	2	19 500
– Coût de revient	t	22 650	27,5	622 875	27 326	18,5	505 536	7 800	2	15 600
Résultats analytiques		1 350	27,5	37 125	–1 326	18,5	– 24 536	1 950	2	3 900

4e question : Résultat de la comptabilité analytique

— **Report des différences de traitement comptable**

Charges	Montant	Produits	Montant
— Différences d'incorporation sur amortissements et provisions	10 500	— Différences d'incorporation sur éléments supplétifs	8 100
— Différences d'incorporation sur autres charges de la comptabilité générale	—	— Différences d'inventaire constatées — Favorables (1 000)	1 000
— Différences d'inventaire constatées — Défavorables (380 + 500)	880	Solde débiteur	2 280
Total	**11 380**	**Total**	**11 380**

— **Coût de la Production Immobilisée**

Eléments	UO	CUO	NUO	Mt
Charges directes				
— Main-d'œuvre directe	HO	180	40	7 200
— Matière spécifique				250 000
Charges indirectes				
— Centre de gestion des moyens				14 000
Coût de production				*271 200*

— Résultat de la comptabilité analytique

Charges	Montant	Produits	Montant
— Résultat analytique sur QUIR	24 536	— Résultat analytique sur RIV	37 125
— Report des différences de traitement comptable	2 280	— Résultat analytique sur RUNA	3 900
Solde créditeur. Bénéfice	14 209		
Total	**41 025**	**Total**	**41 025**

Compte « Résultat de l'exercice » (Résumé)

Eléments	Montant
I. **Produits d'exploitation**	
— Production vendue (5250 + 660 000 + 481 000 + 19 500)	1 165 750
— Production stockée (52 500 − 10 500) + (75 250 − 72 500) + (71 400 − 130 850) + (17 500 − 3 500) + (55 125 − 54 675)	(−250)
— Production immobilisée	271 200
I Produits	1 436 700
II. **Charges d'exploitation**	
— Achats (78 750 + 93 000) + (70 000 + 33 500) + 250 000	525 250
— Variations de stocks (37 250 − 18 620) + (45 250 − 26 550) + (50 000 − 36 000) + (28 000 − 19 000)	60 330
— Charges de personnel (180 × (175 + 272,5 + 315 + 40))	144 450
— Autres charges (690 061 + 10 500 − 8 100)	692 461
II Charges	1 422 491
Résultat d'exploitation : Bénéfice	14 209
Résultat courant : Bénéfice	14 209
Résultat net : Bénéfice	14 209
(Il n'y a pas d'autres opérations)	

— **Ecritures en comptabilité analytique autonome**

	1		
9411	Stock de matière MIX	37 250	
9412	Stock de matière VOX	45 250	
94261	Stock d'emballages perdus E_1	50 000	
94262	Stock d'emballages perdus E_2	28 000	
9431	Stock de produits en cours	54 675	
9451	Stock de produits intermédiaires MIXTE	10 500	
9452	Stock de produits finis RIV	72 500	
9453	Stock de produits finis QUIR	130 850	
9454	Stock du sous-produit RUNA	3 500	
903	Stocks réfléchis		432 525
	Reprise des stocks		
	2		
911	Charges directes reclassées	669 700	
915	Charges indirectes reclassées	690 061	
971	Différences d'incorporation sur amortissements et provisions	10 500	
905	Charges réfléchies		836 911
972	Différences d'incorporation pour éléments supplétifs		8 100
904	Achats réfléchis		525 250
	Reclassement des charges		
	3		
920	Centre d'Administration	16 681	
922	Centre Energie	74 830	
923	Centre Gestion des moyens	89 500	
925	Centre Approvisionnement	40 030	
9271	Centre P	126 290	
9272	Centre M	181 130	
9273	Centre C	141 570	
9281	Centre Distribution	20 030	
915	Charges indirectes reclassées		690 061
	Répartition primaire		
	4		
925	Centre Approvisionnement	19 970	
9271	Centre P	45 210	
9272	Centre M	36 870	
9273	Centre C	28 530	
9281	Centre Distribution	15 800	
920	Centre d'Administration	3 950	
922	Centre Energie		74 830
923	Centre Gestion des moyens		75 500
	Répartition secondaire		
	5		
9311	Coût d'achat des matières MIX	114 750	
9312	Coût d'achat des matières VOX	117 000	
93261	Coût d'achat des emballages E_1	70 000	
93262	Coût d'achat des emballages E_2	33 500	
911	Charges directes reclassées		275 250
925	Centre Approvisionnement		60 000
	Selon feuille d'imputation n°		

	6		
9411	Stock de matière MIX	114 750	
9412	Stock de matière VOX	117 000	
94261	Stock d'emballages perdus E_1	70 000	
94262	Stock d'emballages perdus E_2	33 500	
9311	Coût d'achat des matières MIX		114 750
9312	Coût d'achat des matières VOX		117 000
93261	Coût d'achat des emballages E_1		70 000
93262	Coût d'achat des emballages E_2		33 500
	Entrées		
	7		
9351	Coût de production de MIXTE	330 750	
907	Produits réfléchis	5 250	
9411	Stock de matière MIX		133 000
911	Charges directes reclassées		31 500
9271	Centre P		171 500
	Selon feuille d'imputation n°		
	8		
9451	Stock de produits intermédiaires MIXTE	330 750	
9351	Coût de production MIXTE		330 750
	Entrée		
	9		
9352	Coût de production RIV	594 000	
9351	Coût de production des en-cours	55 125	
9451	Stock de produits MIXTE		162 750
9412	Stock de matières VOX		79 650
911	Charges directes reclassées		49 050
94261	Stock d'emballages perdus E_1		85 000
9272	Centre M		218 000
9431	Stock des produits en-cours		54 675
	Selon feuille d'imputation n°		
	10		
9431	Stock de produits en cours	55 125	
9452	Stock de produits finis RIV	594 000	
9352	Coût de production RIV		594 000
9351	Coût de production des en-cours		55 125
	Entrées		
	11		
9353	Coût de production de QUIR	380 850	
9354	Coût de production de RUNA	28 000	
9451	Stock de produits MIXTE		126 000
9412	Stock de matière VOX		56 050
911	Charges directes reclassées		56 700
9273	Centre C		170 100
	Selon feuille d'imputation n°		
	12		
9453	Stock de produits finis QUIR	380 850	
9454	Stock du sous-produit RUNA	28 000	
9353	Coût de production QUIR		380 850
9354	Coût de production RUNA		28 000
	Entrées		

	13		
9512	Coût hors production du produit RIV	31 625	
9513	Coût hors production du produit QUIR	65 236	
9514	Coût hors production du sous-produit RUNA	1 600	
94262	Stock d'emballages perdus E_2		42 000
	Centre de Distribution		35 830
9281	Centre d'Administration		20 631
920	Selon feuille d'imputation n°		
	14		
9522	Coût de revient du produit RIV	622 875	
9523	Coût de revient du produit QUIR	505 536	
9524	Coût de revient du sous-produit RUNA	15 600	
9512	Coût hors production du produit RIV		31625
9513	Coût hors production du produit QUIR		65 236
9514	Coût hors production du sous-produit RUNA		1 600
9452	Stock de produits finis RIV		591 250
9453	Stock de produits finis QUIR		440 300
9454	Stock du sous-produit RUNA		14 000
	Selon feuille d'imputation n°		
	15		
9812	Résultat analytique sur produits finis RIV	622 875	
9813	Résultat analytique sur produits finis QUIR	505 536	
9814	Résultat analytique sur sous-produit RUNA	15 600	
9522	Coût de revient du produit RIV		622 875
9523	Coût de revient du produit QUIR		505 536
9524	Coût de revient du sous-produit RUNA		15 600
	Pour Solde des comptes crédités		
	16		
907	Produits réfléchis	1 160 500	
9812	Résultat analytique sur produits finis RIV		660 000
9813	Résultat analytique sur produits finis QUIR		481 000
9814	Résultat analytique sur sous-produit RUNA		19 500
	Ventes de la période		
	17		
9582	Coût de revient de la production immobilisée	271 200	
911	Charges directes reclassées		257 200
923	Centre Gestion des moyens		14 000
	Production immobilisée		
	18		
9882	Résultat analytique sur production immobilisée	271 200	
9582	Coût de revient de la production immobilisée		271 200
	Pour solde du compte crédité		
	19		
907	Produits réfléchis	271 200	
9882	Résultat analytique sur production immobilisée		271 200
	Transfert		

— Balance analytique par soldes en fin de mois

N°	Noms des comptes	Soldes débiteurs	Soldes créditeurs
903	Stocks réfléchis		432 525
904	Achats réfléchis		525 250
905	Charges réfléchies		836 911
907	Produits réfléchis	1 436 950	
9411	Stock de matière MIX	19 000	
9412	Stock de matière VOX	26 550	
94261	Stock d'emballages perdus E_1	35 000	
94262	Stock d'emballages perdus E_2	19 500	
9431	Stock de produits en-cours	55 125	
9451	Stock de produits intermédiaires MIXTE	52 500	
9452	Stock de produits finis RIV	75 250	
9453	Stock de produits finis QUIR	71 400	
9454	Stock du sous-produit RUNA	17 500	
972	Différences d'incorporation pour éléments supplétifs		8 100
971	Différences d'incorporation sur amortissements et provisions	10 500	
9812	Résultat analytique sur produits finis RIV		37 125
9813	Résultat analytique sur produits finis QUIR	24 536	
9814	Résultat analytique sur sous-produit RUNA		3 900
	Totaux	1 843 811	1 843 811

— Ecritures de fin de période, par hypothèse

	20		
974	Différences d'inventaire constatées	880	
9411	Stock de matières MIX		380
94262	Stock d'emballages E_2		500
	Différences défavorables		
	21		
94261	Stock d'emballages perdus E_1	1 000	
974	Différences d'inventaires constatées		1 000
	Différence favorable		
	22		
987	Report des différences de traitement comptable	10 500	
971	Différences d'incorporation sur amortissements et provisions		10 500
	Pour solde du compte crédité		
	23		
974	Différences d'inventaire constatées	120	
972	Différences d'incorporation pour éléments supplétifs	8 100	
987	Report des différences de traitement comptable		8 220
	Pour solde des comptes débités		

	24		
9812	Résultat analytique sur produits finis RIV	37 125	
9814	Résultat analytique sur sous-produits RUNA	3 900	
9813	Résultat analytique sur produits finis QUIR		24 536
987	Report des différences de traitement comptable		2 280
980	Résultat de la comptabilité analytique		14 209
	Détermination du résultat		

La balance par soldes ne comprend plus que les comptes réfléchis, les comptes de stocks et celui de la détermination du résultat.

Une écriture éventuelle de clôture consiste à solder les comptes : voir exemple chapitre 9.

CHARGES VARIABLES
CHARGES DE STRUCTURE

— L'IMPUTATION RATIONNELLE
— LES COÛTS PARTIELS

Chapitre 15

L'ANALYSE DES COÛTS : LA VARIABILITÉ DES CHARGES APPRÉCIÉE EN FONCTION DE L'ACTIVITÉ

I - L'ÉTUDE DU COMPORTEMENT DES CHARGES

1 - La variation des coûts

La mise en œuvre de la méthode des coûts complets a permis de constater que la valeur de ces coûts était affectée par l'activité de l'entreprise sans en donner les causes.

2 - Les comportements

L'étude critique de chacune des dépenses engagées par l'entreprise permet de mettre en évidence son évolution.

Cette évolution peut généralement être traduite par l'un des graphiques suivants :

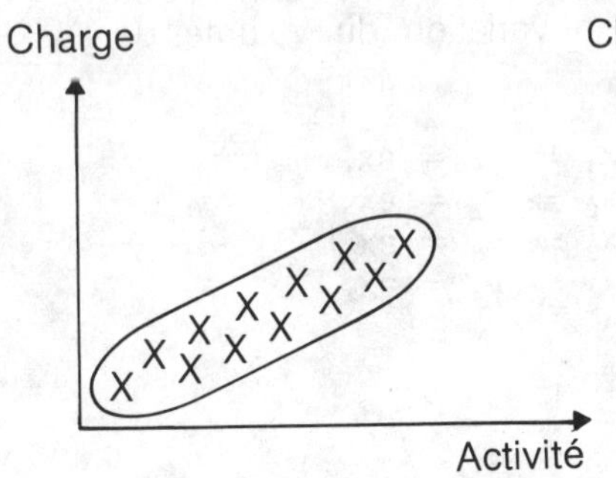

— Charges proportionnelles

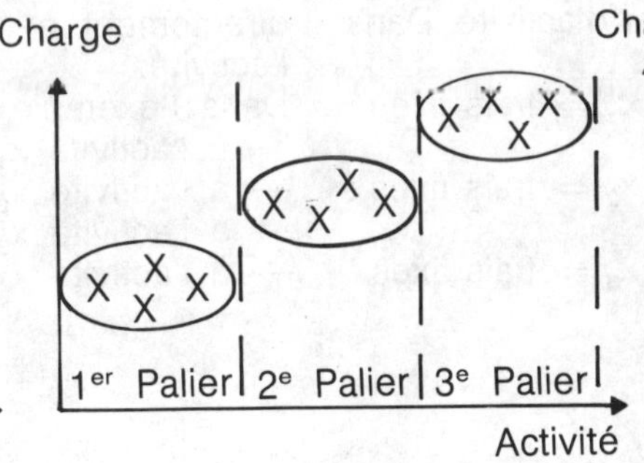

— Charges fixes

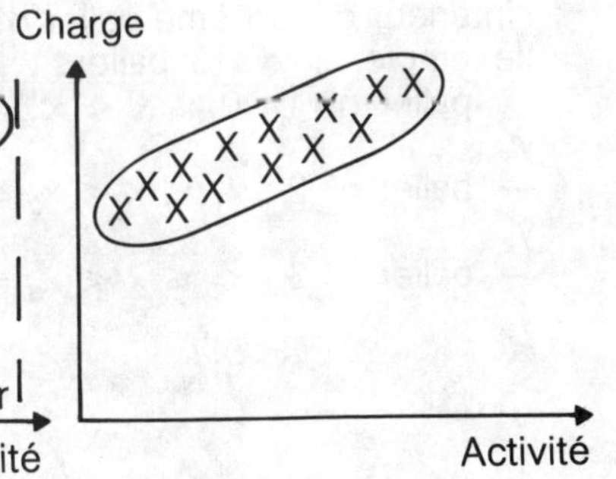

— Charges semi-proportionnelles

Les nuages de points montrent que des charges peuvent être :

— proportionnelles,
— fixes pour un certain palier d'activité,
— semi-proportionnelles (charge mixte) : partie fixe et partie proportionnelle.

Cette analyse montre que dans l'entreprise, il y a des charges dont le volume est lié à la structure de l'entreprise et d'autres dont le volume est plutôt dépendant de l'évolution de l'exploitation.

Les **charges de structure** correspondent aux **charges fixes** et varient par paliers. Leur valeur n'est **pertinente** que pour l'**intervalle d'activité**.

Les **charges opérationnelles** correspondent aux charges d'exploitation variables. Cette variation peut être strictement proportionnelle au volume de production ou d'une évolution plus complexe. Lors de l'étude d'exploitation, les charges opérationnelles sont **souvent qualifiées de proportionnelles**.

En résumé les charges de l'entreprise sont classées en deux catégories :

— **les charges fixes ou de structure :** charges fixes et parties fixes des charges mixtes ;
— **les charges opérationnelles ou variables :** charges proportionnelles et parties proportionnelles des charges mixtes.

La valeur des charges est donnée en relation avec une référence commune : le volume de production, le niveau d'activité, et peut être schématisée de la façon suivante :

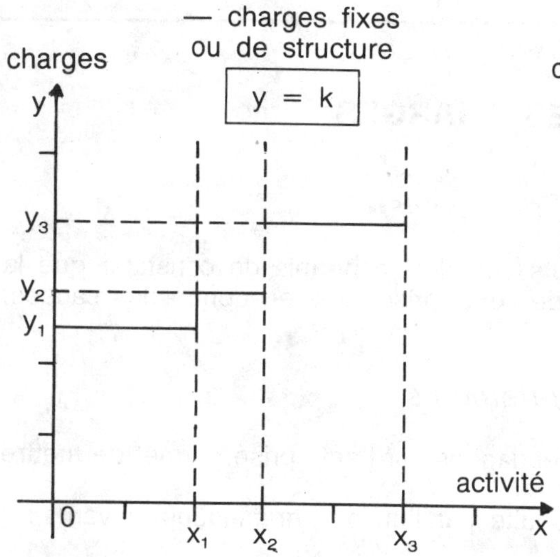

Les charges de structure sont fixes à l'intérieur d'un même palier d'activité. Dans l'exemple, il y a 3 paliers :

— palier n° 1 : $0 \leqslant x < x_1 \Rightarrow$ frais fixes : y_1
— palier n° 2 : $x_1 \leqslant x < x_2 \Rightarrow$ frais fixes : y_2
— palier n° 3 : $x_2 \leqslant x < x_3 \Rightarrow$ frais fixes : y_3

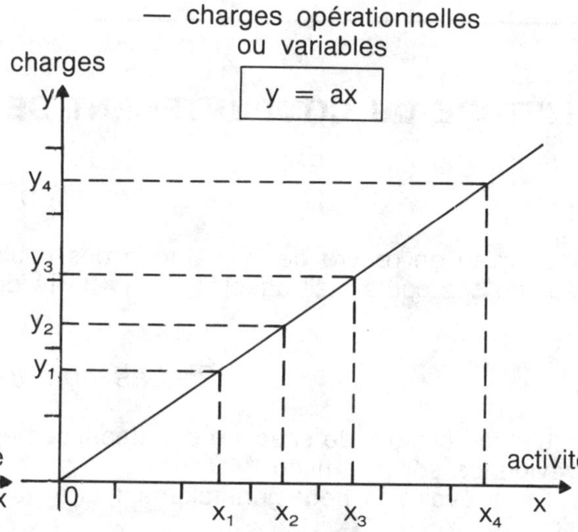

Les charges opérationnelles sont liées directement à la variation du volume de l'activité.

Dans l'exemple :

— à l'activité $x_1 \Rightarrow y_1 = ax_1$
— à l'activité $x_2 \Rightarrow y_2 = ax_2$
— à l'activité $x_3 \Rightarrow y_3 = ax_3$
— à l'activité $x_4 \Rightarrow y_4 = ax_4$

3 - L'étude du comportement

Cette étude est conduite à l'aide des « outils » fournis par la statistique sous le titre :

— la corrélation linéaire ;
— les méthodes d'ajustement linéaire (1).

(1) Voir livre : « Mathématiques appliquées à la gestion d'entreprise », Tome 1, Techniplus.

II - INCIDENCE DES VARIATIONS DU VOLUME D'ACTIVITÉ SUR LES COÛTS

Le classement des charges de l'entreprise :
— en charges proportionnelles au nombre d'articles,
— et en charges fixes,
a permis d'établir les fonctions suivantes des coûts (exprimées d'après le nombre x d'articles).

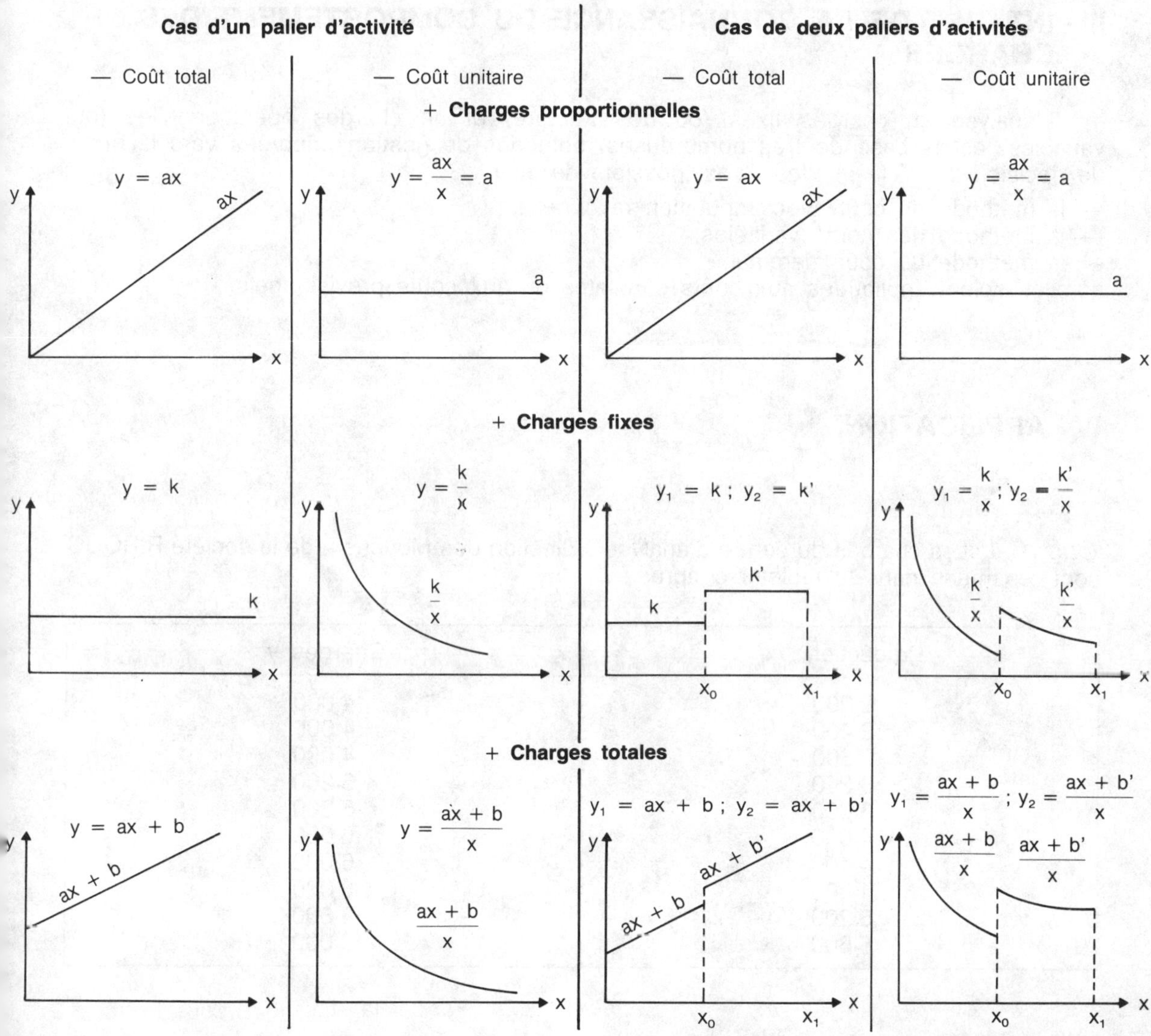

L'examen de ces graphiques permet de constater que les coûts sont affectés par toutes les variations d'activité.

L'augmentation de l'activité se traduit :
— par l'augmentation du coût total,
— par une baisse du coût unitaire.

La baisse de l'activité se traduit :
— par une baisse du coût total,
— par une hausse du coût unitaire.

L'entreprise a donc toujours intérêt à faire croître sa production pour assurer une meilleure absorption des charges fixes (économies d'échelle).

III - INTÉRÊT DE LA CONNAISSANCE DU COMPORTEMENT DES CHARGES

L'analyse en charges fixes (ou de structure) et en charges opérationnelles (ou variables) est la base de très nombreuses méthodes de gestion orientées vers la prise de décision parmi lesquelles, il est possible de citer :
— la méthode du coût avec imputation rationnelle,
— la méthode des coûts variables,
— la méthode du coût marginal
qu'elles soient appliquées aux coûts constatés ou aux coûts prévisionnels.

IV - APPLICATION

Cas n° 1 : Les charges du centre d'analyse « Gestion des Moyens » de la société RIBOUC sont résumées dans le tableau ci-après :

Production : x_i	Charges y_i
2 000	4 000
2 400	4 000
2 800	4 000
3 200	5 200
3 600	5 200
4 000	6 000
4 400	6 000
4 800	6 000
5 200	8 000
5 600	8 000

Travail à faire :

Etudier graphiquement le comportement des charges.

Solution

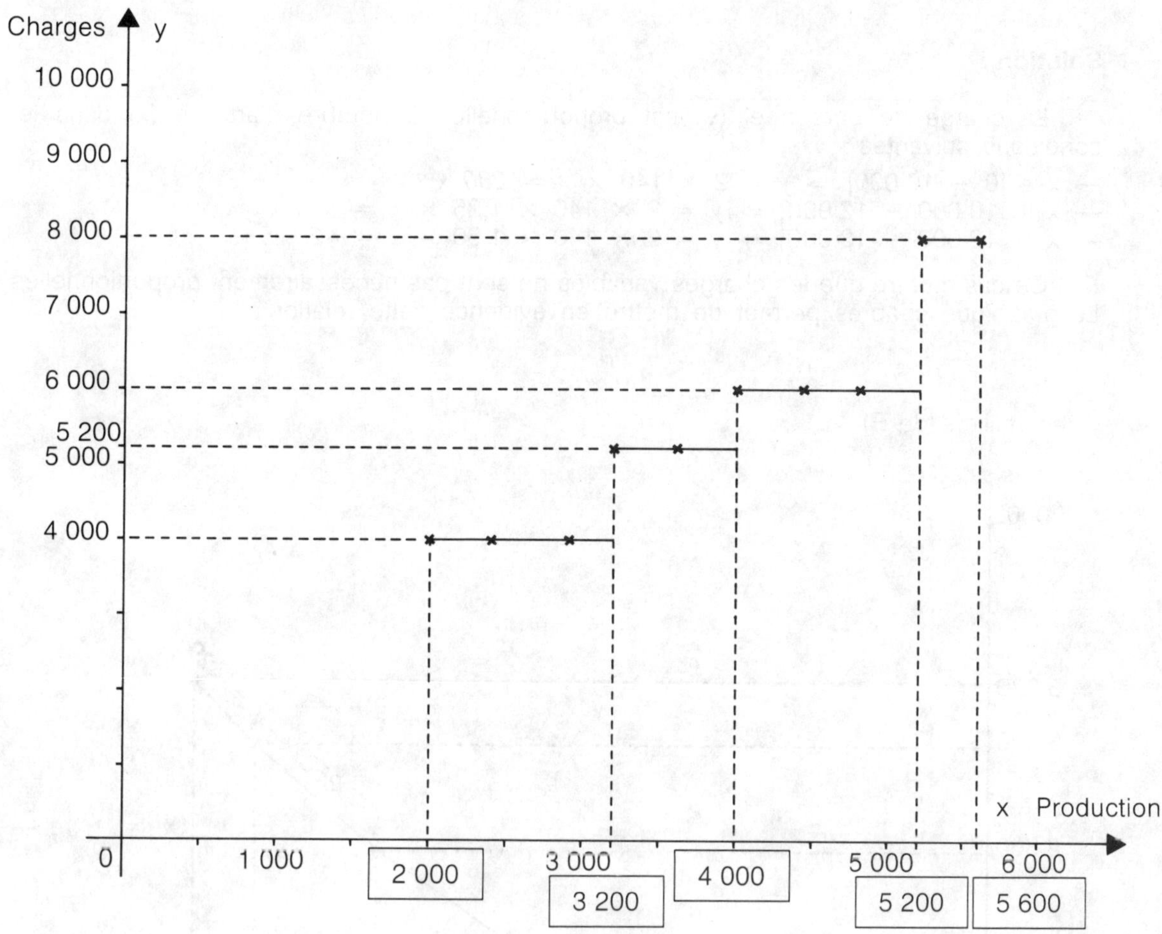

Cette représentation permet de mettre en évidence les paliers d'activité à l'intérieur desquels les charges sont fixes et les coûts de structure pertinents :

— palier n° 1 : $x \in [2\,000 - 3\,200[\Rightarrow y = 4\,000$
— palier n° 2 : $x \in [3\,200 - 4\,000[\Rightarrow y = 5\,200$
— palier n° 3 : $x \in [4\,000 - 5\,200[\Rightarrow y = 6\,000$
— palier n° 4 : $x \in [5\,200 - 5\,600] \Rightarrow y = 8\,000$

Cas n° 2 : La société MARTESE fabrique des pièces qui nécessitent l'emploi d'un personnel de grande compétence. Chaque pièce demande 2 heures de main-d'œuvre.

Pour une période déterminée, la production s'est élevée à 8 000 articles pour 16 000 heures à 140 F l'une. La production normale peut atteindre 10 000 articles, passée cette quantité, il faut payer des heures supplémentaires :

— à 25 % de majoration : ce qui permet de disposer de 4 000 heures, soit 4 000/2 = 2 000 articles ;
— à 50 % de majoration : ce qui permet de disposer de 2 000 heures, soit 2 000/2 = 1 000 articles.

Travail à faire :

Etudier le comportement de la charge.

Solution :

La charge de personnel (y) est proportionnelle au nombre d'articles (x) dans les conditions suivantes :

— x ∊ [0 − 10 000] ⇒ y = 2 × 140 × x = *280 x*

— x ∊]10 000 − 12 000] ⇒ y = 2 × 140 × 1,25 × x = *350 x*

— x ∊]12 000 − 13 000] ⇒ y = 2 × 140 × 1,50 × x = *420 x*

Ce cas montre que les charges variables ne sont pas nécessairement proportionnelles. Le graphique ci-après permet de mettre en évidence cette relation.

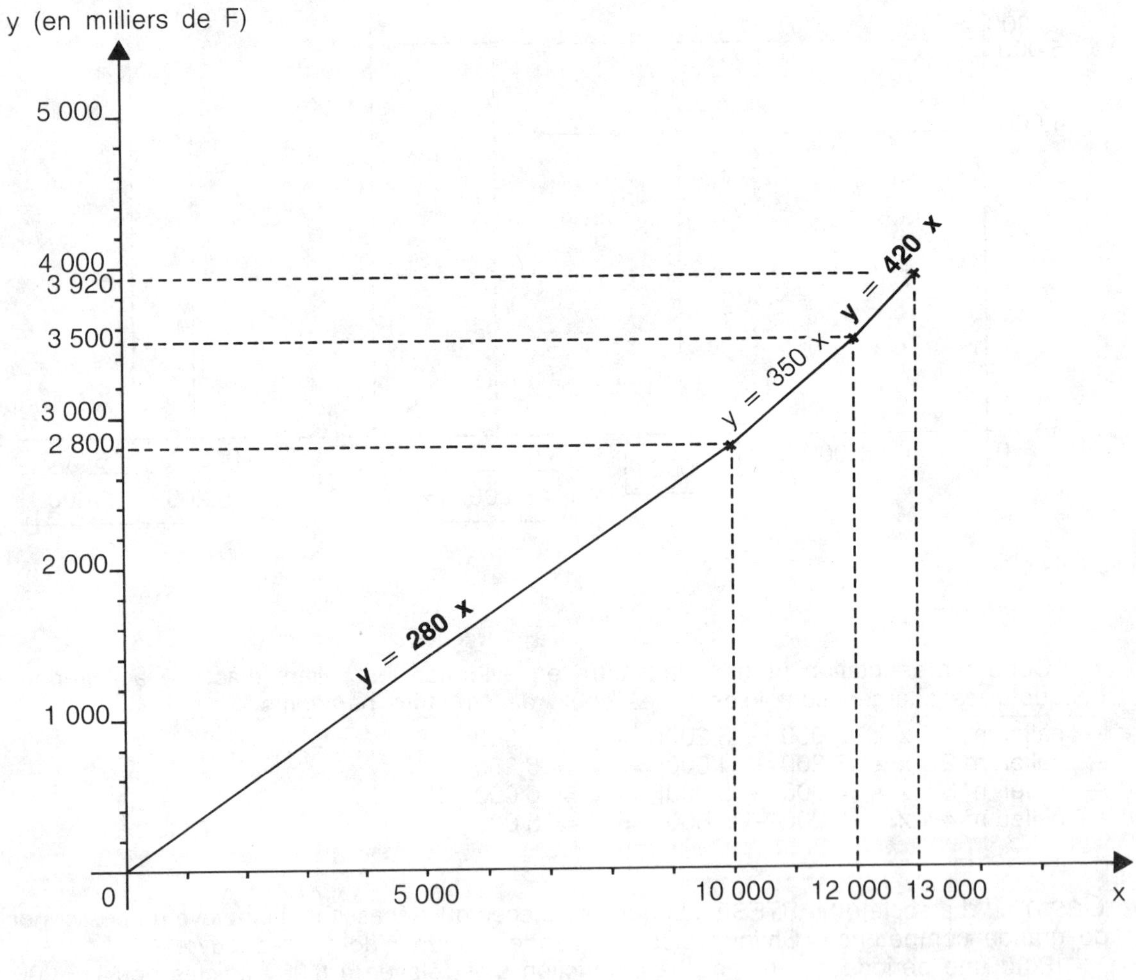

• *Cas n° 3 :* La société REVAN analyse le comportement de sa consommation téléphonique :

— d'après sa production,

— d'après son activité.

Les éléments sont réunis dans le tableau ci-après :

Production x_i	Activité z_i	Consommation téléphonique y_i
1 000	400	3 000
3 000	800	5 400
2 800	600	4 100
1 200	320	2 500
2 000	480	3 500

Travail à faire :

Après avoir étudié la corrélation linéaire, réaliser l'ajustement correspondant et préciser ensuite la partie proportionnelle et la partie fixe.

Solution :

Calcul du coefficient de corrélation linéaire :

$$r = \frac{\sum X_i Y_i}{\sqrt{\sum X_i^2 \times \sum Y_i^2}} \quad ; \; X_i = x_i - \bar{x} \; ; \; Y_i = y_i - \bar{y}$$

Corrélation par rapport à la production x_i

x_i	y_i	X_i	Y_i	X_iY_i	X_i^2	Y_i^2
1 000	3 000	−1 000	− 700	700 000	1 000 000	490 000
3 000	5 400	+1 000	+1 700	1 700 000	1 000 000	2 890 000
2 800	4 100	+ 800	+ 400	320 000	640 000	160 000
1 200	2 500	− 800	−1 200	960 000	640 000	1 440 000
2 000	3 500	0	− 200	0	0	40 000
10 000 $\bar{x}$=2 000	18 500 $\bar{y}$=3 700	0		3 680 000	3 280 000	5 020 000

$$r = \frac{3680000}{\sqrt{3280000 \times 5020000}} = 0,91$$

Corrélation par rapport à l'activité z_i

z_i	y_i	Z_i	Y_i	Z_iY_i	Z_i^2	Y_i^2
400	3 000	−120	− 700	84 000	14 400	490 000
800	5 400	+280	+1 700	476 000	78 400	2 890 000
600	4 100	+ 80	400	32 000	6 400	160 000
320	2 500	−200	−1 200	240 000	40 000	1 440 000
480	3 500	− 40	− 200	8 000	1 600	40 000
2 600 $\bar{z}=520$	18 500 $\bar{y}=3\,700$	0	0	840 000	140 800	5 020 000

$$r = \frac{840000}{\sqrt{140800 \times 5020000}} = 0{,}999 \simeq 1$$

Le coefficient de corrélation par rapport à l'activité (0,999) est meilleur que celui calculé par rapport à la production (0,91) ; il est donc préférable d'exprimer l'évolution des charges (y) par référence à l'activité (z).

— Equation de la droite d'ajustement linéaire : $y = az + b$

$$- a = \frac{\sum Z_i Y_i}{\sum Z_i^2} = \frac{840000}{140800} = 5{,}966 \simeq 6$$

$$- b = \bar{y} - a\bar{z} = 3700 - 6 \times 520 = 580$$

— $\mathbf{y = 6 \times z + 580}$

— Cette fonction met en évidence :
- — une partie proportionnelle à z : 6
- — une partie fixe : 580

Exercice n° 1 : Entreprise FIDAS

Les charges du centre « Atelier Production » sont résumées dans le tableau suivant :

Heures - Ouvriers	*Charges (francs)*
1 400	*12 000*
1 600	*13 000*
1 800	*14 000*
2 000	*15 000*
2 200	*16 500*
2 400	*18 500*
2 600	*19 000*
2 800	*20 000*

Travail à faire :

1 - Etudier le comportement des charges (f) d'après le nombre d'heures-ouvriers. Etablir l'équation de la droite.

2 - Estimer, à l'aide de l'équation précédente, les charges pour la fabrication de 5 000 articles qui nécessitent 2 500 heures-ouvriers.

3 - Une augmentation des charges fixes de 10 % est prévue, alors que celle des charges proportionnelles est estimée à 4 %.

Etablir la nouvelle équation :

— des charges totales,
— du coût de l'unité d'œuvre.

Exercice n° 2 : Société VOITU

Les tarifs du principal fournisseur de la société VOITU sont les suivants :

Quantités commandées (Q)	Prix unitaires en francs
$Q < 500$	50
$500 \leqslant Q < 1\,000$	48
$1\,000 \leqslant Q < 2\,000$	44
$2\,000 \leqslant Q < 2\,500$	42
$Q \geqslant 2\,500$	40

A ce prix unitaire s'ajoutent des frais de port dans les conditions suivantes :

$Q < 500$: 4 000 F
$500 \leqslant Q < 2\,000$: 3 000 F
$Q \geqslant 2\,000$: 0 F

Travail à faire :

1 - Etablir l'équation du coût d'achat total (Y) et unitaire (y) d'après les quantités achetées (Q).

2 - Faire une représentation graphique et commenter.

Exercice n° 3 : Entreprise VITROL

Des opérations de l'entreprise VITROL, on extrait les informations suivantes :

Années	Chiffres d'affaires annuels (x)	Charges totales annuelles (y)
1	508 000	640 000
2	680 000	660 000
3	760 000	670 000
4	840 000	680 000
5	930 000	700 000
6	500 000	620 000
7	460 000	600 000
8	540 000	620 000

Travail à faire :

1 - Représenter la série par un nuage de points.

2 - Calculer le coefficient de corrélation linéaire entre les variables x et y. Interpréter.

3 - Déterminer l'équation de la droite d'ajustement des charges totales au chiffre d'affaires. Interpréter.

Chapitre 16

L'IMPUTATION RATIONNELLE DES CHARGES DE STRUCTURE

I - OBJECTIF

Le calcul des coûts de revient complets à des périodes différentes, l'étude des charges qui vient d'être faite montrent que les coûts sont affectés par les variations de l'activité :

— lorsque l'activité augmente, les coûts unitaires diminuent du fait d'une meilleure absorption des frais fixes ;
— lorsque l'activité diminue, les coûts unitaires augmentent du fait d'une moins bonne absorption des frais fixes.

En « corrigeant » les charges fixes, il est possible de calculer un coût qui n'est plus influencé par la variation de l'activité.

L'imputation rationnelle permet de neutraliser l'incidence des frais fixes et donc de rationnaliser les coûts pour les rendre comparables.

II - PRINCIPE

Les coûts sont calculés en incluant les charges fixes selon le rapport entre l'Activité réelle et l'Activité normale préalablement définie comme telle.

Le rapport porte le nom de taux d'activité (T_a) et pose le problème de la définition de l'activité normale :

— activité théorique d'après la structure,
— activité moyenne,...

Cette correction permet une comparaison « significative » des coûts et fournit aux décideurs des bases intéressantes.

Il est certain qu'elle corrige « théoriquement » les coûts fixes et qu'elle ne modifie pas la réalité : le coût constaté.

III - LA MÉTHODE

1 - Mise en œuvre

La méthode est mise en œuvre à partir d'une application simple.

Application :

L'entreprise ALORS fabrique un produit dans un atelier. La comptabilité a enregistré les charges suivantes :

	Période 1	Période 2	Période 3
Production (unités)	500	400	700
Charges opérationnelles : matières main-d'œuvre de production Charges fixes	 100 000 160 000 90 000	 80 000 128 000 90 000	 140 000 224 000 90 000
Coût total	350 000	298 000	454 000

Travail à faire :

1) Calculer le coût unitaire de production de chaque période.
2) Comparer les coûts des trois périodes. Justifier la différence.
3) Calculer le coût avec imputation rationnelle. Il faut considérer que l'entreprise produit normalement 500 unités. Le prix de vente est fixé à 780 F.

Solution :

1re Question : Coût unitaire de production de chaque période :
Tableau de calcul des coûts

Éléments	Période 1		Période 2		Période 3	
Production (en unités) limitée à la demande	500		400		700	
Charges opérationnelles : matières	100 000	200	80 000	200	140 000	200
main-d'œuvre de production	160 000	320	128 000	320	224 000	320
Coût variable	260 000	520	208 000	520	364 000	520
Charges fixes	90 000	180	90 000	225	90 000	129
Coût total	350 000	700	298 000	745	454 000	649

2e Question : Comparaison des coûts des trois périodes :

La comparaison des coûts unitaires permet de constater que l'on peut classer dans l'ordre croissant :

-P(3) : 649 -P(1) : 700 -P(2) : 745

Peut-on imputer cette variation aux agissements des reponsables ?

Afin de répondre il suffit d'examiner les dépenses dans chaque catégorie :

— coûts variables : P(1) = P(2) = P(3) = 520.

Les dépenses ne sont pas modifiées, les « opérationnels » ont donc conduit correctement leurs « affaires ».

— Coûts fixes :

- Globalement : 90 000.

Il n'y a aucun changement, donc la seule différence est due à la variation d'activité.

- Unitairement : P(3) < P(1) < P(2).

La seule différence entre les coûts provient de la répartition des dépenses fixes sur une quantité différente : élément sur lequel le responsable n'a pas d'action — à court terme — Il est donc intéressant, en gestion, de *corriger artificiellement* les coûts fixes pour tenir compte des variations d'activité ; ceci afin de rendre les coûts comparables d'une période à l'autre et d'aider à la prise de décision : *c'est la méthode de l'imputation rationnelle.*

3e Question : Imputation rationnelle des frais fixes :

Les coûts calculés en imputant les frais fixes d'après le **rapport** : $\dfrac{\textbf{Activité réelle}}{\textbf{Activité normale}}$ celui-ci est appelé **taux d'activité**.

Les **charges fixes imputées** sont calculées de la façon suivante : **charges fixes × taux d'activité**.

La différence entre les frais fixes constatés et les frais imputés représente la différence d'imputation ; celle-ci est positive ou négative selon la valeur du taux d'activité.

Le **taux d'activité ou coefficient d'imputation rationnelle** peut être :

— **taux = 1** ⇒ activité normale :
Frais fixes constatés − Frais fixes imputés = 0.

— **taux < 1** ⇒ sous-activité :
Frais fixes constatés − Frais fixes imputés > 0 ⇒ **coût sous-activité.**

— **taux > 1** ⇒ suractivité :
Frais fixes constatés − Frais fixes imputés < 0 ⇒ **boni de suractivité**

Tableau avec imputation rationnelle

Périodes	P (1)			P (2)			P (3)		
Production	500			400			700		
Rapport d'activité	500/500			400/500			700/500		
Taux d'activité	1			0,8			1,4		
Eléments	Coût	Différ. d'imput. ration.	Coût unitaire	Coût	Différ. d'imput. ration.	Coût unitaire	Coût	Différ. d'imput. ration.	Coût unitaire
Charges opérationnelles									
— matières	100 000			80 000			140 000		
— main-d'œuvre directe de production	160 000			128 000			224 000		
Charges fixes	90 000	—		72 000	18 000		120 000	−36 000	
Coût avec imputation rationnelle	350 000		700	280 000		700	490 000		700
— Chiffre d'affaires	390 000		780	312 000		780	546 000		780
— Résultat avec imputation rationnelle (bénéfice)	60 000	—		32 000	18 000		56 000	−36 000	
— Différence d'imputation rationnelle	—			18 000			−36 000		
Résultat sur coût constaté	60 000			14 000			92 000		

Le calcul du coût peut être représenté par les fonctions suivantes, où x représente l'activité :

— coût complet : $C_{c(x)} = 520\,x + 90\,000$,

— coût avec imputation rationnelle : $C_{I(x)} = 700\,x$.

Interprétation graphique

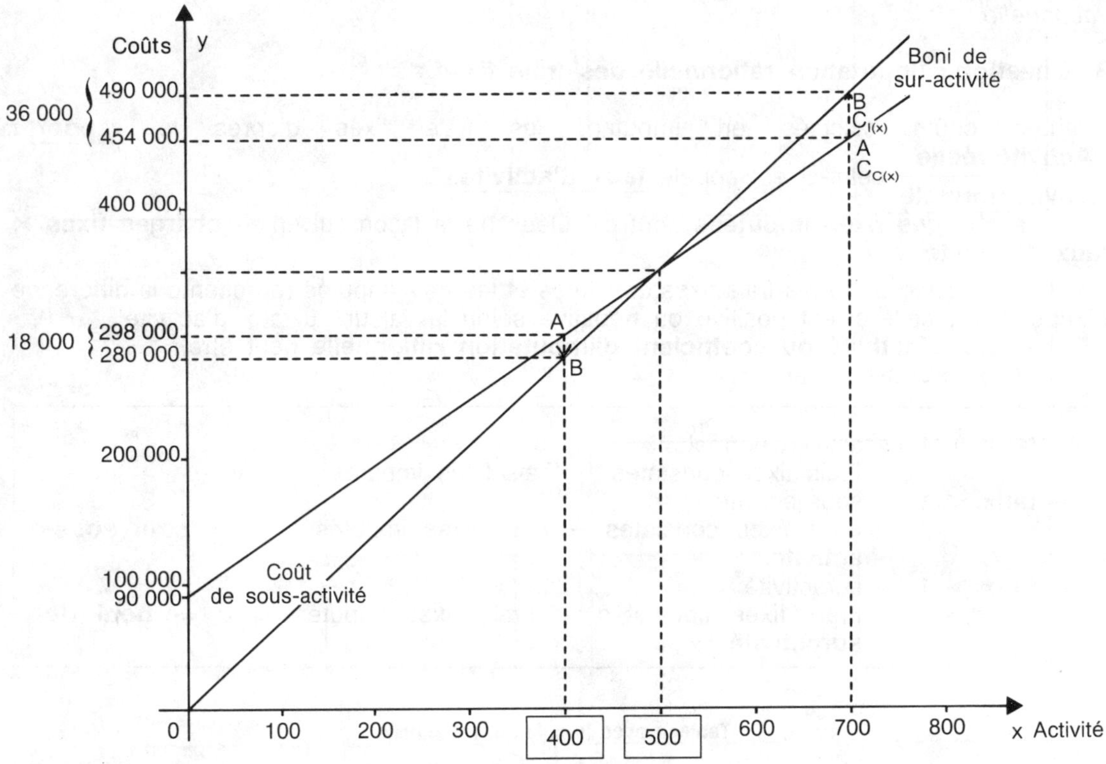

$x = 500 \Rightarrow 700\,x = 520\,x + 90\,000$

$x < 500 \Rightarrow 700\,x < 520\,x + 90\,000$ — sous-activité

Activité normale

$x > 500 \Rightarrow 700\,x > 520\,x + 90\,000$ — sur-activité

$\overline{AB}$ = Différence d'imputation rationnelle

2 - Principe

La méthode peut être résumée de la façon suivante :

— Répartition des charges en charges variables et charges fixes.

— Calcul du taux d'activité $(T_a) = \dfrac{\text{Activité réelle}}{\text{Activité normale}}$.

— Détermination du montant des charges fixes imputées :
charges fixes constatées x T_a.

— Calcul du coût avec imputation rationnelle :
charges variables constatées + charges fixes imputées.

— Calcul de la différence sur niveau d'activités :
charges fixes constatées − charges fixes imputées.

Schémas des calculs

— **Cas de sur-activité : $T_A > 1$.**

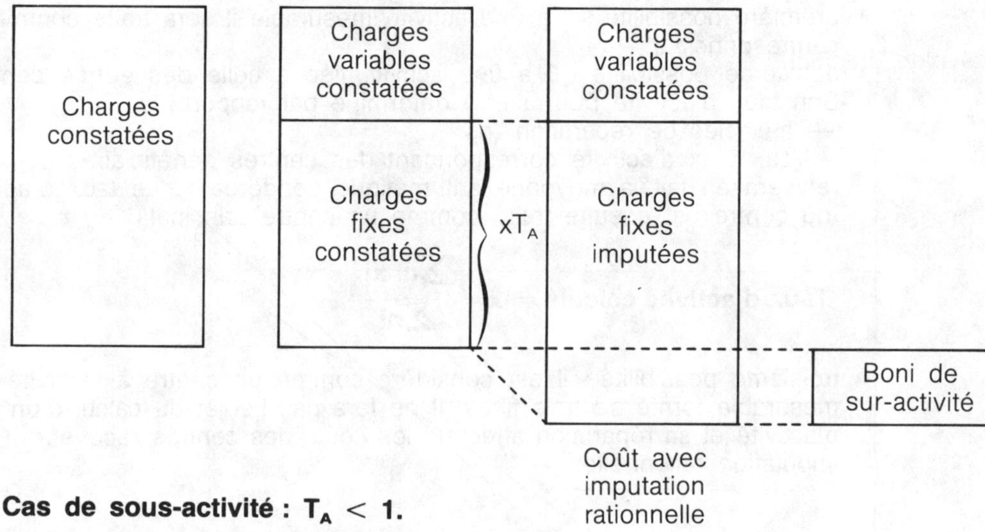

— **Cas de sous-activité : $T_A < 1$.**

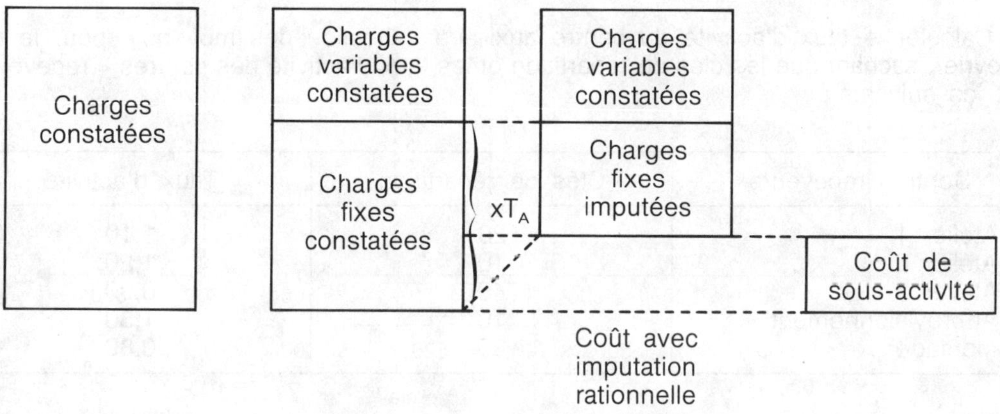

Les difficultés de la mise en œuvre :

— la répartition des charges en charges fixes et charges variables nécessite un travail plus important d'analyse dans la méthode des centres homogènes ;

— la détermination de l'activité normale :

— **pour l'entreprise :**

L'activité normale peut être théorique ou par référence à l'activité réelle antérieure.

— **activité normale théorique :**

Elle peut être déterminée sur la base d'un temps théorique de disponibilité des capacités corrigé pour tenir compte des pertes : la capacité ainsi obtenue sera la capacité normale tant que les conditions d'exploitation ne seront pas définitivement changées.

— **activité normale « réelle » :**

Elle peut être déterminée par référence à l'activité réelle antérieure dans des conditions d'exploitation identique, et sera par exemple : la moyenne des activités.

— **pour un centre :**

— principal : il suffit de transformer la capacité normale de production en activité normale ;

— auxiliaire : il existe plusieurs possibilités :

- première possibilité : il a une activité mesurable il sera traité comme un centre principal,
- deuxième possibilité : il a une activité liée à celle des autres centres. Son taux d'activité pourra être déterminé par rapport :
  — aux clés de répartition (n_i),
  — aux taux d'activité correspondant des centres bénéficiaires (x_i),
  et sera en fait la moyenne arithmétique pondérée $\bar{x}$. Le taux d'activité du centre est ensuite traité comme un centre principal.

$$\textbf{Taux d'activité calculé} = \bar{x} = \frac{\sum ni\ xi}{\sum ni}$$

- troisième possibilité : il est considéré comme un centre à l'activité non mesurable formé de frais fixes. Il ne fera pas l'objet du calcul d'un taux d'activité et sa répartition affectera les coûts des centres receveurs avant imputation rationnelle.

Application :

Calculer le taux d'activité du centre auxiliaire « Gestion des moyens » pour le mois de février, sachant que les clés de répartition et les taux d'activité des centres « receveurs » sont les suivants :

Centres receveurs	Clés de répartition	Taux d'activité
— Atelier 1	20	1,10
— Atelier 2	10	1,20
— Atelier 3	40	0,90
— Approvisionnement	10	1,30
— Montage	20	0,80

Travail à faire : Calculer le taux d'activité du centre auxiliaire.

Solution : Calcul du taux d'activité.

Centres receveurs	Clés de répartition	Taux d'activité	
	n_i	x_i	$n_i x_i$
— Atelier 1	20	1,10	22
— Atelier 2	10	1,20	12
— Atelier 3	40	0,90	36
— Montage	20	0,80	16
— Approvisionnement	10	1,00	10
	100		96

$$T_A = \frac{96}{100} = 0,96$$

Le taux d'activité du centre Gestion des moyens sera de **0,96**

IV - IMPUTATION RATIONNELLE ET MÉTHODE DES CENTRES HOMOGÈNES

1 - Principe

L'imputation rationnelle des charges indirectes nécessite leur partition en charges fixes et charges variables lors de la répartition primaire.

L'application du taux d'activité est réalisée à deux niveaux différents selon que l'activité est ou non uniforme pour chaque centre.

Cas de l'activité uniforme :

L'imputation rationnelle est pratiquée sur la partie fixe constatée de chaque charge, dans le cadre de la répartition primaire, pour donner le montant à répartir.

Cas de l'activité non uniforme :

La répartition primaire est faite en distinguant charges fixes et charges variables.

L'imputation rationnelle est pratiquée sur la partie fixe du centre avant répartition secondaire.

Dans les deux cas, la répartition secondaire s'effectue normalement ainsi que la suite du traitement. Les différences sur niveaux d'activité sont reprises dans les différences de traitement comptable.

2 - Application

La société IGLOO comprend les centres suivants :

— Gestion du personnel (1),
— Gestion des bâtiments (2),
— Atelier A (3),
— Administration générale (4),
— Distribution (5).

Pour le mois de juin, les charges indirectes sont les suivantes :

— matières consommables (variables)	100 000
— charges de personnel (fixes)	300 000
— charges de personnel (variables)	400 000
— autres charges (fixes)	900 000
— autres charges (variables)	1 100 000

et se répartissent ainsi :

Charges par nature	1	2	3	4	5
— matières consommables	10	15	30	40	5
— charges de personnel	10	10	40	20	20
— autres charges	20	10	20	20	30

Les centres auxiliaires sont à virer :

— Gestion du personnel : 1/4 pour chaque centre,
— Gestion des bâtiments : 40/100 pour atelier A et 30/100 pour chacun des centres Administration et Distribution.

Travail à faire :

1 - Etablir le tableau de répartition, sachant que l'activité de l'entreprise a été uniforme et égale à 90 % de l'activité normale.

2 - Etablir le tableau de répartition, sachant que l'activité des centres a été la suivante :

— Gestion du personnel : 100 %,
— Gestion des bâtiments : 90 %,
— Atelier A : activité réelle 4 400 H.O., activité normale 4 000 H.O.,
— Administration générale : 100 %,
— Distribution : 80 %.

Solution :

1° Question : Tableau de répartition avec activité uniforme :

Mise en œuvre :

— répartition primaire :
Chaque charge est analysée :
— partie variable
— partie fixe : cette somme est corrigée par le taux d'activité pour donner la charge fixe imputée et déterminer la différence sur niveaux d'activité.
La charge répartie est égale au total : partie variable + partie fixe imputée.
— répartition secondaire :
Le traitement est sans changement.

Tableau de répartition avec activité uniforme :
$T_A = 0,9$
(en milliers de francs)

Charges par nature	Mont.	Ventilation			Totaux imputés	Centres auxiliaires		Centres principaux			Différence sur niveaux d'activité	
		CF	CF imputée (1)	CV		(1)	(2)	(3)	(4)	(5)	Bonis	Coûts
Matières consommables	100	—	—	100	100	10	15	30	40	5	—	—
Charges de personnel	700	300	270	400	670	67	67	268	134	134	—	30
Autres charges	2 000	900	810	1 100	1 910	382	191	382	382	573	—	90
Totaux après répartition primaire	2 800	1 200	1 080	1 600	2 680	459	273	680	556	712	—	120
Répartition secondaire												
— Gestion du personnel						−459	115	115	115	114		
— Gestion des bâtiments							−388	156	116	116		
Totaux après répartition secondaire	2 800	1 200	1 080	1 600	2 680	0	0	951	787	942	—	120

2° Question : Tableau de répartition avec activité différente pour chaque centre.

Mise en œuvre :

— Répartition primaire :
Chaque charge est répartie en conservant la partie fixe et la partie variable puisque le taux d'activité est propre à chaque centre.
L'imputation rationnelle est pratiquée centre par centre après la répartition primaire.
Les calculs peuvent être présentés :
— dans un tableau avec colonnes dédoublées,
— dans des tableaux annexes : un pour chaque charge.

— Répartition secondaire :
Cette répartition est réalisée de façon habituelle.

Calcul des taux d'activité

Centres	Activité réelle	Activité normale	Taux d'activité
Gestion du personnel	100	100	100/100 = 1
Gestion des bâtiments	90	100	90/100 = 0,9
Atelier A	4 400	4 000	4 400/4 000 = 1,1
Administration générale	100	100	100/100 = 1
Distribution	80	100	80/100 = 0,8

Solution n° 1 : Tableau avec colonnes dédoublées.

Tableau de répartition (en milliers de francs)

Afin de conserver la partition des charges, il faut dédoubler les colonnes des centres.

Charges par nature	Mont.	Ventilation		Centres auxiliaires				Centres principaux						Différences	
		CF	CV	(1) CF	(1) CV	(2) CF	(2) CV	(3) CF	(3) CV	(4) CF	(4) CV	(5) CF	(5) CV	Bonis	Coûts
1 - Matières consommables	100	—	100	—	10	—	15	—	30	—	40	—	5		
Charges de personnel	700	300	400	30	40	30	40	120	160	60	80	60	80		
Autres charges	2 000	900	1 100	180	220	90	110	180	220	180	220	270	330		
Totaux après répartition primaire	2 800	1 200	1 600	210	270	120	165	300	410	240	340	330	415		
2 - Imputation rationnelle															
— Taux d'activité				1		0,9		1,1		1		0,8			
— Charges fixes imputées				−210	210	−108	108	−330	−330	−240	240	−264	264		
Totaux après I.R.					480		273		740		580		679		
3 - **Répartition secondaire**															
– Gestion du personnel					−480		120		120		120		120		
– Gestion des bâtiments							−393	157		118		118			
Totaux après répartition secondaire					0		0		1 017		818		917		
Différences sur niveaux d'activité															
— Coûts				—		12				—		66			
— Bonis					—			−30					—		48

1 - Les clés de répartition sont appliquées aux charges fixes et aux charges proportionnelles.

2 - Imputation rationnelle des frais fixes qui sont portés dans la colonne des frais variables des centres consommateurs. Les frais fixes après IR sont assimilés à des charges variables.

3 - Répartition secondaire normale.

4 - Calcul traditionnel du coût des unités d'œuvre.

Solution n° 2 : Tableau de répartition et calcul dans des tableaux annexes.

Tableau de répartition (en milliers de francs)

Charges par nature	Mont.	CF	CV	Centres auxiliaires		Centres principaux			Différences	
				1	2	3	4	5	Bonis	Coûts
Matières consommables	100	—	100	10	15	30	40	5	—	—
Charges de personnel	700	300	400	70	67	292	140	128	12	15
Autres charges	2 000	900	1 100	400	191	418	400	546	18	63
Totaux après répartition primaire et imputation rationnelle	2 800	1 200	1 600	480	273	740	580	679	30	78
Répartition secondaire										
— Gestion du personnel				−480	120	120	120	120		
— Gestion des bâtiments					−393	157	118	118		
Totaux après répartition secondaire	2 800	1 200	1 600	0	0	1 017	818	917		
Différences sur niveaux d'activité										48

Annexes : Un tableau pour chaque charge (en milliers de francs)

Matières consommables : 100 CF : / CV : 100								
Centres	Taux d'activité	Clés de répartition	Charges fixes		Charges variables	Totaux	Différences	
			avant I.R.	imputées			Bonis	Coûts
— Gestion du personnel	1	10	/	/	10	10		
— Gestion des bâtiments	0,9	15	/	/	15	15		
— Atelier A	1,1	30	/	/	30	30		
— Administration générale	1	40	/	/	40	40		
— Distribution	0,8	5	/	/	5	5		
Totaux		100	/	/	100	100	/	/

Charges de personnel : 700 CF : 300 CV : 400								
Centres	Taux d'activité	Clés de répartition	Charges fixes		Charges variables	Totaux	Différences	
			avant I.R.	imputées			Bonis	Coûts
— Gestion du personnel	1	10	30	30	40	70	/	/
— Gestion des bâtiments	0,9	10	30	27	40	67		3
— Atelier A	1,1	40	120	132	160	292	12	
— Administration générale	1	20	60	60	80	140	/	/
— Distribution	0,8	20	60	48	80	128		12
Totaux		100	300	297	400	697	12	15
							3	

Autres charges : 2 000 CF : 900 CV : 1 100								
Centres	Taux d'activité	Clés de répartition	Charges fixes		Charges variables	Totaux	Différences	
			avant I.R.	imputées			Bonis	Coûts
— Gestion du personnel	1	20	180	180	220	400	/	/
— Gestion des bâtiments	0,9	10	90	81	110	191		9
— Atelier A	1,1	20	180	198	220	418	18	/
— Administration générale	1	20	180	180	220	400	/	/
— Distribution	0,8	30	270	216	330	546	/	54
Totaux		100	900	855	1 100	1 955	18	63
							45	

1 - Imputation rationnelle dans les Annexes.
2 - Reprise des annexes.
3 - Répartition secondaire normale.
4 - Calcul traditionnel du coût des unités d'œuvre.

Remarque : les totaux des centres sont « évidemment » égaux dans les deux solutions employées.

Note : Lorsque pour un centre auxiliaire on ne peut mesurer son activité, sa répartition est réalisée en conservant partie fixe et partie variable avant imputation rationnelle.

V - TRAITEMENT COMPTABLE

1 - Différences sur niveau d'activité

La « Différence sur niveau d'activité » doit être constatée lors de l'enregistrement de l'opération principale :
— répartition primaire ou secondaire : charges indirectes,
— calcul des coûts : charges directes,
dans le compte « 976 — Différences sur niveau d'activité » ou ses sous-comptes pour une analyse des Bonis ou des Coûts.

En fin de période le compte « 976 — Différences sur niveau d'activité » est viré dans le compte « 987 Report des différences de traitement comptable », lui-même repris lors de la détermination du résultat de la comptabilité analytique.

Schéma des enregistrements

— Répartition des charges indirectes

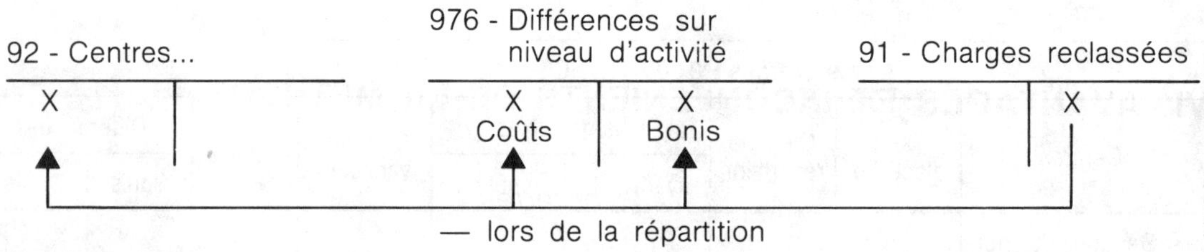

— Calcul des coûts : charges directes

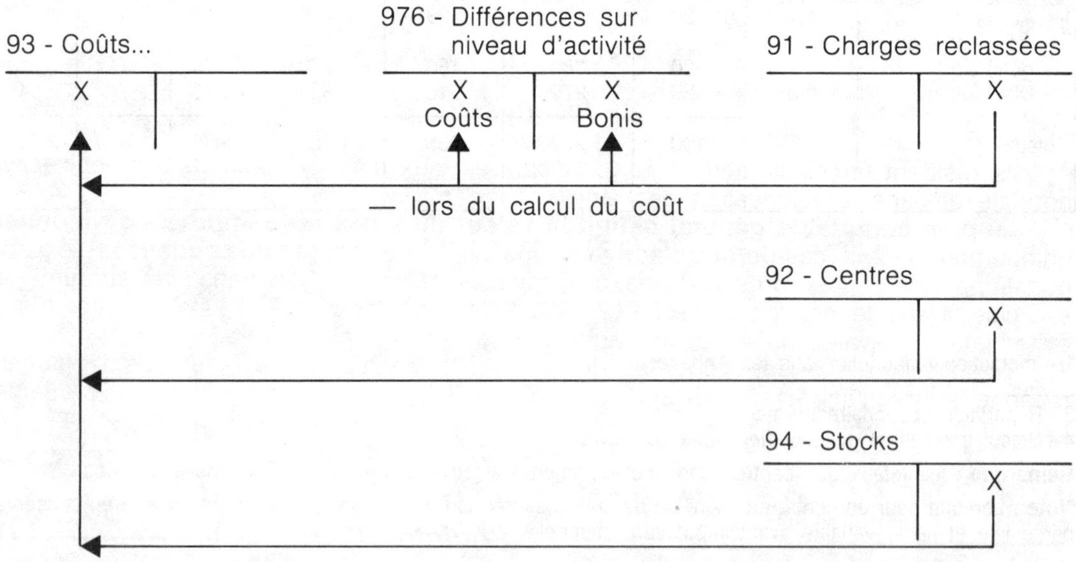

Note : Ces différences peuvent éventuellement être constatées à la « sortie » des comptes de coûts.

Application :

D'après Tableau de répartition précédent

922	Gestion du personnel	480	
923	Gestion des bâtiments	273	
927	Atelier A	740	
920	Administration générale	580	
928	Distribution	679	
976	Différences sur niveau d'activité	48	
915	Charges indirectes reclassées		2 700
942	Stock de matières consommables		100
	Répartition primaire		

VI - AVANTAGES ET INCONVÉNIENTS DE LA MÉTHODE

1 - Avantages

Ils ont déjà été évoqués lors de la présentation d'ensemble (chapitre 3) et concernent surtout la détermination de coûts « normaux » qui permettent une meilleure approche du contrôle de gestion et la construction d'une base pour le calcul des prix dans le cadre du travail sur commande.

2 - Inconvénients

Ils résident principalement dans le calcul des taux d'activité pour déterminer l'activité normale et dans la valorisation des stocks.

Le plan comptable général définit la valeur du stock avec imputation rationnelle uniquement dans le cas de **sous-activité** : application de la **règle de prudence**. L'exercice doit supporter ses propres charges de structure et ne pas les transférer sur un autre exercice. Dans le cas de **suractivité**, la valeur des stocks est réduite des bonis pour éviter leur sur-évaluation et les ramener ainsi au **coût réel** : **fidélité**.

La difficulté réside donc, pour les stocks, dans la répartition de la différence d'imputation rationnelle lorsqu'il y a suractivité. Les bonis peuvent être répartis d'après la production vendue et stockée.

Exercice n° 1 : Société NOUS

Les charges du centre « Production » de la S.A. NOUS sont, pour le mois de mai, de 600 000 F, pour une activité de 6 000 unités d'œuvre.

Ces charges se décomposent ainsi :

— charges fixes ou de structure : 240 000 F,
— charges proportionnelles ou opérationnelles : 360 000 F.

Le centre a une activité normale de 8 000 unités d'œuvre.

Travail à faire :

1 - Calculer le taux d'activité du centre et l'interpréter.

2 - Calculer le coût du centre avec imputation rationnelle, l'écart global et le coût de l'unité d'œuvre.

3 - Présenter sur un même graphique les équations du coût complet, du coût avec imputation rationnelle établies en fonction du nombre d'unités d'œuvre (x).

Retrouver l'écart global de la question 2. Que représente l'intersection des deux fonctions ?

Exercice n° 2 : Société OUF

La société OUF fabrique un produit unique.

Elle utilise le procédé de l'imputation rationnelle des charges fixes pour le calcul de ses coûts. Après répartition primaire, le tableau de répartition des charges indirectes du mois de mai se présente comme suit :

Centre Approvisionnement		*Centre Atelier 1*		*Centre Atelier 2*		*Centre Distribution*		*Centre Administration*	
FF	*FV*	*FF*	*FV*	*FF*	*FV*	*FF*	*FV*	*FF*	*FV*
48 000	*127 800*	*111 000*	*224 100*	*156 000*	*235 200*	*108 000*	*81 600*	*24 000*	*108 000*

FF : Frais fixes.
FV : Frais variables.

Pour les centres opérationnels, on dispose des renseignements suivants :

	Unités d'œuvre	*Nombre d'unités d'œuvre réelles du mois*	*Activité normale*
Approvisionnement	*Nombre de kg achetés*	*94 500*	*105 000*
Atelier 1	*Nombre d'heures-machine*	*8 100*	*9 000*
Atelier 2	*Nombre de produits fabriqués*	*22 500*	*28 125*
Distribution	*100 F de chiffre d'affaires*	*48 000*	*60 000*

La totalité des frais du centre Administration est imputée au coût de revient (frais fixes et frais variables).

Travail à faire :

1 - Déterminer les coefficients d'imputation des différents centres.

2 - Présenter la fin du tableau de répartition (compte tenu de l'imputation rationnelle des charges fixes).

Nota : arrondir éventuellement les coûts des unités d'œuvre au 3ᵉ chiffre après la virgule, par défaut.

3 - Sachant que :
- *le résultat analytique est de 1 200 000 F,*
- *les charges supplétives sont de 21 000 F,*
- *les charges non incorporées sont de 33 000 F,*
- *le montant des produits non incorporés est de 217 500 F.*

Retrouver le résultat de la comptabilité générale.

Exercice n° 3 : Société OPTICA

La société anonyme « Optica » vend des paires de lunettes. Elle achète des verres unifocaux organiques traités blancs superdiafal qu'elle monte ensuite dans son atelier « montage des verres ». Il faut 20 minutes pour tailler 2 verres et les monter ensuite sur une monture. Pour chaque paire de lunettes il faut reproduire la forme de la lunette à l'aide d'un gabarit en rhodoïd. Le découpage des verres s'effectue sur une machine automatique et chaque verre doit être fixé à la machine à l'aide d'une ventouse autocollante.

Pendant une période de 1989 on relève les renseignements suivants :

- *Stocks initiaux*

  400 verres évalués à 50 720 F
  aucune monture
  aucune lunette montée

- Stocks finals

  580 verres
  aucune monture
  300 paires de lunettes montées
  La tenue des comptes de stocks se fait au coût moyen pondéré.

- Achats de la période

  5 600 verres unifocaux à 100 F l'unité
  2 700 montures à 250 F l'une

- Charges directes de production

  main-d'œuvre de montage des verres à 60 F de l'heure
  accessoires (ventouses autocollantes) : 3 852 F

- Les charges indirectes sont réparties entre les centres suivants :

  — centre gestion du personnel : (centre auxiliaire)
  — centre approvisionnement des verres
  — centre atelier de montage des verres
  — centre de distribution

L'étude des frais de centre effectuée avant la répartition du centre gestion du personnel fournit les informations suivantes :

	Gestion du personnel	*Approvisionnement des verres*	*Atelier « Montage des Verres »*	*Distribution*
Totaux	*26 800*	*137 320*	*60 420*	*43 440*
Charges fixes	*26 800*	*14 120*	*27 000*	*18 600*
Charges variables	*—*	*123 200*	*33 420*	*24 840*
Main-d'œuvre	*—*	*le verre acheté*	*Heure de main-d'œuvre directe*	*1 paire de lunettes vendue*
Coefficient d'activité	*1*	*1*	*0,9*	*1,2*
Clés de répartition		*10 %*	*60 %*	*30 %*

Les charges indirectes comprennent des éléments supplétifs pour 2 980 F et 337,6 F de charges n'ont pas été incorporées aux coûts et prix de revient.

Pendant la période de 1989, l'atelier a produit 2 700 paires de lunettes montées. Il a été vendu 2 400 paires de lunettes montées à 941,40 F l'une.

I — *La S.A. Optica pratique la méthode des coûts complets*

1 — Achever le tableau de répartition des charges indirectes, déterminer le coût de revient d'une lunette montée, le résultat analytique global et unitaire. Tenir les comptes de stocks.

2 — Etablir le compte de résultat.

3 — Rapprocher le résultat analytique et celui de comptabilité générale.

II — *La S.A. Optica pratique la méthode de l'imputation rationnelle*

1 — Achever le tableau d'analyse des charges indirectes en tenant compte des coefficients d'activité à appliquer *avant* répartition du centre auxiliaire.

2 — Déterminer le coût de revient d'une lunette montée et le résultat analytique global et unitaire.

3 — Rapprocher les résultats globaux obtenus par les deux méthodes.

Exercice n° 4 : Société OLIDIE

La société OLIDIE fabrique et vend deux produits A et B à partir d'une même matière première M. Elle pratique l'imputation rationnelle des frais fixes. Pour le mois de mai 1989, les opérations de fabrication et de vente peuvent se résumer ainsi :

- *Stocks au 01.05.89.*
  - *— matière première M* — *7 000 kg à 9,80 F le kg*
  - *— produits A finis* — *15 000 unités pour 43 040 F*
  - *— produits B finis* — *9 000 unités pour 11 650 F*
  - *— produits en cours de fabrication* — *1 000 produits A pour 2 436 F* ; *1 000 produits B pour 986 F*
- *Achats et charges directes du mois de mai :*
  - *— matière première M* — *9 000 kg pour 91 400 F*
  - *— temps de fabrication :*
    - *pour le produit A : 155 h de MOD à 80 F l'heure*
    - *pour le produit B : 107,5 h de MOD à 80 F l'heure*
  - *— sorties de matières premières M :*
    - *produit A : 6 500 kg*
    - *produit B : 4 000 kg*
- *Charges indirectes du mois de mai (voir tableau de répartition ANNEXE 1)*
  - *— les dotations aux provisions pour créances douteuses s'élèvent pour le mois de mai à 2 274 F.*
- *Productions du mois de mai :*
  - *— produits A finis : 31 000 unités*
  - *— produits B finis : 41 000 unités*
- *Ventes du mois de mai :*
  - *— produits A : 22 100 unités à 4 F l'unité*
  - *— produits B : 32 000 unités à 2,30 F l'unité*
- *Stocks au 30 mai 1989 :*
  - *— matières premières M :* — *5 450 kg*
  - *— produits A finis :* — *23 900 unités*
  - *— produits B finis :* — *17 800 unités*
  - *— produits en cours de fabrication :*
    - *produits A : néant*
    - *produits B : néant*

Les frais de centre sont affectés de la manière suivante :

— ceux du centre Administration d'exploitation répartis à raison de 20 % chacun des ateliers et 60 % au centre ventes,

— le total des frais de chacun des centres restants est imputé aux différents coûts en fonction des unités d'œuvres et de l'activité :

- *atelier 1 : nombre de kg de matière première traitée,*
- *atelier 2 : nombre d'heures main-d'œuvre directe,*
- *ventes : à 100 F de ventes.*

— l'activité normale est définie comme suit :

- *atelier 1 : 10 000 kg de matière première traitée,*
- *atelier 2 : 250 heures de main-d'œuvre directe,*
- *ventes : 180 000 F de ventes.*

— les sorties d'inventaire permanent sont chiffrées au prix moyen pondéré.

Travail à faire :

1 — Calculer les % d'activités des centres principaux.

2 — Compte tenu des résultats du 1, établir le tableau de répartition des charges indirectes.

3 — Calculer pour chaque produit :

- *le coût de production,*
- *le coût de revient.*

4 — Déterminer les résultats sur ventes pour chacun des produits A et B.

5 — Présenter, détaillé, le compte Résultat de la comptabilité analytique.

Annexe 1
Tableau de répartition

CHARGES	TOTAL	Répartition		Atelier 1		Atelier 2		Ventes		Administrat.	
		fixe	varia.	F	V	F	F	F	V	F	V
Matières consommables	2 000		2 000		1 500		500				
Charges de personnel	5 100	3 300	1 800	300	500	600	1 000	1 000	300	1 400	
Charges externes	3 200	2 000	1 200	400	200	1 100	500	300	300	200	200
Autres charges externes	700	200	500					200	500		
Charges financières	800	500	300					100	300	400	
Charges de gestion courante	3 150	2 850	300	100		150		800	200	1 800	100
Dotations aux amortissements	3 050	3 050		1 000		1 550		400		100	
Frais supplétifs	178		178		71		61		46		
Totaux	18 178	11 900	6 278	1 800	2 271	3 400	2 061	2 800	1 646	3 900	300

Chapitre 17

COÛTS VARIABLES MARGES SEUIL DE RENTABILITÉ

A - COÛTS VARIABLES SIMPLES (DIRECT COSTING SIMPLE)

I - LA MÉTHODE DES COÛTS VARIABLES

Les charges sont divisées en deux catégories :

— les **charges** considérées comme **proportionnelles** qui sont seules réparties entre les **produits** pour donner les **coûts variables** * ;

— les **charges** considérées comme **fixes** qui ne sont **pas réparties** et qui représentent les **charges de structure.**

Le résultat est alors déterminé à deux niveaux :

— **Premier niveau.** Celui du produit : la marge sur coût variable.

La marge sur coût variable est égale à la différence entre le prix de vente et le coût variable. Elle est un indicateur de performance du produit puisqu'elle permet de mesurer sa contribution à l'absorption des frais fixes, donc sa participation au résultat.

— **Deuxième niveau.** Celui de l'entreprise : **le résultat.**

Le résultat est égal à la différence entre la somme des marges et les frais fixes globaux.

Les calculs peuvent être schématisés (voir page suivante annexe 1).

II - INTÉRÊT DE LA MÉTHODE

a) En ce qui concerne la responsabilité des dépenses engagées

Le personnel « opérationnel » peut être considéré comme « responsable » de l'évolution des charges proportionnelles alors qu'il ne l'est que rarement pour celle des charges fixes.

---

* En anglais « Direct Costing simple ».

Annexe 1 : Schéma des calculs

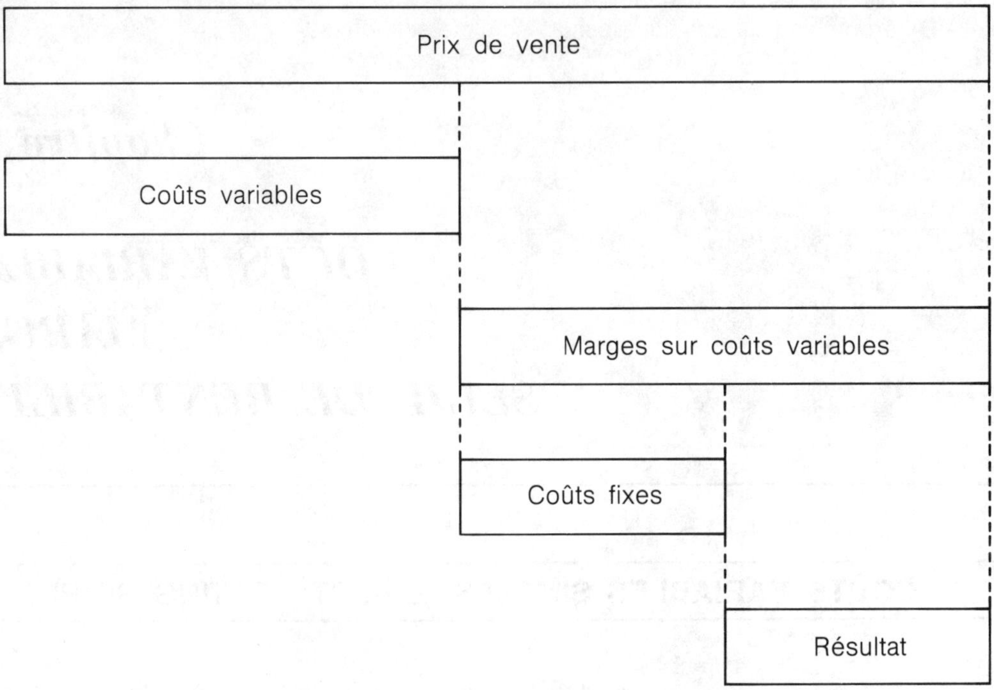

(suite de la page 243)

b) En ce qui concerne la rentabilité

La rentabilité des produits est déterminée à partir de la marge sur coût variable, ce qui permet de sélectionner la production la plus rentable : celle qui a la plus forte marge.

c) En ce qui concerne l'exploitation

Les responsables de l'entreprise vont pouvoir déterminer le chiffre d'affaires et/ou la production indispensable à la couverture des frais fixes c'est-à-dire, le point critique en dessous duquel l'entreprise ne doit pas descendre, afin d'éviter les pertes ; ce minimum est encore appelé seuil de rentabilité.

d) En ce qui concerne les prévisions

Le fait de « connaître » le comportement des charges donne la possibilité de calculer :

— les coûts ;
— les résultats prévisionnels ;

La prise de décision en est donc « facilitée ».
La méthode des coûts variables vient efficacement compléter celle des coûts complets.

III - MISE EN ŒUVRE DE LA MÉTHODE DANS UN CAS DE MONO-PRODUCTION

1 - Mise en œuvre

1 - Les charges sont réparties dans les deux familles déjà évoquées : charges variables et charges fixes.

2 - La marge sur coût variable est calculée.
3 - Le résultat est ensuite déterminé.
4 - Différents indicateurs de gestion sont sélectionnés.

2 - Applications

A - Application n° 1 : activité régulière.

L'entreprise MIC fabrique et distribue un article dans les conditions suivantes :

— pour un article :
- prix de vente : 250 F,
- coût proportionnel : 150 F ;

— pour l'exercice :
- charges fixes : 100 000 F,
- production : 1 440 articles,
- la production et les ventes sont régulièrement réparties sur l'année.

Travail à faire :

1) Calculer le résultat : Total et unitaire.
2) Etablir l'équation du résultat.
3) Déterminer le seuil de rentabilité et sa date.
4) Calculer d'autres indicateurs de gestion.

Solution

1er question : Résultat :
Son calcul est détaillé dans le tableau d'exploitation.

Eléments	Unitaire	Global	%
+ Chiffre d'affaires	250	360 000	100
− Coût proportionnel	150	216 000	60
= Marge sur coût variable	100	144 000	40
− Charges fixes		100 000	
= Résultat	−	44 000	—

2e question : Equation du résultat :
Le calcul du résultat peut s'exprimer par la relation suivante :

Résultat = (prix de vente − Coût proportionnel) × quantité − Frais fixes

La relation ci-dessus est souvent présentée dans la forme du modèle : Coût - Volume - Profit

Equation du résultat (R) d'après les quantités (Q) :
$\underline{R(Q)} = (250 - 150) \times Q - 100\,000 = \underline{100\ Q - 100\,000}$
Vérification pour Q = 1 440.
$\underline{R_{(1\,440)}} = 100 \times 1\,440 - 100\,000 = 44\,000$

3e question : Seuil de rentabilité :
Il représente le chiffre d'affaires minimum, ou la quantité minimale, qui assure la couverture de l'ensemble des charges de l'entreprise et donne un résultat nul. Différentes solutions sont possibles :

a) 1re solution :

Résultat ⩾ 0 ⇒ Marge sur coût variable − Frais fixes ⩾ 0
⇒ Marge sur coût variable ⩾ Frais fixe

Calcul du seuil de rentabilité :

— en francs :
soit x le chiffre d'affaires.

On a : **Marges sur coût variable (y_1)** : $y_1 = \frac{40}{100} x = 0{,}4\ x \Rightarrow$ **$y = ax$.**

Frais fixes (y_2) : $y_2 = 100\ 000 \quad \Rightarrow$ **$y = k$**

et **le seuil de rentabilité :** $y_1 \geqslant y_2$, soit $0{,}4\ x \geqslant 100\ 000 \Rightarrow x \geqslant$ ***250 000.***

— en quantité (Q) :

On peut écrire d'après le tableau
Seuil de rentabilité : $100\ Q \geqslant 100\ 000 \Rightarrow$ *Q ⩾ 1 000.*

— date :

Il suffit de déterminer la durée des ventes :

— chiffre d'affaires mensuel : $\frac{360\ 000}{12} = 30\ 000$;

— durée des Ventes : $\frac{250\ 000}{30\ 000} = 8{,}33$ mois soit 8 mois 10 jours à partir du début de l'exercice.

— date : 8 mois et 10 jours à partir du 1er janvier, soit **le 10 septembre.**

Graphique

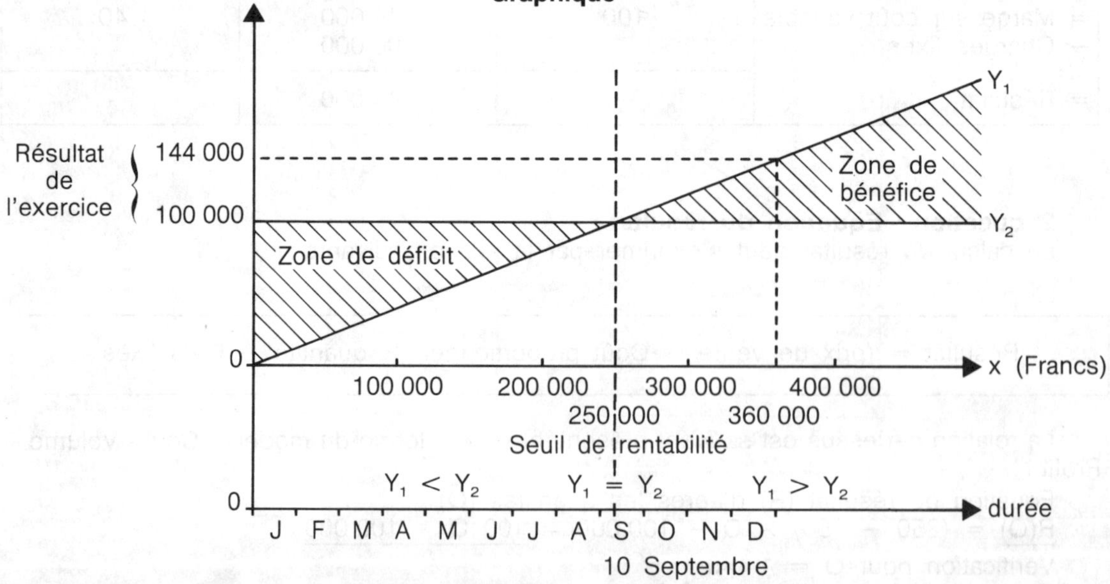

(chiffre d'affaires mensuel (ī) : 30 000)

b) 2ᵉ solution :

Résultat > 0 ⇒ chiffre d'affaires − charges totales ⩾ 0
⇒ chiffre d'affaires ⩾ charges totales

Calcul du seuil de rentabilité :

— en francs :

soit x le chiffre d'affaires.

On a :

Chiffre d'affaires (y_1) : $y_1 = x$ ⇒ **$y = ax$**

Charges totales = charges proportionnelles + charges fixes (y_2) :

$$y_2 = \frac{60}{100}x + 100\,000 = 0{,}6\,x + 100\,000 \Rightarrow \mathbf{y = ax + b}$$

et **le seuil de rentabilité :** $y_1 \geqslant y_2$, soit $x \geqslant 0{,}6\,x + 100\,000 \Rightarrow x \geqslant$ ***250 000.***

— en quantité (Q)

On peut écrire d'après le tableau :

Seuil de rentabilité : $250\,Q \geqslant 150\,x + 100\,000 \Rightarrow$ *Q ⩾ 1 000*

Graphique

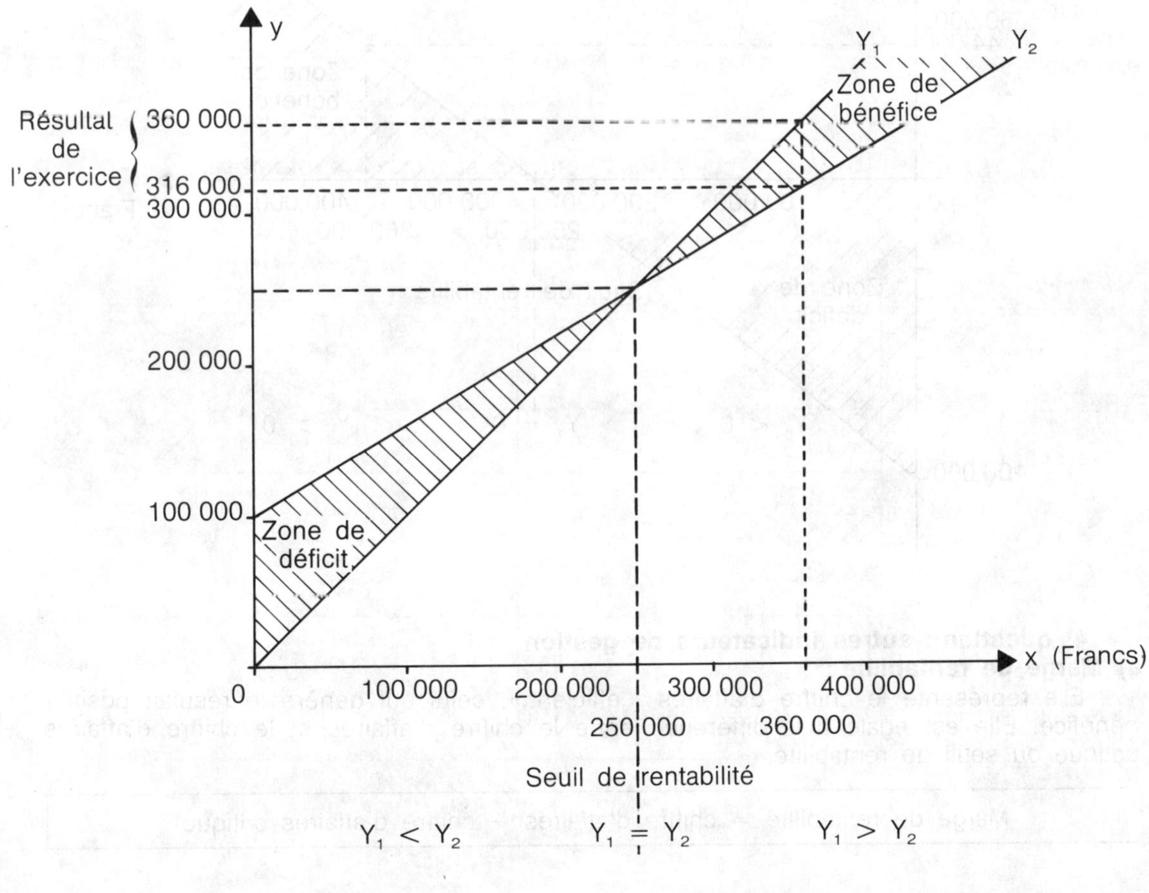

c) 3e solution :

Résultat ⩾ 0 ⇒ chiffre d'affaires − charges totales ⩾ 0   **⇒ Résultat ⩾ 0**

Calcul du seuil de rentabilité :

— en francs :

soit x le chiffre d'affaires.

On a :

Résultat (y_1) : $y_1 = \frac{40}{100} x - 100\,000 = 0{,}4\,x - 100\,000 \Rightarrow \mathbf{y = ax + b}$

et **le seuil de rentabilité :** $y_1 \geqslant 0$, soit $0{,}4\,x - 100\,000 \geqslant 0 \Rightarrow x \geqslant$ ***250 000.***

— en quantité (Q)

On peut écrire d'après le tableau :

Seuil de rentabilité : $100\,Q - 100\,000 \geqslant 0 \Rightarrow Q \geqslant$ *1 000*

Graphique

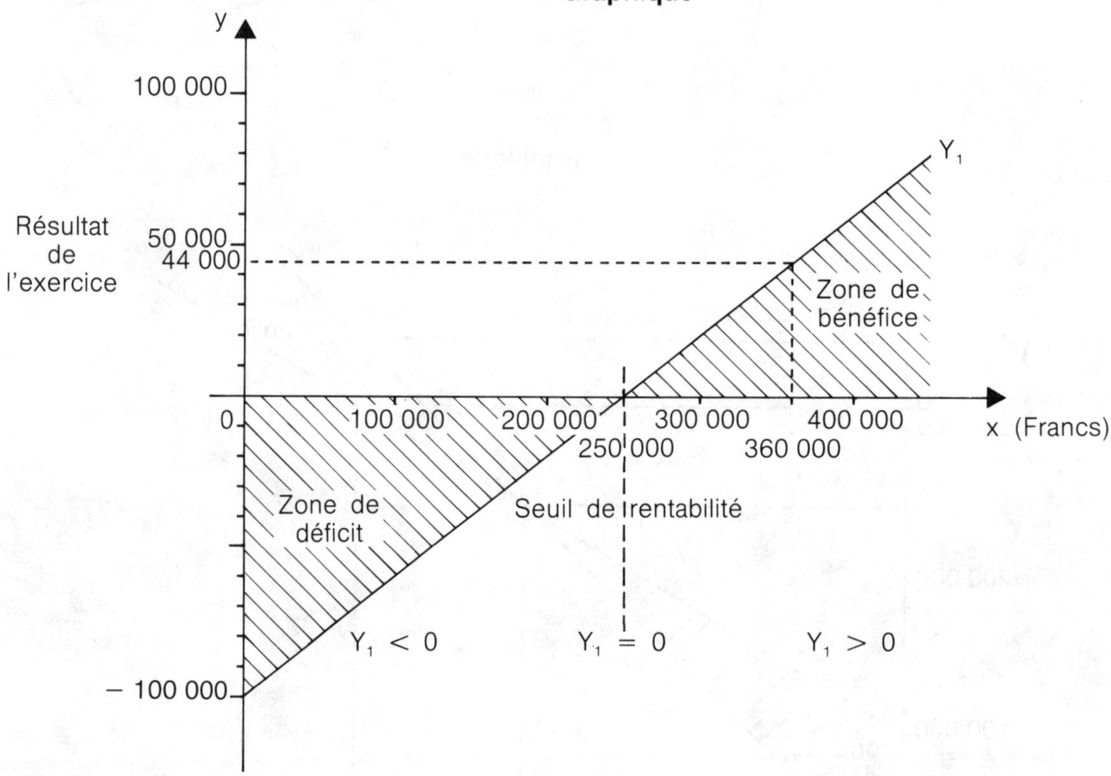

4e question : autres indicateurs de gestion

a) Marge de rentabilité :

Elle représente le chiffre d'affaires « efficient », celui qui génère le résultat positif : bénéfice. Elle est égale à la différence entre le chiffre d'affaires et le chiffre d'affaires critique ou seuil de rentabilité.

Marge de rentabilité = chiffre d'affaires − chiffre d'affaires critique

Marge de rentabilité : 360 000 − 250 000 = **110 000 F.**
Vérification : la marge sur coût variable de la marge de rentabilité correspond au résultat :
110 000 × 0,4 = **44 000**

b) Indice d'efficience ou Indice de rentabilité

Il correspond à une valeur relative plus significative que la valeur de la marge. Il est égal au rapport de la marge de rentabilité et du chiffre d'affaires.

$$I_e = \text{Indice d'efficience ou de rentabilité} = \frac{\text{Marge de rentabilité}}{\text{Chiffre d'affaires}} \times 100$$

Il exprime le risque de l'entreprise :

$I_e < 0 \Rightarrow$ l'entreprise ne couvre pas ses charges
$I_e = 0 \Rightarrow$ l'entreprise atteint son seuil de rentabilité
$I_e > 0 \Rightarrow$ l'entreprise réalise un bénéfice.

Indice d'efficience : $\frac{110\,000}{360\,000} \times 100 \simeq \mathbf{30{,}55\ \%} > 0$

L'entreprise a réalisé un bénéfice.

Vérification : la marge sur coût variable du chiffre d'affaires déterminé par l'indice d'efficience correspond au résultat.

360 000 × 30,55/100 × 0,4 ≃ <u>44 000</u>

c) Indice de prélèvement pour une charge de structure donnée

Il correspond au rapport entre le chiffre d'affaires nécessaire pour couvrir cette charge et le chiffre d'affaires total.

$$I_p = \frac{\text{chiffre d'affaires nécessaire}}{\text{chiffre d'affaires total}} \times 100$$

Il exprime l'importance de la charge pour l'entreprise concernée.

Calculer pour l'entreprise MIC l'indice de prélèvement correspondant aux charges de location qui représentent pour l'exercice 20 000 F :

— chiffre d'affaires nécessaire : (charge/taux de marge) × 100

$$20\,000 \times \frac{100}{40} = 50\,000$$

— Indice de prélèvement : $\frac{50\,000}{360\,000} \times 100 = \mathbf{13{,}89\ \%}$

d) Valeurs limites du seuil de rentabilité calculées à partir de la relation coût-volume-profit

Le résultat R(Q) s'écrit ainsi :

R(Q) = (Prix de vente unitaire − Coût proportionnel unitaire) × volume des ventes − Frais fixes.

Les limites des valeurs du seuil sont calculées à partir de la relation entre les quatre éléments :

$R(Q) \geqslant 0 \Rightarrow (PV - CP)Q - F.F \geqslant 0$

ainsi lorsque trois termes sont connus le quatrième peut être déterminé.

Application n° 1 (fin)

L'entreprise MIC envisage de vendre au cours de la période suivante 1 500 articles à 250 F pour un coût proportionnel de 155 F et 114 000 F de frais fixes.

Travail à faire :

1 - Etablir l'équation du résultat en fonction des quantités Q.
2 - Calculer les limites du seuil de rentabilité.

Solution :

1re question : Equation du résultat

$R(Q) = (250 - 155) \times Q - 114\,000$

2e question : Valeurs limites

Inéquation du seuil de rentabilité

$R(Q) \geqslant 0 \Rightarrow (250 - 155) \times Q - 114\,000 \geqslant 0$

— **Prix de vente minimum (PV)**

$(PV - 155) \times 1\,500 - 114\,000 \geqslant 0$

$1\,500\ PV \geqslant 232\,500 + 114\,000 \geqslant 346\,500$

$\mathbf{PV \geqslant 231}$

— **Coût proportionnel unitaire maximum (CP)**

$(250 - CP) \times 1\,500 - 114\,000 \geqslant 0$

$1\,500\ CP \leqslant 375\,000 - 114\,000 \leqslant 261\,000$

$\mathbf{CP \leqslant 174}$

— **Quantité minimale à vendre (Q)**

$(250 - 155) \times Q - 114\,000 \geqslant 0$

$95\ Q \geqslant 114\,000$

$\mathbf{Q \geqslant 1\,200}$

— **Frais fixes maximum (FF)**

$(250 - 155) \times 1\,500 - FF \geqslant 0$

$\mathbf{FF \leqslant 142\,500}$

Ces indicateurs de gestion sont des références qui permettent d'apprécier la « sensibilité » de l'entreprise à son environnement économique.

B - Application n° 2 : Activité irrégulière

L'entreprise MAC fabrique et distribue un produit dans les conditions suivantes :

— pour un article :
  — prix de vente : 100 F,
  — coût proportionnel : 80 F,
— pour l'exercice :
  — charges fixes : 110 000 F,
  — production : 7 200 articles,
  — ventes : elles sont irrégulières et peuvent être réparties selon les coefficients saisonniers ci-après :

Mois / Indices	J	F	M	A	M	J	J	A	S	O	N	D
Indices	1,0	1,2	1,3	1,3	1,1	1,0	0	0,8	0,9	1,4	1,0	1,0

Les charges fixes sont supposées engagées en début de période.

Travail à faire :

1 - Calculer le seuil de rentabilité (en quantité).
2 - Déterminer la date à laquelle le seuil est franchi.

Solution :

1re question : Seuil de rentabilité.
R (Q) = (100 − 80) × Q − 110 000
Seuil de rentabilité
R (Q) ⩾ 0 ⇒ 20 Q − 110 000 ⩾ 0 ⇒ **Q ⩾ 5 500**
2e question : Date à laquelle le seuil est franchi.
La date peut être déterminée à partir de la série cumulée des quantités vendues calculées à l'aide des coefficients saisonniers.

Mois	Quantités		Cumul
J	7 200 × 1/12 =	600	600
F		720	1 320
M		780	2 100
A		780	2 880
M		660	3 540
J		600	4 140
J		0	4 140
A		480	4 620
S		540	5 160
O		840	6 000
N		600	6 600
D		600	7 200
		7 200	

Le seuil de rentabilité est atteint lorsque les ventes cumulées représentent le volume minimum de 6 000, soit en octobre :

— date :
— durée des ventes en octobre

$$31 \times \frac{5\,500 - 5\,160}{840} = 13 \text{ jours}$$

— **date : 13 octobre**

La date peut être déterminée graphiquement, il suffit de présenter, par exemple, la série chronologique du résultat mensuel cumulé.

Mois	Quantités cumulées	Résultats cumulés	
Ø	0		− 110 000
J	600	20 × 600 − 110 000 =	− 98 000
F	1 320		− 83 600
M	2 100		− 68 000
A	2 880		− 52 400
M	3 540		− 39 200
J	4 140		− 27 200
J	4 140		− 27 200
A	4 620		− 17 600
S	5 160		− 6 800
O	6 000		+ 10 000
N	6 600		+ 22 000
D	7 200		+ 34 000

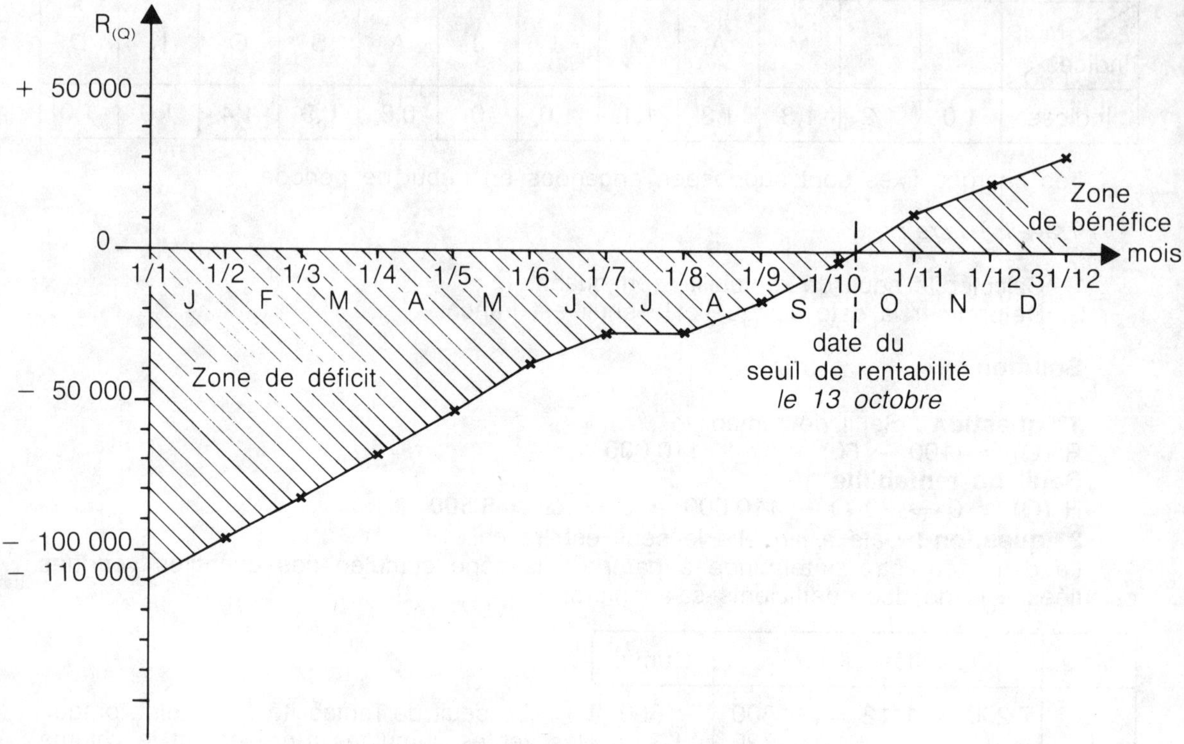

Application n° 3 : Paliers de frais fixes. Coût plancher.

L'entreprise RIGOLE fabrique et distribue un produit dans les conditions suivantes :

— pour un article :

— marge sur coût variable selon les paliers.

$Q \in [0 - 5\,000[$: 100 F

$Q \in [5\,000 - 8\,000[$: 95 F

$Q \in [8\,000 - 10\,000[$: 90 F

— pour la production :

— frais fixes :

$Q \in [0 - 4\,000]$: 400 000 F

$Q \in [4\,000 - 6\,000[$: 500 000 F

$Q \in [6\,000 - 10\,000[$: 700 000 F

Travail à faire :

1 - Représenter graphiquement le calcul du seuil de rentabilité ;

2 - Calculer pour chaque palier :

— le coût minimum sachant que le coût variable unitaire est de 200 F.

Solution :

1re question : Graphique.

Marges sur coût variable : $y_1 = 100\ Q$; $y_2 = 95\ Q$; $y_3 = 90\ Q$.

Frais fixes : $Y_1 = 400\,000$; $Y_2 = 500\,000$; $Y_3 = 700\,000$.

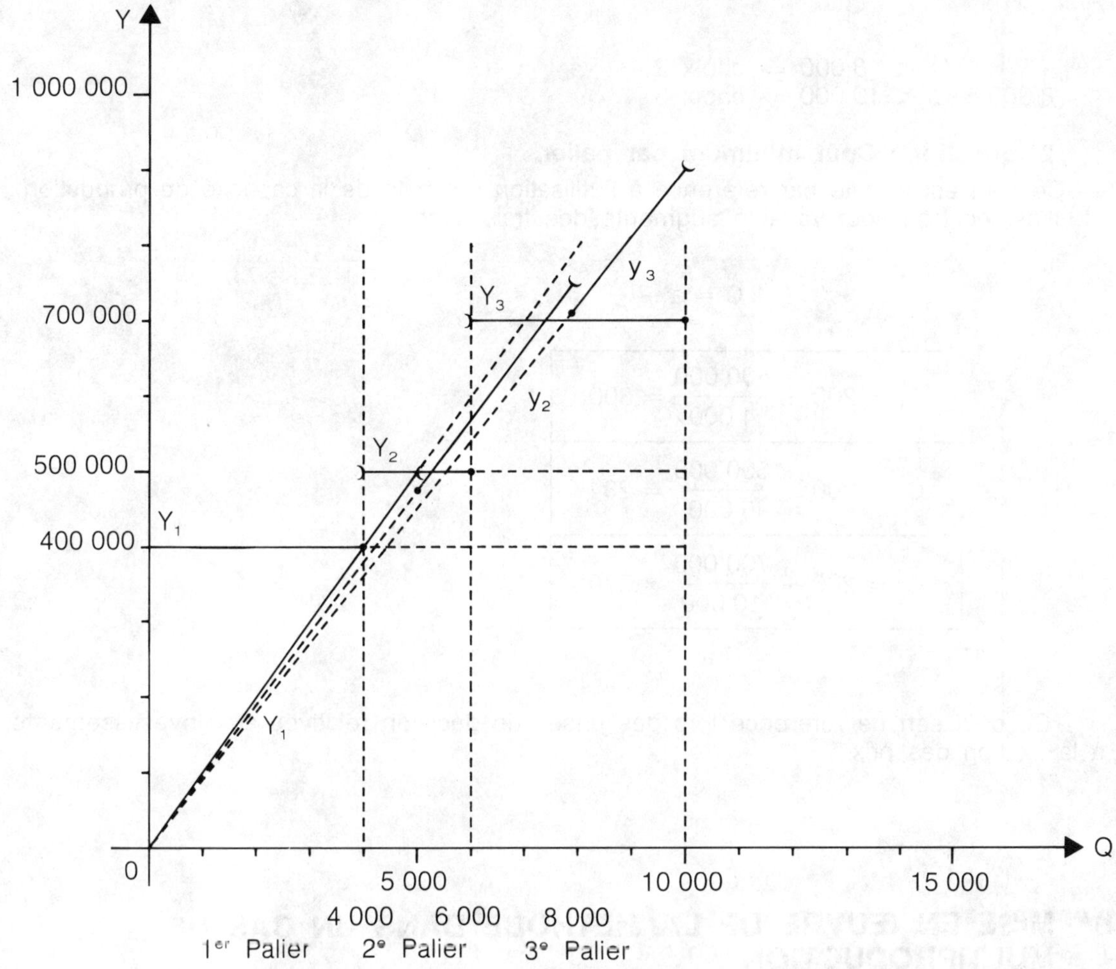

Ce graphique met en évidence les divers paliers de frais fixes ainsi que les seuils de rentabilité correspondants :

— le premier niveau montre une rentabilité impossible,

— le deuxième niveau :

- — marge sur coût variable de 100 F : le seuil de rentabilité n'est pas atteint dans le domaine de définition,
- — marge sur coût variable de 95 F : le seuil de rentabilité est atteint pour $Q = 500\,000/95 \simeq 5\,264$,
- — marge sur coût variable de 90 F : le seuil de rentabilité est atteint pour $Q = 500\,000/90 = 5\,556$.

Dans ce niveau la 2e situation est plus rentable que la 3e : $y_2 > y_3$ pour $Q \leqslant$.

— le troisième niveau :

- — marge sur coût variable de 95 F : le seuil de rentabilité est atteint pour $Q = 700\,000/95 \simeq 7\,369$,
- — marge sur coût variable de 90 F : le seuil est atteint pour $Q = 700\,000/90 \simeq 7\,778$.

Dans ce niveau $y_2 > y_3$ pour $Q < 8\,000$ et $y_2 < y_3$ pour $Q \geqslant 8\,000$.

Choix :

$$Q < 8\,000 \Rightarrow \text{choix } 2$$
$$8\,000 \leqslant Q < 10\,000 \Rightarrow \text{choix } 3.$$

2e question : Coût minimum par palier.

— Ce coût est calculé par référence à l'utilisation optimale de la capacité de production ; il est égal au coût variable augmenté des frais fixes.

$$C = a + \frac{k}{Q}$$

$C_1 = 200 + \frac{400\,000}{4\,000} = 300$
$C_2 = 200 + \frac{500\,000}{6\,000} \simeq 284$
$C_3 = 200 + \frac{700\,000}{10\,000} = 270$

Ce coût sert de référence lors des prises de décision relatives aux investissements, à la fixation des prix...

IV - MISE EN ŒUVRE DE LA MÉTHODE DANS UN CAS DE MULTIPRODUCTION

1 - Mise en œuvre

Cette méthode est mise en œuvre pour déterminer la rentabilité des différents produits, services...

La répartition des charges entre les différents produits est souvent réalisée par la méthode des centres homogènes, avec ventilation en charges variables et charges fixes.

Afin de réaliser la répartition, il faut distinguer :

— les charges directes,

— les charges indirectes.

En effet leur ventilation en charges fixes et charges proportionnelles doit être distincte. Cette analyse peut être schématisée par les tableaux ci-après :

— Charges directes

Charges par nature	Montant	Charges fixes	Charges proportionnelles
C	C_i	F_i	P_i
Totaux	T	F	P

— Charges indirectes

Éléments	Montant	Ventilation		Centre A		Centre B		Centre C		Centre N	
		F	P	F	P	F	P	F	P	F	P
Répartition primaire											
Totaux après répartition primaire	T	—	—	—	—	—	—	—	—	—	—
Répartition secondaire											
Totaux après répartition secondaire	T										
Unité d'œuvre					*		*		*		*
Nombre d'unités d'œuvre					/		/		/		/
Coût variable de l'unité d'œuvre					+		+		+		+

Les répartitions primaires et secondaires sont faites en conservant la distinction : frais fixes et frais proportionnels.

Cette méthode est dite des coûts « partiels » (puisque les coûts n'incluent qu'une partie des charges : les charges proportionnelles).

Le calcul des coûts suit l'algorithme « traditionnel » et n'implique que les coûts variables. Les coûts fixes ne sont pas répartis.

2 - Application

La société BIGNOU fabrique et vend trois produits A, B, C dans les conditions suivantes :

A la clôture de l'exercice, les données ont été reclassées de la façon suivante :

	A	B	C
Prix de vente unitaire	400	300	900
Quantité d'articles fabriqués et vendus	1 000	500	2 000
Coût proportionnel de production	200	240	700
Coût proportionnel de distribution	40	15	100
Charges fixes non réparties		140 000	

Travail à faire :

1 - Calculer la marge sur coût variable et le résultat.

2 - Déterminer le seuil de rentabilité sachant que les ventes sont régulières sur l'ensemble de l'exercice de 12 mois.

3 - Donner un avis sur la contribution du produit à la formation du résultat.

Solution :

1re question : Tableau d'exploitation

Éléments	Produit A (1 000)		Produit B (500)		Produit C (2 000)		Production globale	
	U	G	U	G	U	G	Montant	% (1)
Chiffre d'affaires	400	400 000	300	150 000	900	1 800 000	2 350 000	100
— Coût proportionnel de production	200	200 000	240	120 000	700	1 400 000	1 720 000	73
Marge sur coût variable de production	200	200 000	60	30 000	200	400 000	630 000	27
— Coût proportionnel de distribution	40	40 000	15	7 500	100	200 000	247 500	11
Marge sur coût variable de revient.	160	160 000	45	22 500	100	200 000	382 500	16
Pourcentage de marge (%)	40		15		11			
— Charges fixes non réparties							140 000	6
Résultat (bénéfice)							242 500	10

(1) Les pourcentages sont arrondis pour simplifier.

2e question : Seuil de rentabilité

Les ventes sont supposées régulières, et le taux de marge retenu sera le taux moyen de :

$$\frac{382\,500 \times 100}{2\,350\,000} = 16\ \%$$

Le chiffre d'affaires entre les différents produits est supposé régulièrement réparti.
Seuil de rentabilité :

— global : $140\,000 \times \frac{100}{16} = \mathbf{875\,000}$

— par produit : la répartition est proportionnelle au chiffre d'affaires.

— A : $875\,000 \times \frac{400\,000}{2\,350\,000} = 148\,936$

— B : $875\,000 \times \frac{150\,000}{2\,350\,000} = 55\,851$

— C : $875\,000 \times \frac{1\,800\,000}{2\,350\,000} = 670\,213$

Vérification **875 000**

3e question : Classement des produits

Selon le critère examiné :

— marge globale : C, A, B,
— marge unitaire : A, C, B,
— marge en pourcentage : A, B, C.

Ce classement est différent, et la décision ne peut être prise que si des informations complémentaires sont fournies :

— sur la capacité de production,
— les temps utilisés pour réaliser les différents produits,
— la complémentarité des produits,
— etc.

V - UTILISATION DE LA MÉTHODE DES COÛTS VARIABLES

Cette méthode permet de mesurer la performance des produits :
— marge sur coût variable ;
— seuil de rentabilité ;
— marge de rentabilité ;
— indice d'efficience,
et d'établir des prévisions.

Les prévisions ne peuvent être raisonnablement établies que si le comportement des charges est connu. Ces prévisions n'auront que la qualité des estimations.

Application n° 1 : Utilisation prévisionnelle

La société DUCHIEN a réalisé les opérations suivantes au cours de l'exercice passé :
— quantité produite sur 12 mois : 12 000 articles ;
— coût proportionnel global : 9 600 000 ;
— charges fixes : 3 000 000 ;
— prix de vente unitaire : 1 150.

Travail à faire :

1 - Calculer le résultat de l'exercice passé.
2 - Pour l'exercice à venir les hypothèses suivantes sont envisagées :

Première hypothèse :

Le marché est moins favorable, et il semble nécessaire :
— de vendre le produit avec une baisse de prix de 10 % ;
— de réaliser une campagne publicitaire qui coûterait 100 000 F.

Cette politique permettrait de maintenir les ventes au niveau actuel.

Deuxième hypothèse :

Une étude de marché a permis de constater qu'en modifiant sensiblement le produit, les ventes augmenteraient de 5 %. Cette évolution entraînerait les modifications suivantes :
— coût proportionnel : hausse de 5 %,
— coûts fixes : hausse de 90 000 F,
— prix de ventes : baisse de 4 %.

3 - Pour la solution retenue, déterminer le résultat attendu en janvier (premier mois de l'exercice) sachant que l'entreprise utilise la solution de l'abonnement pour les frais fixes.
Les ventes de janvier sont affectées du coefficient saisonnier 1,2.

Solution :

1re question : Résultat de l'exercice passé

Éléments	Unitaire	Global (12 000)	%
Chiffre d'affaires	1 150	13 800 000	100
— Coût proportionnel	800	9 600 000	70
Marge sur coût variable	350	4 200 000	30
— Frais fixes		3 000 000	
Résultat		1 200 000	

2e question : Résultat prévisionnel

— *Première hypothèse :*

- Prix de vente : 1 150 × (100 − 10)/100 = 1 035.
- Charges fixes : 3 000 000 + 100 000 = 3 100 000.

Tableau d'exploitation prévisionnel

Éléments	Unitaire	Global (12 000)	%
Chiffre d'affaires	1 035	12 420 000	100
— Coût proportionnel	800	9 600 000	77
Marge sur coût variable	235	2 820 000	23
— Frais fixes		3 100 000	
Résultat (Perte)		− 280 000	

— *Deuxième hypothèse :*

- Prix de vente : 1 150 × (100 − 4)/100 = 1 104,
- Coût proportionnel : 800 × (100 + 5)/100 = 840,
- Charges fixes : 3 000 000 + 90 000 = 3 090 000,
- Quantité : 12 000 × (100 + 5)/100 = 12 600.

Tableau d'exploitation prévisionnel

Éléments	Unitaire	Global (12 600)	%
Chiffre d'affaires	1 104	13 910 400	100
— Coût proportionnel	840	10 584 000	76
Marge sur coût variable	264	3 326 400	24
— Frais fixes		3 090 000	
Résultat (Bénéfice)		236 400	

La solution qui semble la plus avantageuse est la seconde puisqu'elle fait apparaître un bien meilleur résultat.

3e question : Résultat prévisionnel pour janvier

— Quantité : $12\,600 \times \frac{1}{12} \times 1{,}2 = 1\,260$.

— Charges fixes abonnées : $3\,090\,000 \times \frac{1}{12} = 257\,500$.

Tableau d'exploitation prévisionnel pour janvier

Éléments	Unitaire	Global (1 260)	%
Chiffre d'affaires	1 104	1 391 040	100
— Coût proportionnel	840	1 058 400	76
Marge sur coût variable	264	332 640	24
— Frais fixes		257 500	
Résultat (Bénéfice)		75 140	

Application n° 2 : Gestion prévisionnelle

L'exploitation de l'entreprise OLIVIA, pour l'exercice écoulé, peut être résumée ainsi :
— prix de vente unitaire : 500 F,
— coût proportionnel unitaire : 350 F,
— nombre d'articles produits et vendus : 5 000,
— charges fixes de la période : 450 000 F.

Travail à faire :

1 - Calculer le résultat de l'exercice qui vient de se terminer.
2 - Calculer le seuil de rentabilité, donner une indication sur le risque d'exploitation.
3 - La direction envisage, pour l'exercice suivant, la solution ci-après :
— premier semestre : vente de 2 500 articles, à condition de baisser le prix de vente de 4 % ;
— deuxième semestre : vente de 3 500 articles, à condition de baisser une nouvelle fois le prix de vente de 8 %, d'augmenter les frais fixes de publicité de 50 000 F et d'accroître la capacité de production de 50 % par l'acquisition d'un matériel de 250 000 F à amortir en linéaire sur 5 ans (à partir du début du 2e semestre).

Calculer le résultat prévisionnel.
Déterminer le seuil de rentabilité par le calcul, et graphiquement.

Solution :

1re question : Calcul du résultat de l'exercice

Tableau d'exploitation

Éléments	Unitaire	Global	%
+ chiffre d'affaires − coût proportionnel	500 350	2 500 000 1 750 000	100 70
= marge sur coût variable − charges fixes non réparties	150	750 000 450 000	30
= Résultat		300 000	

2e question : Calcul du Seuil de rentabilité

— Seuil de rentabilité :

$150\ x - 450\,000 \geqslant 0 \Rightarrow x \geqslant 450\,000/150 \geqslant \mathbf{3\,000}$

d'où un chiffre d'affaires critique de $500 \times 3\,000 = 1\,500\,000$.

— Le risque peut être mesuré par la détermination de l'indice d'efficience, soit :

— marge de rentabilité :

$2\,500\,000 - 1\,500\,000 = 1\,000\,000$

— indice d'efficience :

$$\frac{1\,000\,000}{2\,500\,000} \times 100 = 40/100$$

Cet indice est assez élevé, l'entreprise peut faire face à une réduction de 40/100 de son chiffre d'affaires sans réaliser de perte.

Des indications plus pertinentes sur les risques pourraient être établies s'il était possible de connaître la probabilité de réalisation des ventes.

3e question : Résultat prévisionnel et seuil de rentabilité

Tableau d'exploitation

Éléments	1re période		2e période		Global	%
	Unitaire (1)	Global (2 500)	Unitaire (1)	Global (3 500)		
+ chiffres d'affaires − coût proportionnel	480 350	1 200 000 875 000	441,60 350,00	1 545 600 1 225 000	2 745 600 2 100 000	100 76,5
= Marge sur coût variable − charges fixes non réparties	130	325 000	91,60	320 600	645 600 525 000	23,5
= Résultat					120 600	

— **Première période :** — prix de vente : $500 \times (100 - 4)/100 = 480$

— coût proportionnel : il est lié à l'article et non au prix.

— **Deuxième période :**
— prix de vente : 480 × (100 − 8)/100 = 441,60,
— coût proportionnel inchangé.

— **Charges fixes :**
— de l'exercice précédent : 450 000
— modifications :
— publicité 50 000
— amortissement du matériel 25 000 250 000 × 1/5 × 6/12

Total 525 000

Seuil de rentabilité :

Le seuil doit être déterminé à partir de la distribution des marges sur coût variable :

— la première période couvre 325 000 F de frais fixes ;
— la deuxième période doit donc couvrir le reste, soit : 525 000 F − 325 000 F = 200 000 F. Le chiffre d'affaires, au cours de cette période, doit donc être celui qui « assure » la marge nécessaire, soit :

$$1\,545\,600 \times \frac{200\,000}{320\,600} \simeq 964\,193 \text{ F}$$

— chiffre d'affaires critique :
Premier semestre + Partie du deuxième semestre
1 200 000 + 964 193 = **2 164 193**
— Seuil de rentabilité exprimé en nombre de produits
2 500 + 964 193/441,60 = **4 684**

Graphique : voir annexe 2 page suivante.

Il est nécessaire de faire apparaître les deux périodes :

— marge sur coût variable (y_1) d'après le nombre d'articles (Q) :
— 1er semestre :
$y_1 = 130$ Q
— 2e semestre :
$y_2 = 91{,}6$ Q
— Frais fixes
— avant modifications : F_1 = 450 000
— modifications + 75 000
— après modifications F_2 = 525 000

Appréciation du risque d'exploitation

Cette appréciation peut être portée à partir de l'indice d'efficience, puisqu'il n'y a pas d'informations relative à la probabilité de réaliser les ventes.

$$\text{Indice d'efficience : } \frac{2\,754\,600 - 2\,164\,193}{2\,745\,600} \times 100 \simeq \mathbf{21\ \%}$$

Cet indice, réduit de moitié, par rapport à l'exercice précédent montre un plus grand risque.

Application n° 3 : Choix d'une structure de production

L'entreprise VINCENT fabrique et vend trois produits : VIX ; COL; TRU.
A la clôture de l'exercice N, les données ont été reclassées de la façon suivante :

Annexe 2 : Graphique

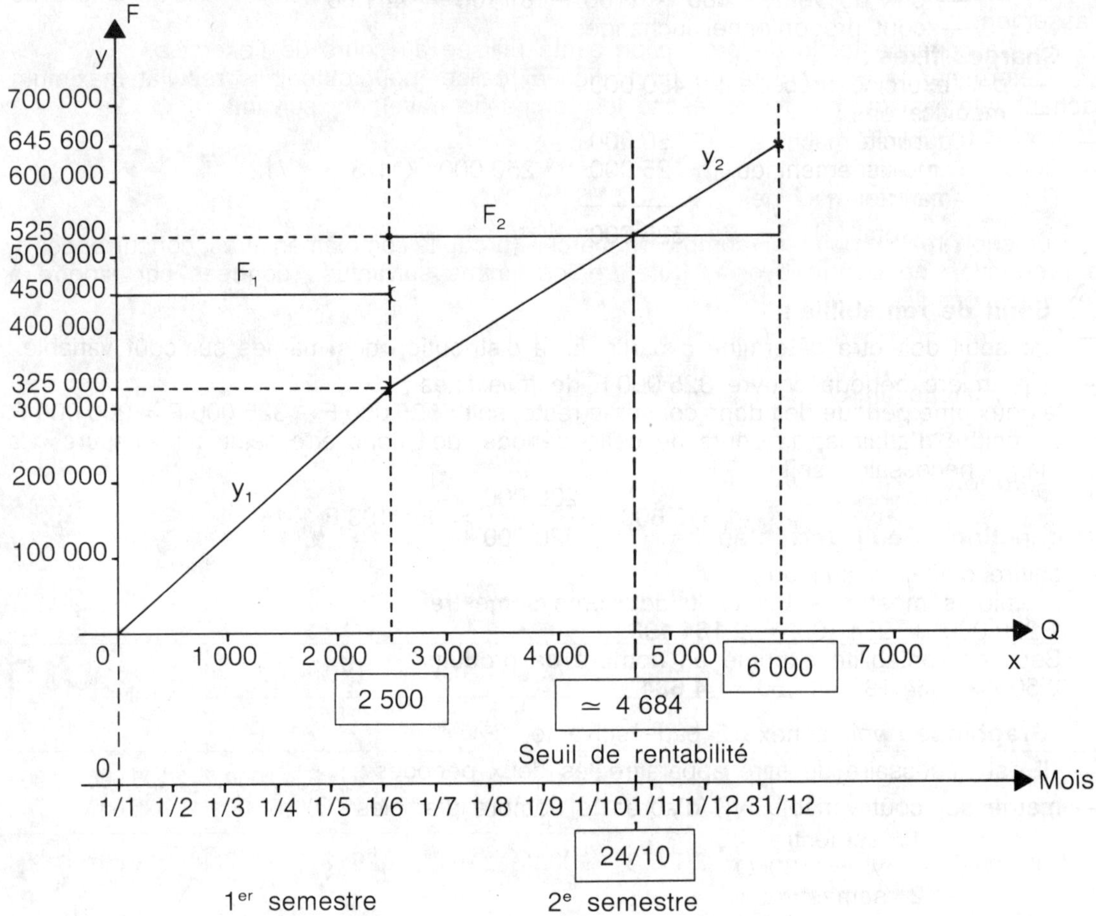

Date du seuil : il faut tenir compte de la structure des deux semestres :

$$6 \text{ mois} + 6 \text{ mois} \times \frac{964\,193}{1\,545\,600} \simeq 9{,}75 \text{ mois} \Rightarrow 24 \text{ octobre}$$

(suite de la page 261)

	VIX	COL	TRU
Prix de vente	350	400	600
Quantités fabriquées et vendues	1 500	1 200	2 000
Coût proportionnel unitaire	210	300	480
Charges fixes globales non réparties		400 000	

L'entreprise a une structure de production adaptable et disponible pour la fabrication indifférenciée des trois produits et dont la capacité est évaluée en heures-machines.

Travail à faire :

1 - Déterminer le seuil de rentabilité dans chacun des cas suivants :
— ventes simultanées des trois produits ;
— ventes successives : VIX, COL, TRU.

Les frais fixes sont supposés engagés en début de période.

2 - Classer les produits en fonction de leur rentabilité. Justifier le choix du critère de classement.

3 - La capacité totale de production a été utilisée au cours de l'exercice.

Déterminer le programme de fabrication à réaliser pour obtenir le résultat maximum sachant que les articles ont nécessité les temps de traitement suivants :

— VIX : 10 heures-machines
— COL : 5 heures-machines.
— TRU : 4 heures-machines.

Le choix réalisé doit tenir compte du marché (produits complémentaires, concurrence...), la production ne pourra évoluer qu'entre les limites suivantes ; données par rapport à l'exercice écoulé :

— VIX marché entre − 20 % et + 40 %
— COL marché entre − 20 % et + 60 %
— TRU marché entre − 40 % et + 30 %

Solution

1re question : Seuil de rentabilité

Tableau d'exploitation

Éléments	VIX (1 500)		COL (1 200)		TRU (2 000)		Global	%
	U	Global	U	Global	U	Global		
+ Chiffre d'affaires	350	525 000	400	480 000	600	1 200 000	2 205 000	100
− Coût proportionnel	210	315 000	300	360 000	480	960 000	1 635 000	74
= Marge sur coût variable	140	210 000	100	120 000	120	240 000	570 000	26
(Marge sur coût variable en pourcentage)	40%		25%		20%			
− Charges fixes non réparties							400 000	
Résultat							170 000	

— **premier cas :** le chiffre d'affaires est régulièrement réparti sur l'exercice et ventilé entre les produits proportionnellement à leur chiffre d'affaires respectif. Cette situation permet d'utiliser la marge moyenne pour le calcul :
400 000 × 100/26 ≃ *1 538 462 F* (1).

— **deuxième cas :** la couverture des frais fixes est réalisée dans l'ordre de vente des produits :

— Couverture des frais fixes par VIX : 210 000 F,
Frais fixes à couvrir : 400 000 − 210 000 F = 190 000 F,
— Couverture des frais fixes par COL : 120 000 F,
Frais fixes à couvrir : 190 000 − 120 000 F = 70 000 F,
— Couverture par TRU ; ce qui donne un chiffre d'affaires de :
70 000 × 120 000/240 000 = 350 000
— Seuil de rentabilité :
525 000 + 480 000 + 350 000 = *1 355 000 F* (2).

La différence des seuils s'explique par le fait que dans le deuxième cas, ce sont les articles à forte marge qui ont été vendus les premiers. Le graphique met en évidence cette remarque.

Graphique

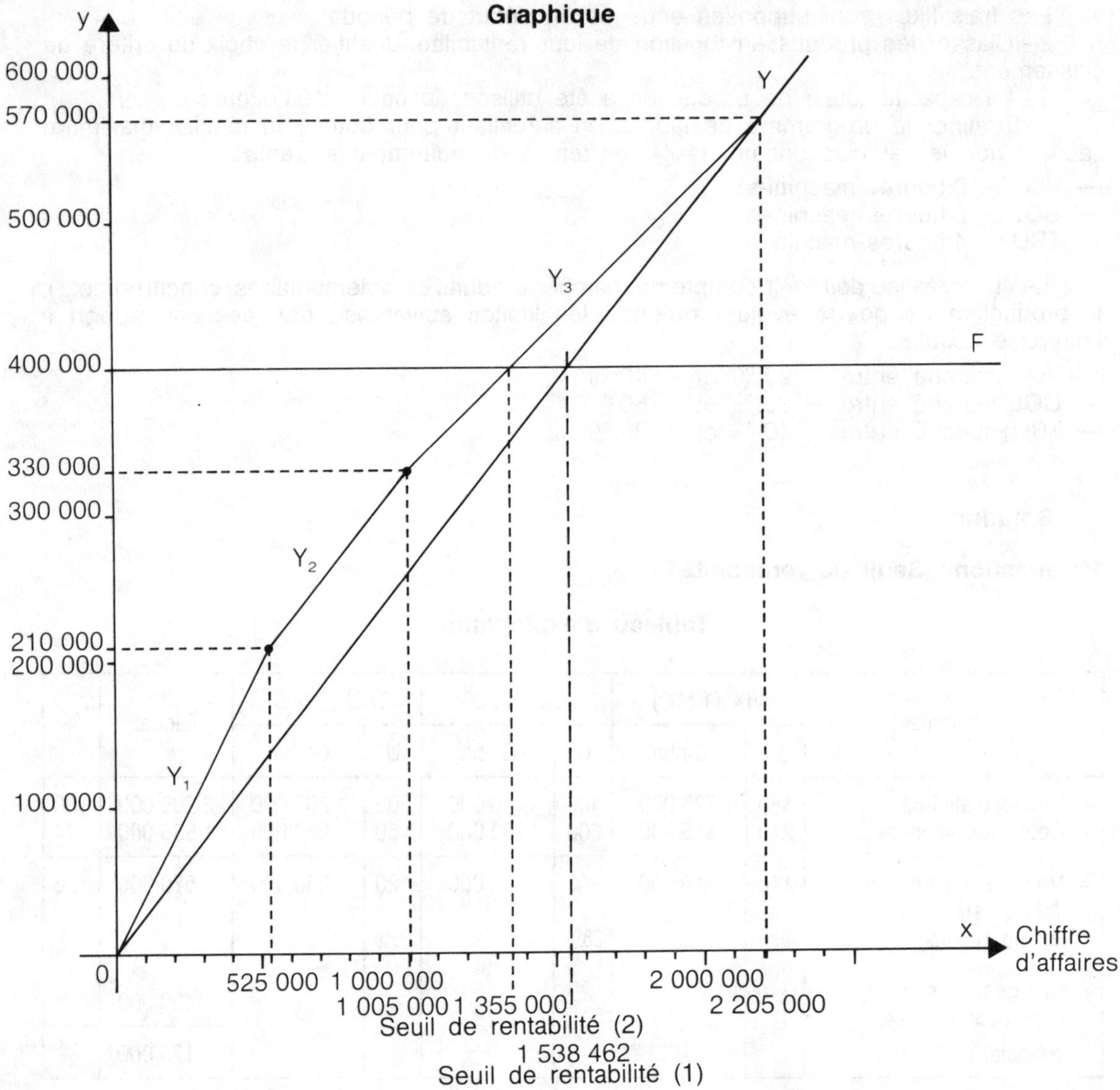

Soit x le chiffre d'affaires
Marges sur coûts variables

2e Cas
- $Y_1 = 0{,}40\ x$ (VIX)
- $Y_2 = 0{,}25\ x$ (COL)
- $Y_3 = 0{,}20\ x$ (TRU)

1er Cas — $Y = 0{,}26\ x$ (Marge moyenne)

Frais fixes
$F = 400\ 000$

2e question : Classement des produits

La rentabilité est mesurée, dans la méthode des coûts variables, par l'importance de la marge sur coût variable puisque l'on considère que le produit le plus intéressant pour l'entreprise est celui qui absorbe le plus de frais fixes puisqu'il contribue ainsi à réaliser le meilleur résultat.

Critères possibles :

— marge sur coût variable totale : TRU, VIX, COL
— marge sur coût variable unitaire : VIX, TRU, COL
— marge sur coût variable relative : VIX, COL, TRU

Le classement obtenu est différent selon le critère retenu. La sélection doit s'opérer en fonction de la structure de l'entreprise et de la demande :

— si l'on considère l'effet global sur le résultat, il faut sélectionner TRU, VIX, COL ;
— si l'on considère que l'entreprise a une capacité de production illimitée (ou un temps de traitement identique pour chaque produit), il faut sélectionner le produit qui a la plus forte marge unitaire : VIX, TRU, COL ;
— si l'on considère que l'entreprise a une capacité de production illimitée dans un marché limité en pouvoir d'achat, il faut sélectionner le produit qui a la plus forte marge relative (il rentabilise au mieux le franc de pouvoir d'achat) : VIX, COL, TRU.

Lorsque l'entreprise peut sélectionner la production et la vente des produits, il est important qu'elle le fasse en tenant compte des limites qui lui sont imposées :

— de par sa structure.

La capacité de production est limitée à court terme (à long terme, il est souvent possible de prévoir des investissements) :

— de par le marché,
— de par la complémentarité des produits.

3e question : Méthode des facteurs rares.

La capacité de production est limitée, à court terme, il faut donc l'utiliser au mieux pour l'entreprise. C'est-à-dire choisir de fabriquer le produit qui a la **meilleure rentabilité** par **unité de mesure** de cette capacité : cette méthode est appelée méthode des **facteurs rares.**

Principe :

— Calculer la marge par unité de facteur rare : dans l'exemple l'heure-machine : H/M :
  — VIX : 140/10 = 14
  — COL : 100/ 5 = 20
  — TRU : 120/ 4 = 30
— Classer les produits dans l'ordre décroissant de la rentabilité du facteur rare : TRU, COL, VIX.
— Organiser la production en tenant compte des limites imposées : contraintes.
  — Contraintes internes :
  Capacité de production :
  10 × 1 500 + 5 × 1 200 + 4 × 2 000 = 29 000 H/M.
  Remarque : si toute la capacité était utilisée pour l'un des produits, la marge pourrait être de
    — TRU : 30 × 29 000 = 870 000
    — COL : 20 × 29 000 = 580 000
    — VIX : 14 × 29 000 = 406 000
  — Contraintes externes :
  Le marché : celui-ci peut imposer un minimum (produits complémentaires, présence sur le « produit »...) et un maximum (saturation, concurrence...).

	Min.	*Max.*	*Liberté*
— TRU :	2 000 × (100 − 40)/100 = 1 200	2 000 × (100 + 30)/100 = 2 600	1 400
— COL :	1 200 × (100 − 20)/100 − 960	1 200 × (100 + 60)/100 = 1 920	960
— VIX :	1 500 × (100 − 20)/100 = 1 200	1 500 × (100 + 40)/100 = 2 100	900

— Produire pour satisfaire la demande minimale obligatoire :
1 200 TRU − 960 COL − 1 200 VIX

Capacité utilisée :
4 × 1 200 + 5 × 960 + 10 × 1 200 = 21 600

Capacité disponible :
29 000 − 21 600 − 7 400
à affecter au mieux selon le classement préalable.

— **Production complémentaire :**

Utilisation	Utilisée	Disponible
Capacité disponible	0	7 400
— TRU : 7 400/4 = 1 850 limitée à **1 400**	1 400 × 4 = 5 600	1 800
— COL : 1 800/5 = 360 limitée à **360**	360 × 5 = 1 800	0
— VIX		0

— **Programme retenu :**

— TRU : 1 200 + 1 400 = 2 600
— COL : 960 + 360 = 1 320
— VIX : 1 200 + 0 = 1 200

— **Résultat maximum attendu :**

— 2 600 × 120 + 1 320 × 100 + 1 200 × 140 − 400 000 = **212 000**

Le résultat est nettement amélioré par une « redistribution » des moyens disponibles.

La solution par la méthode des **facteurs rares** sous cette forme est utilisable lorsque le nombre des **contraintes est réduit,** dans le cas contraire, il faut avoir recours à la **Programmation linéaire,** un des **outils** de la **Recherche opérationnelle**.

Application n° 4 : Programmation linéaire.

L'entreprise MARIE, après avoir réalisé une étude de marché et de production, fournit les éléments suivants relatifs à la fabrication et la vente de ses deux produits :

Éléments		RIE	RAM
— Coût proportionnel de production		160	100
— Coût proportionnel de distribution		20	10
— Prix de vente unitaire		220	140
— Frais fixes non répartis		300 000	
Contraintes :	Capacité		
— internes			
— Atelier 1	40 000 HM	4	2
— Atelier 2	10 000 HM	0,5	1
— marché			
— Minimum		1 000	3 000
— Maximum		8 000	9 000

Travail à faire :

Calculer le résultat maximum.

Solution :

On peut représenter schématiquement les différentes contraintes :

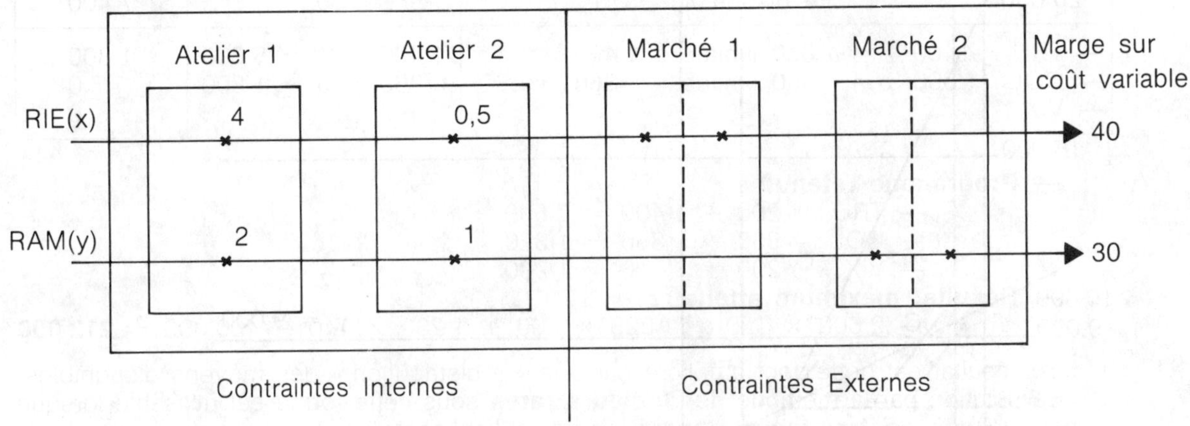

Sens de la contrainte	⩽	⩽	⩾	⩽	⩾	⩽
Unité d'œuvre	HM	HM	1 P	1 P	1 P	1 P
Capacité	40 000	10 000	1 000	8 000	3 000	9 000

Le schéma montre que le nombre des contraintes est élevé et qu'il faut avoir recours à la programmation linéaire. Ce système à résoudre peut s'écrire sous la forme canonique ci-après :

— contraintes : inéquations,
— conditions : les variables doivent appartenir à $\mathbb{R}_+$,
— objectif : fonction marge sur coût variable à maximiser dans l'exemple.

Système :

— Contraintes :

— internes :

$$4x + 2y \leqslant 40\,000$$
$$0{,}5x + 1y \leqslant 10\,000$$

— externes :

$$x \geqslant 1\,000$$
$$x \leqslant 8\,000$$
$$y \geqslant 3\,000$$
$$y \leqslant 9\,000$$

— conditions :

$$x \geqslant 0\ ;\ y \geqslant 0$$

— objectif :

$$Z\ [\text{MAX}] = 40x + 30y$$

Résolution :

La résolution graphique peut être employée puisqu'il n'y a que deux variables, dans le cas contraire il faut utiliser le simplexe.

Il faut tracer sur un même graphique les droites d'équations : x=0 ; y=0 ; x=1 000 ; x=8 000 ; y=3 000 ; y=9 000 ; 4x+2y=40 000 ; 0,5x+1y=10 000 ainsi que la famille des droites parallèles △ pour l'objectif z, $y = -\frac{40}{30}x$.

Graphique

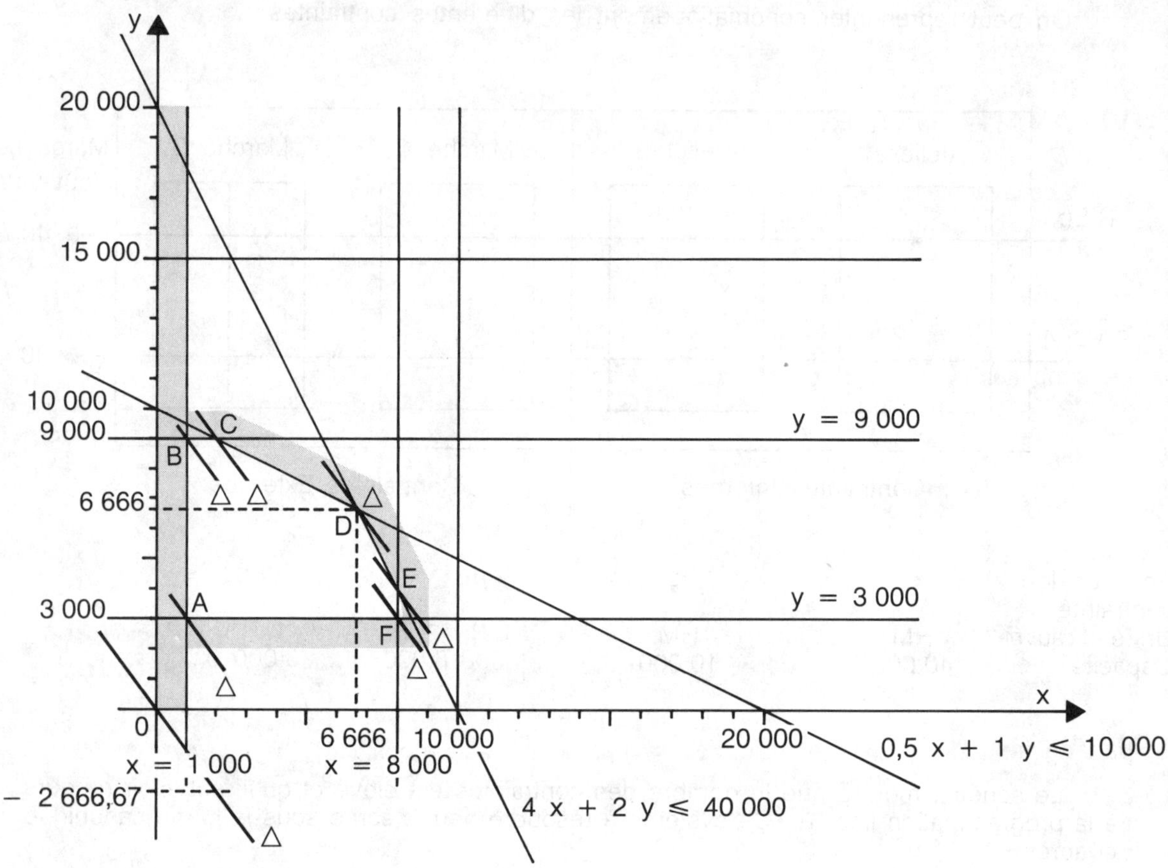

L'optimum est en D dont les coordonnées sont le couple (6 666,6 666) dans le polygone des solutions possibles (A, B, C, D, E, F) : point le plus éloigné.

Les coordonnées de D sont également obtenues en résolvant le système :

$$\begin{cases} 4\ x + 2y = 40\,000 \\ 0{,}5x + \ y = 10\,000 \end{cases}$$

$y \simeq 6\,666$

$x = 6\,666$

La valeur maximale de l'objectif :

$40 \times 6\,666 + 30 \times 6\,666 = 466\,620$

Résultat maximum :

$466\,620 - 300\,000 = 166\,620.$

Le tableau des valeurs de l'objectif aux sommets du polygone permet de contrôler le résultat trouvé.

Sommets	x	y	z = 40 x + 30 y
A	1 000	3 000	130 000
B	1 000	9 000	310 000
C	2 000	9 000	350 000
D	6 666	6 666	466 620
E	8 000	4 000	440 000
F	8 000	3 000	410 000

La lecture du graphique permet de constater que les contraintes de production sont saturées à l'optimum économique, donc qu'il y a plein emploi des centres de production : c'est l'optimum technique. Le programme de production est optimal.

VI - AVANTAGES ET INCONVÉNIENTS

Ces avantages et inconvénients ont déjà été évoqués dans le chapitre 3.

1 - Avantages

La méthode du coût variable :

— simplifie les calculs des coûts,
— donne l'information de base pour l'étude de la rentabilité des produits,
— permet la comparaison des coûts de périodes différentes, puisqu'elle élimine l'incidence des frais fixes,
— indique le coût minimum.

2 - Inconvénients

La sélection des produits sur la marge peut engendrer l'élimination d'un produit sans pour autant conduire à la suppression de ses charges fixes propres qui viendront grever la rentabilité des autres produits.

Les stocks évalués au coût variable doivent être corrigés en fin de période, de leur part de frais fixes, afin de retrouver le résultat de la comptabilité générale.

L'analyse des charges n'est pas toujours aisée ; une charge « variable » peut avoir une certaine « rigidité » due à la législation : les salaires de production par exemple (tout au moins à court terme...).

Conclusion

La méthode du coût variable évoluée est à privilégier pour les productions à très forte technicité donc à frais fixes spécifiques élevés qu'il faut prendre en compte, dans le cas contraire la méthode du coût variable simple est satisfaisante.

B - COÛTS VARIABLES ÉVOLUÉS (DIRECT COSTING ÉVOLUÉ)

I - MÉTHODE DES COÛTS VARIABLES ÉVOLUÉS

La méthode des coûts variables évolués apporte un plus à la méthode des coûts variables simples puisqu'elle permet de mieux « cerner » le coût d'un produit et sa « réelle » contribution à la formation du résultat, dans la mesure où elle intègre :

— les charges proportionnelles,
— et les charges fixes spécifiques,

alors que les charges fixes indirectes ne sont pas réparties.

Le résultat est alors déterminé à trois niveaux :

— premier niveau : — celui du produit — marge sur coût variable, identique à celle du coût variable simple ;

— deuxième niveau : — celui du produit — marge sur coût spécifique — elle est égale à la marge sur coût variable corrigée par les frais fixes spécifiques au produit — elle correspond à la véritable contribution à la formation du résultat ;
— troisième niveau : — celui de l'entreprise — résultat — il est égal à la différence entre la somme des marges spécifiques et les frais fixes communs non répartis.

Les calculs peuvent être schématisés de la façon suivante :

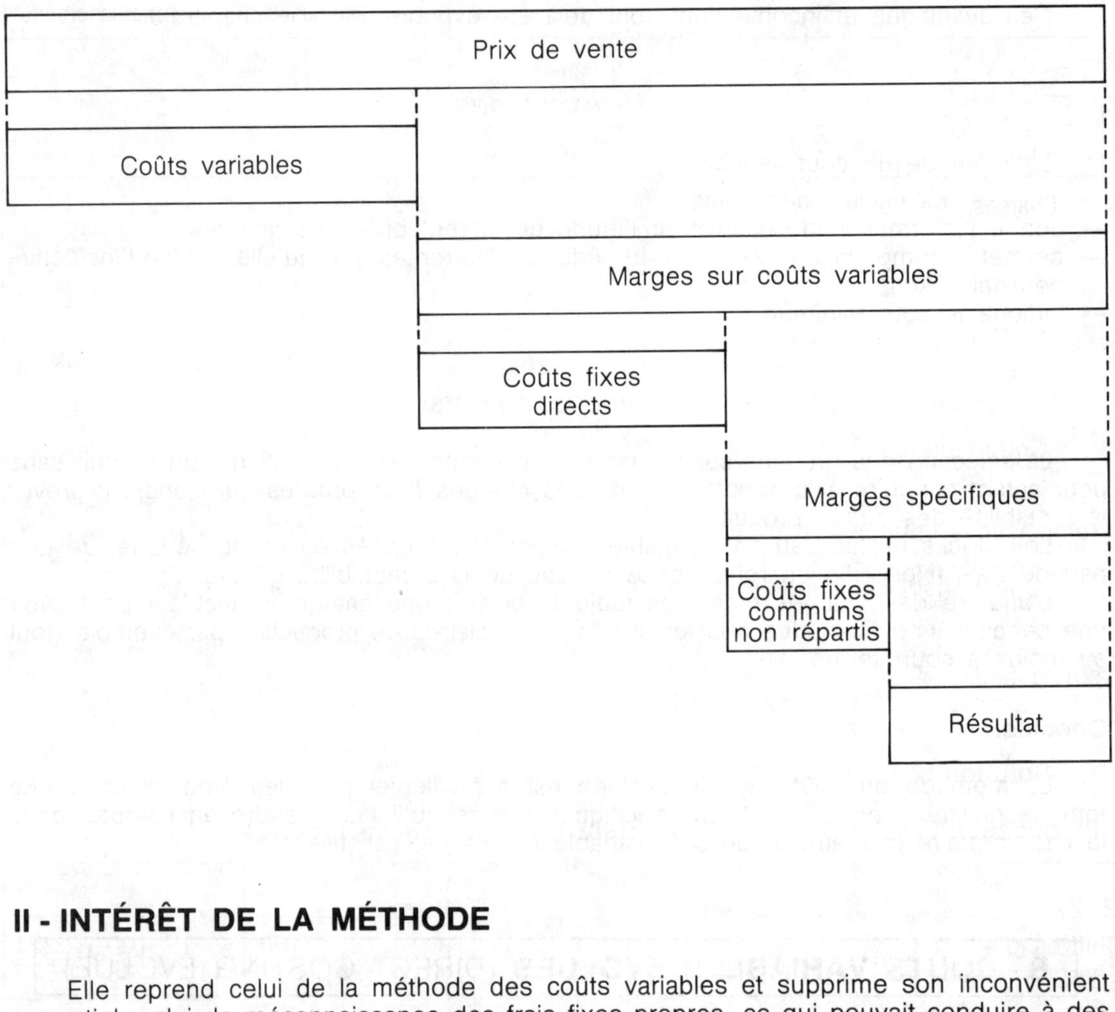

II - INTÉRÊT DE LA MÉTHODE

Elle reprend celui de la méthode des coûts variables et supprime son inconvénient essentiel, celui de méconnaissance des frais fixes propres, ce qui pouvait conduire à des décisions basées sur une rentabilité mal appréciée et parfois en contradiction avec l'intérêt même de l'entreprise.

Exemple : Un produit peut avoir une faible marge sur coût variable, mais peu de frais fixes propres, donc engendrer une marge spécifique plus importante qu'un autre produit mieux placé en marge mais très pénalisé en coûts fixes. Avant de prendre une décision de suppression d'un produit du catalogue, cette méthode permet d'apprécier l'incidence des frais fixes spécifiques sur le résultat global.

III - APPLICATION

La société VOUI fabrique en série des articles de grande consommation.

Afin de réaliser le suivi des coûts, les articles sont regroupés en quatre grandes familles :

— V, O, U, I.

Pour un mois, les informations suivantes sont réunies (en milliers de francs).

	Chiffre d'affaires	Charges variables	Charges fixes spécifiques	
			– Distribution	– Amortissement
— V	960	672	71	75
— O	265	188	15	10
— U	786	574	10	40
— I	210	143	16	14

Charges fixes communes : 225.

Travail à faire :

1 - Sélectionner les familles les plus rentables

— à partir du coût variable simple,

— à partir du coût variable évolué.

Commenter.

2 - Dans le cadre de la politique commerciale sur le produit V, il est envisagé de remplacer la commission proportionnelle aux représentants par un fixe, actuellement 110.

Calculer et comparer les marges.

Que penser du transfert des coûts proportionnels vers les coûts fixes ?

3 - Pour les mois à venir, il est prévu une réduction d'activité exceptionnelle de 30 % sur la famille U.

Calculer les différentes marges et comparer. Commenter.

Solution :

1re question : **Classement des familles de produits**

Éléments	V		O		U		I		Global	
- Chiffres d'affaires	960	100	265	100	786	100	210	100	2 221	100
- Charges variables	672	70	188	71	574	73	143	68	1 577	71
Marges sur coûts variables	288	30	77	29	212	27	67	32	644	29
- Charges fixes spécifiques	146		25		50		30		251	
Marges sur coûts spécifiques	142		52		162		37		393	
- Charges fixes non réparties									225	
Résultat									168	

Classement des familles

— selon la marge coût variable simple : V, U, O, I,

— selon la marge sur coût variable évolué : U, V, O, I.

La marge sur coût variable évolué donne une image plus réelle de la performance du produit. La famille V est nettement meilleure que la famille U qui a des frais fixes élevés à moins d'un effet de seuil ou de palier ou V ou U : il faut être attentif.

La marge sur coût variable sera significative pour les familles à faibles charges fixes spécifiques : familles O et I.

L'analyse des charges fixes pour être significative ne doit pas tomber dans les excès de celle des coûts complets : une trop grande finesse fait perdre de l'intérêt à la méthode.

2e question : Politique de frais sur les produits

Tableau d'exploitation de V

Éléments	V avant transfert		V après transfert		
+ Chiffres d'affaires	960	100	960	100	
− Charges variables	672	70	562	59	672 − 110 = 562
Marge sur coût variable	288	30	398	41	
− Charges fixes spécifiques	146		256		146 + 110 = 256
Résultat	142		142		

La marge sur coût variable est très nettement accrue alors que la rentabilité de la famille n'est pas modifiée ; cette application montre l'intérêt du classement correct des charges.

Le transfert des charges proportionnelles vers les charges fixes est intéressant pour l'entreprise en expansion, mais très pénalisante dans le cas contraire : il faut donc être très attentif dans les choix.

3e question : Effets des variations exceptionnelles

Tableau d'exploitation de U

Éléments	U normal		U exceptionnelle		
+ Chiffre d'affaires	786	100	590	100	786 × (100 − 25)/100
− Charges variables	574	73	419	73	
Marge sur coût variable	212	27	171	27	
− Charges fixes spécifiques	50		50		
Résultat	162		121		

Dans le cas des variations exceptionnelles, la méthode du coût variable simple est suffisante puisqu'elle prend en compte directement la variation de l'activité. Les frais fixes spécifiques ne sont pas affectés dans ce cas.

Exercice n° 1 : Entreprise RAMEDONC

L'entreprise « RAMEDONC » spécialisée dans la vente d'un type de bateau le « QUIK » utilise la méthode du coût variable pour sa gestion.

Pour l'exercice écoulé, exercice N, les informations sont les suivantes :

— production et vente de 1 000 bateaux,
— prix de vente unitaire : 5 000 F,
— Coût proportionnel de production : 3 000 F,
— Coût proportionnel de distribution : 500 F,
— Frais fixes : 500 000 F.

Travail à faire :

— Déterminer le coût proportionnel unitaire, la marge sur coût variable unitaire et le résultat de l'exercice.
— Calculer le point mort.
— Etablir l'équation du résultat (y) en fonction du nombre d'articles (x).
— En faire une représentation graphique. En déduire le point mort.
Cette entreprise a une activité saisonnière. Déterminer la date du point mort, sachant que les ventes, en quantité, sont les suivantes pour l'exercice N :
— JANVIER : 50 — FEVRIER : 100 — MARS : 150 — AVRIL : 200 — MAI : 200 — JUIN : 180 — JUILLET : 60 — AOUT : 20 — SEPTEMBRE : 12 — OCTOBRE : 10 — NOVEMBRE : 10 — DECEMBRE : 8.
— Vérifier graphiquement cette date :
— Représenter la droite du CA.
— Représenter la droite du total des charges (Admettre que les charges fixes sont engagées au début de l'exercice comptable).
L'entreprise « RAMEDONC » désire, pour étendre son activité, vendre un modèle plus simple le « QUICRAME », modèle plus dépouillé que le précédent donc vendu moins cher. L'étude de ce marché et de la fabrication a donné les éléments suivants :
— vente de 500 bateaux à 3 000 F,
— coût prop. de production : réduction de 50 % par rapport au QUIK,
— coût prop. de distribution : majoration de 20 % par rapport au QUIK,
— les frais fixes engagés pour cette nouvelle fabrication : 500 000 F.

Calculer le résultat prévisionnel sur ce bateau et le point mort de cette activité.
Calculer le résultat prévisionnel pour l'année N+1 ainsi que le point mort (par le calcul et par le graphique), sachant que le QUIK sera encore vendu à 1 000 exemplaires.

Exercice nº 2 : Entreprise MOI

L'entreprise MOI fabrique et vend trois produits : NIV, SON, FIC.
A la clôture de l'exercice N, les données de l'exercice ont été reclassées de la façon suivante :

	NIV	*SON*	*FIC*
Prix de vente	*200*	*250*	*300*
Quantités d'articles vendus et fabriqués	*1 000*	*800*	*1 000*
Coût proportionnel	*140*	*200*	*225*
Charges fixes globales		*105 000*	

Travail à faire :

1 - Question :
Déterminer le seuil de rentabilité.
2 - Classer les produits en fonction de leur rentabilité. Quel critère utiliser ?
3 - Question :
La capacité de production totale a été utilisée au cours de l'exercice N. Déterminer la production à réaliser pour obtenir le bénéfice maximum, sachant que les articles ont nécessité les temps de traitement suivants :
— NIV = 5 heures-machines,
— SON = 2 heures-machines,
— FIC = 10 heures-machines.

Pour tenir compte du marché, la production ne pourra évoluer qu'entre les limites suivantes :
— NIV compris entre – 20 % et + 40 % ;
— SON " " – 10 % et + 50 % ;
— FIC " " – 30 % et + 20 %.

Exercice n° 3 : Société BIDE

La S.A. BIDE fabrique en particulier des violons de très bonne qualité, finis de façon artisanale.

1) Pour la fabrication d'un violon, il faut :

— Fabrication de la caisse de l'instrument (table, fond, côtés) :
- *Bois : 500 F ;*
- *1 h de machine à 60 F de l'heure ;*
- *20 h de main-d'œuvre à 80 F de l'heure.*

— Montage des petites pièces et finition :
- *Fournitures : 900 F ;*
- *10 h de main-d'œuvre, à 80 F l'heure.*

Travail à faire :

Calculer le coût variable d'un violon.

2) Au cours des années précédentes, l'entreprise a vendu le nombre de violons suivant :

Années	*1980 (1)*	*1981 (2)*	*1982 (3)*	*1983 (4)*	*1984 (5)*	*1985 (6)*	*1986 (7)*	*1987 (8)*	*1988 (9)*
Nombre de violons vendus	*80*	*120*	*130*	*170*	*180*	*230*	*260*	*300*	*330*

L'entreprise souhaite connaître le nombre prévisionnel de violons vendus en 1989.

Travail à faire :

Rechercher l'équation de la droite d'ajustement (méthode des moindres carrés) afin de faire apparaître la progression des ventes en fonction du temps. Calculer les ventes prévisionnelles pour 1989.

3) L'entreprise BIDE attache beaucoup d'importance à la réalisation de bénéfices en 1989 et espère y parvenir en particulier grâce aux ventes de violons.

Travail à faire :

Sachant que les coûts fixes à couvrir grâce aux ventes de violons s'élèvent à 89 000 F et que le seuil de rentabilité pour les violons doit être atteint le 1er avril 1989, déterminer le prix (HT) auquel les violons devront être vendus en 1989 (on supposera que les ventes sont réparties de façon égale sur tous les mois de l'année).

Remarque : pour ce type de violons, les prix de la concurrence sont compris entre 4 500 F et 5 000 F.

Exercice n° 4 : Entreprise NICE

L'entreprise NICE vous fournit les renseignements suivants relatifs à l'exercice N qui vient de se terminer :

— CA réalisé (HTVA)	*1 000 000*
— Coût prop. de Prod.	*600 000*
	400 000
— Coût prop. de Dist.	*100 000*
Marge sur coût variable	*300 000*
— Frais fixes	*100 000*
Marge nette	*200 000*

Travail à faire :

1 - Question :

L'entreprise a fabriqué et vendu 10 000 articles.

Exprimer le résultat y en fonction des articles produits et vendus.

Calculer le prix de vente sous lequel l'entreprise ne pouvait pas descendre.

2 - Question :

Pour l'exercice N+1, l'entreprise NICE peut réaliser les opérations suivantes :

- *accroissement de la capacité de production de 20 %, à condition de réaliser un investissement de 120 000 F (TVA 20 % comprise) amortissable en 5 ans — amortissement constant.*
- *variation des quantités vendues de 10 % pour toute variation contraire de 5 % du prix de vente unitaire (base : année N).*

Exprimer le résultat Y en fonction du prix de vente unitaire X.

Calculer le prix de vente qui donnera le bénéfice maximum.

Calculez le bénéfice correspondant.

En supposant que les responsables acceptent cette solution, comparer la situation N et N+1.

Chapitre 18

COÛTS DIRECTS

I - LA MÉTHODE DES COÛTS DIRECTS

Les charges sont réparties en charges directes et charges indirectes.
Le coût direct est constitué (1) :

— des charges qui lui sont directement affectées, ce sont le plus souvent, des charges « opérationnelles » ou variables,
— des charges qui peuvent être rattachées à ce coût sans ambiguïté, même si elles transitent par des centres d'analyse ; certaines de ces charges sont « opérationnelles » (ou variables) ; d'autres sont « de structure ».

La contribution du produit à la formation du résultat est égale à la différence entre les ventes et le coût direct ; elle mesure la performance du produit.
Les calculs peuvent être schématisés de la façon suivante :

voir annexe 1 page suivante.

II - INTÉRÊT DE LA MÉTHODE

L'emploi des coûts directs se justifie (1) :

— lorsque la structure de l'entreprise est telle que les coûts des centres d'analyse qui peuvent être imputés, sans ambiguïté, aux coûts recherchés sont importants par rapport aux autres,
— dans le cas où l'entreprise cherche à modifier sa gamme de produits sans pour cela modifier sa structure de base face à un marché qui lui impose des restrictions dans certains secteurs et lui permet des développements importants dans d'autres. Le calcul des coûts directs et des marges qui en résultent permet de mesurer l'apport fait par les différents secteurs à la couverture des charges et des coûts communs.

(suite page 279)

(1) D'après Plan Comptable Général.

Annexe 1

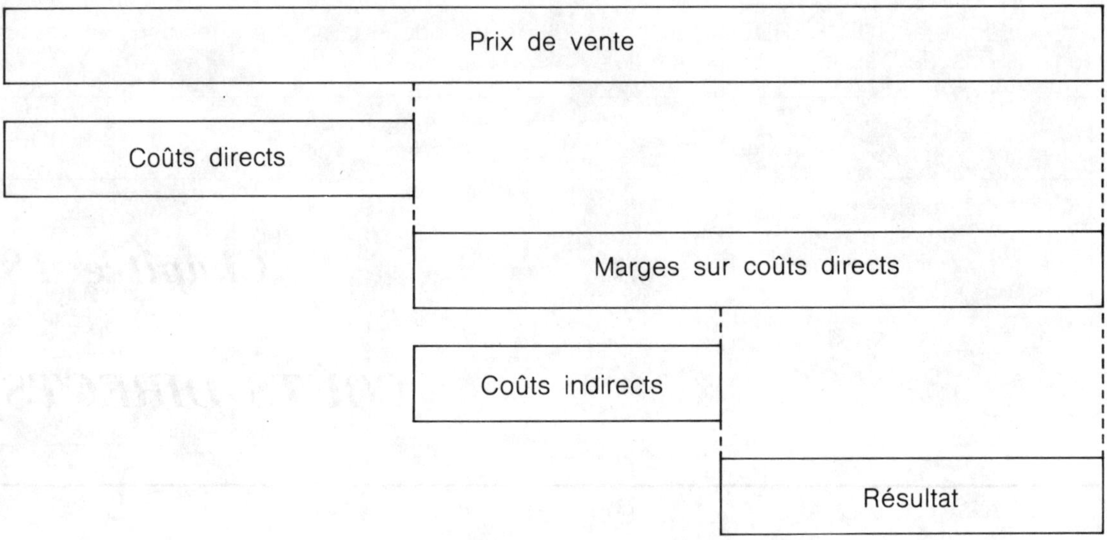

Annexe 2 : Tableau d'exploitation

Éléments	BAR		GUI		MODE		GLOBAL	
	Détail	Montant	Détail	Montant	Détail	Montant	Détail	Montant
— Ventes		24 500		16 400		7 100		48 000
— Coûts de production directs des produits vendus								
– Achats de matières premières	4 500		2 550		1 800		8 850	
+ Var. des stocks	200		(150)		300		350	
– Charges de production	15 400		7 600		3 500		26 500	
Coûts directs de la production	20 100		10 000		5 600		35 700	
+ Var. du stock	2 400		1 500		(600)		3 300	
Coûts directs des produits vendus	22 500	— 22 500	11 500	— 11 500	5 000	— 5000	39 000	39 000
Marges sur coûts directs de production		2 000		4 900		2 100		9 000
Coûts directs de distribution		— 720		— 240		— 140		1 100
Marges sur coûts directs		1 280		4 660		1 960		7 900
Charges indirectes non réparties								7 800
Résultat								100

III - APPLICATION

La société GUIMBARDE a, au cours d'une période, réalisé les opérations suivantes (en millions de francs) :

Éléments / Produits	BAR	GUI	MODE
Achats de matières premières (coûts d'achat)	4 500	2 550	1 800
Variations de stocks de matières premières	200	(150)	300
Charges directes de production	15 400	7 600	3 500
Variations de stocks de produits finis	2 400	1 500	(600)
Charges directes de distribution	720	240	140
Charges indirectes non réparties		7 800	
Ventes	24 500	16 400	7 100

Travail à faire :

Calculer les marges et le résultat.

Solution : voir Annexe 2 page précédente.

Cette analyse met en évidence l'intérêt des produits GUI et MODE par rapport au produit BAR. Il semble opportun de remettre en cause la fabrication et la vente du produit BAR. Faut-il le supprimer ? Sa marge est toujours positive. Faut-il remettre en cause son processus de fabrication ? Les coûts sont élevés. Faut-il le remplacer ?

L'analyse de gestion qui complète les calculs permet généralement d'éclairer les décideurs. Une étude complétée par le comportement des charges serait la bienvenue dans la demande du gestionnaire qui doit limiter au maximum les risques d'erreurs (voir méthode du coût variable évolué).

IV - AVANTAGES ET INCONVÉNIENTS DE LA MÉTHODE

Ces avantages et inconvénients ont déjà été évoqués dans le chapitre 3.

1 - Avantages

La méthode du coût direct :

— simplifie le calcul des coûts puisqu'elle ne propose pas la répartition des charges indirectes, assez souvent arbitraire ;
— donne des indications sur la rentabilité des produits.

2 - Inconvénients

Les stocks évalués au coût direct doivent être corrigés en fin de période, sinon ils sont sous évalués.

L'analyse des charges n'est pas toujours aisée.

Exercice n° 1 : Entreprise ROMIN

Du compte « Résultat » 1989 de l'entreprise ROMIN, vous extrayez les informations suivantes :

Achats boulangerie .... 127 000 F,
Achats pâtisserie .... 95 000 F,
Achats confiserie .... 83 500 F.

Les achats s'entendent frais sur achats inclus.

Les stocks ont ainsi varié par rapport à la fin de l'année 1988 :

Augmentation du stock boulangerie .... 1 000 F,
Augmentation du stock pâtisserie .... 7 000 F,
Diminution du stock confiserie .... 3 500 F.

Par ailleurs, M. ROMIN vous communique ceci :

— *les frais se répartissent en frais directs 197 000 F et en frais fixes, non répartis 157 000 F,*
— *les taux de marge sur coût d'achat sont pour la Boulangerie 65 % et pour la Confiserie 25 %,*
— *le bénéfice de l'exercice 1989 est de 104 450 F,*
— *la part des frais directs de la Pâtisserie est de 44 000 F.*

M. ROMIN souhaite que cette branche de son activité lui assure la couverture des frais fixes à concurrence de 80 000 F.

Travail à faire :

1 - Déterminer le chiffre d'affaires par secteur d'activité.
2 - Pour le secteur Pâtisserie, calculer :

— *le taux de marge sur le coût d'achat,*
— *le résultat net.*

Exercice n° 2 : Entreprise RAPSO

L'entreprise RAPSO fabrique et commercialise trois familles de produits A, B et C. Elle utilise la méthode suivante des coûts complets, ceux-ci étant composés de charges directes et de charges de structure.

Les charges de structure sont réparties entre les produits en proportion des charges directes de chacun.

Le tableau ci-dessous résume tous les renseignements relatifs à l'exploitation :

Coûts complets

	A	*B*	*C*	*Total*
Quantités vendues	*8 000*	*5 000*	*6 000*	
Charges directes	*280 000*	*600 000*	*510 000*	*1 390 000*
Charges de structure	*350 000*	*750 000*	*637 500*	*1 737 500*
Coût total	*630 000*	*1 350 000*	*1 147 500*	*3 127 500*
Coût de revient unitaire	*78,75*	*270*	*191,25*	
Prix de vente unitaire	*85*	*262*	*200*	
Résultat unitaire	*+ 6,25*	*− 8*	*+ 8,75*	
Résultat global	*+ 50 000*	*− 40 000*	*+ 52 500*	*+ 62 500*

A - Le produit B entraînant des pertes, on envisage de le supprimer et de développer l'activité pour les produits A et C.
On prévoit alors pour la période suivante de fabriquer et de vendre 12 000 produits A et 9 000 produits C.
La structure de l'entreprise n'est pas modifiée, les prix de vente unitaires restent les mêmes.
Les charges directes sont les seules charges variables.

Travail à faire :

Présenter le tableau des coûts complets pour les produits A et C pendant la période envisagée (même présentation que le tableau ci-dessus). Les charges de structure seront réparties selon le même principe que précédemment. Que se passe-t-il, comment l'expliquez-vous ?

B - Au lieu de supprimer le produit B, la direction vous demande de faire une nouvelle analyse de la situation initiale selon la méthode du coût variable.

Travail à faire :

Reprendre les données fournies pour les trois produits, mais présenter le tableau ne faisant apparaître la marge sur le coût variable pour chacun des produits. L'ensemble des frais de structure sera déduit du total de la marge sur coûts variables. Qu'en concluez-vous ? Expliquez.

C - Finalement l'entreprise réalise une analyse plus poussée des charges de structure et constate que ces frais concernent A pour 600 000, B pour 450 000 et C pour 310 000 et le reste est commun aux trois produits.

Travail à faire :

Reprendre les données, calculer les marges. Qu'en concluez-vous ? Expliquez.

Exercice n° 3 : Société HATI

La société HATI fabrique et vend deux catégories de produits : A et B.

Au 1.1.89 elle ne dispose d'aucun stock, ni de matières premières, ni de produits finis.

Pour la période du 01.01.89 au 31.12.89, nous constatons :

- *des achats de matières premières : 10 000 kg à 20 F le kg = 200 000 F (destinés à la fabrication des 20 000 produits A réalisés au cours de la période),*
- *20 000 kg à 20 F le kg = 400 000 F (destinés à la fabrication des 30 000 produits B réalisés au cours de la période).*

Les achats représentent la seule consommation de matières premières de la période et sont considérés comme des charges directes, variables.

Les autres charges par nature sont considérées comme indirectes :

La partie variable de ces charges indirectes s'élève 1 065 000 F qui se répartit entre les fonctions suivantes :
Entretien, approvisionnement, production, distribution.

Le tableau de répartition de ces charges indirectes variables se présente comme suit :

Charges	*Montant*	*Centre auxiliaire entretien*	*Centres principaux*		
			Approvisionnement	*Production*	*Distribution*
Comptes 61 à 68	*1 065 000*	*150 000*	*195 000*	*600 000*	*120 000*
Entretien		*0*	*60 000*	*60 000*	*30 000*
Montant total de chaque centre			*255 000*	*660 000*	*150 000*
Unité d'œuvre			*kg acheté*	*Unité fabriquée*	*Unité vendue*
Nombre d'unités d'œuvre			*30 000*	*50 000*	*40 000*
Coût de l'unité œuvre			*8,50*	*13,2*	*3,75*

Travail à faire :

1 - Sachant que l'entreprise vend au cours de cette période la moitié de chacune des productions réalisées :

a) Déterminer le coût d'achat variable global et unitaire des matières premières.

b) Déterminer le coût de production variable global et unitaire :

— des produits A fabriqués,
— des produits B fabriqués.

c) Déterminer le coût de revient variable global :

— des produits A vendus,
— des produits B vendus.

2 - Sachant que :

— le prix de vente des 18 000 A vendus s'élève à 1 080 000,
— le prix de vente des 22 000 B vendus s'élève à 781 000,
— les charges directes fixes sont de 300 000 pour A,
de 100 000 pour B.

a) Déterminer la marge sur coût variable

— des produits A vendus,
— des produits B vendus.

b) Déterminer le seuil de rentabilité en unités à produire :

— pour les produits A,
— pour les produits B.
— pour l'entreprise si les frais fixes communs sont de 300 000 F.

3 - Sachant que les données restent identiques, déterminer pour chaque produit les marges sur coûts directs, le résultat direct. Expliquer.

Chapitre 19

COÛT MARGINAL

I - NOTION DE COÛT MARGINAL

Une entreprise fabrique 10 séries pour 125 000 F dont 95 000 F de charges variables et 30 000 F de charges fixes dans un palier 8 séries à 11 séries.

L'entreprise reçoit une commande supplémentaire pour une série, ce client d'un marché à l'exportation non touché pour l'instant demande une qualité spécifique qui augmente les coûts variables de 10 %.

Le coût de la commande supplémentaire : la 11e, sera formé :

— des charges variables :	(95 000/10) × (100 + 10)/100	= 10 450
— des charges fixes :	30 000 − 30 000	= 0
Coût de l'unité supplémentaire : la 11e		**= 10 450**

Le même client peut commander une série supplémentaire, la 12e, dans ce cas le palier de frais fixes est franchi et les coûts fixes passent à 34 000 F.

Le coût de la commande supplémentaire : la 12e, sera formé :

— des charges variables :	(95 000/10) × (100 + 10)/100	= 10 450
— des charges fixes :	34 000 − 30 000	= 4 000
Coût de l'unité supplémentaire : la 12e		**= 14 450**

Le coût de l'unité supplémentaire représente le coût marginal ; il peut être formé de charges variables, de charges fixes, des charges de deux catégories.

L'approche du coût marginal peut être réalisée sous l'aspect mathématique ou sous celui de la gestion.

II - ÉTUDE MATHÉMATIQUE

1 - Les coûts

On appelle :

— **coût total : C**. L'ensemble des dépenses engagées pour la réalisation d'une certaine production : Q.

$C = f(Q)$

— **coût moyen : M**. Le coût unitaire du produit fabriqué

$$M = \frac{C}{Q} = \frac{f(Q)}{Q} \Rightarrow C = Q \cdot M$$

— **coût marginal : C'.** L'accroissement du coût total pour l'accroissement de la production. On considère que le coût marginal est égal à la **dérivée du coût total** : $C'(Q)$

Application n° 1

Le coût total d'une entreprise est représenté par la fonction f(Q) = C
$C = Q^3 - 2Q^2 + 6Q$

Travail à faire :

Calculer le coût moyen, le coût marginal.

Solution :

— coût moyen : $M = \frac{C}{Q} = Q^2 - 2Q + 6$

— coût moyen minimum :
Etude de la dérivée de M.
$M'(Q) = 2Q - 2$; $M'(Q) = o$ pour $Q = 1$

Tableau de variation de la fonction : Q → M (Q)

Q	0		1		
M'*(Q)*		−	0	+	
M *(Q)*	6	↘	5	↗	

Coût moyen minimum pour $Q = 1$

$$M(1) = 1^2 - (2 \times 1) + 6 = 5$$

— Coût marginal

$$C'(Q) = 3Q^2 - 4Q + 6$$

— Coût marginal correspondant au coût moyen minimum pour Q = 1

$$C'(1) = (3 \times 1^2) - (4 \times 1) + 6 = 5$$

Le coût moyen est minimum lorsqu'il est égal au coût marginal.

Application n° 2

— Le coût marginal d'une entreprise est représenté par $C'(Q) = 4Q - 12$.

Travail à faire :

Déterminer la fonction du coût total si l'on sait que $C = 40$ pour $Q = 1$.

Solution :

— Le coût total peut être considéré comme la primitive du coût marginal : $f(Q)$

$$F(Q) = 2Q^2 - 12Q + k \text{ (}k\text{ constante)}$$

On sait que pour $Q = 1$, $F(1) = 40$ ce qui permet de calculer k :

$$F(1) = 2Q^2 - 12Q + k = 40 \Rightarrow k = 40 + 12 - 2 = 50$$

La fonction du coût total est donc définie par $C(Q)$

$$C(Q) = 2Q^2 - 12Q + 50$$

— Le coût moyen :

$$M = \frac{C}{Q} = 2Q - 12 + \frac{50}{Q}$$

2 - L'optimum économique

a) Définition

Déterminer l'optimum économique c'est calculer la quantité à produire pour maximiser le résultat.

b) L'optimum dans le cas du prix de vente constant

Si l'on appelle P le prix de vente unitaire,

— La recette totale $\overline{R}$ est :

$$R = P \times Q$$

— La recette moyenne $\overline{R}$ est :

$$\overline{R} = \frac{R}{Q} = \frac{P \times Q}{Q} = P$$

— La recette marginale R' est la dérivée de la recette totale :

$$R' = P$$

— Lorsque le prix de vente est constant, recette moyenne et recette marginale sont confondues.

— Le résultat est égal à la recette totale moins le coût total

$$r = R - C = (P \times Q) - C$$

— Le résultat est maximum lorsque la dérivée s'annule

$$r' = P - C' \quad r' = O \Rightarrow P = C'$$

donc, le résultat est maximum lorsque le prix de vente unitaire (P) est égal au coût marginal (C').

Exemple :

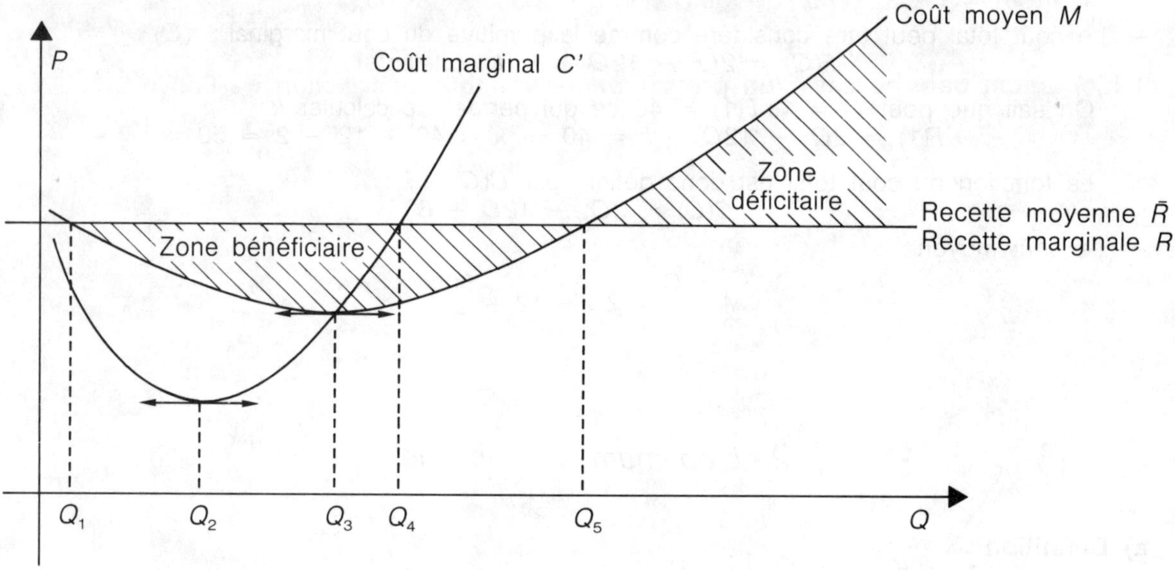

Interprétation des intersections :

Q_1 correspond au seuil de rentabilité
Q_2 correspond au coût marginal minimum
Q_3 correspond au coût moyen minimum
Q_4 correspond à l'optimum économique
Q_5 correspond au seuil de rentabilité

Application

Soit l'entreprise FANFAN dont le coût total de production est $C(Q) = 2\,500 + 40Q + 3Q^2$. Calculer la quantité à vendre pour optimiser son profit, sachant que le prix de vente unitaire est égal à 400 F.

— **1re solution**

Nous avons remarqué que le résultat était maximum lorsque le coût marginal était égal à la recette marginale.

- Coût marginal : $C' = 6Q + 40$
- Recette marginale : $R' = 400$
- Le profit est maximum pour $C' = R'$

$$6Q + 40 = 400 \Rightarrow Q = 60$$

— **2e solution**

Nous allons calculer le résultat :

$r = (400 \times Q) - [2\,500 + 40Q + 3Q^2]$
$r = -3Q^2 + 360Q - 2\,500$

Etudions la dérivée de r :

$$r' = -6Q + 360 \; ; \; r' = 0 \text{ pour } Q = 60$$

Q	0		60	
r'(Q)		+	0	−
r(Q)	−2 500	↗	8 300	↘

Le résultat est maximum pour $Q = 60$

$r(60) = (-3 \times 60^2) + (360 \times 60) - 2\,500 = 8\,300$

c) L'optimum dans le cas d'un prix de vente variable en fonction de l'offre

Exemple :

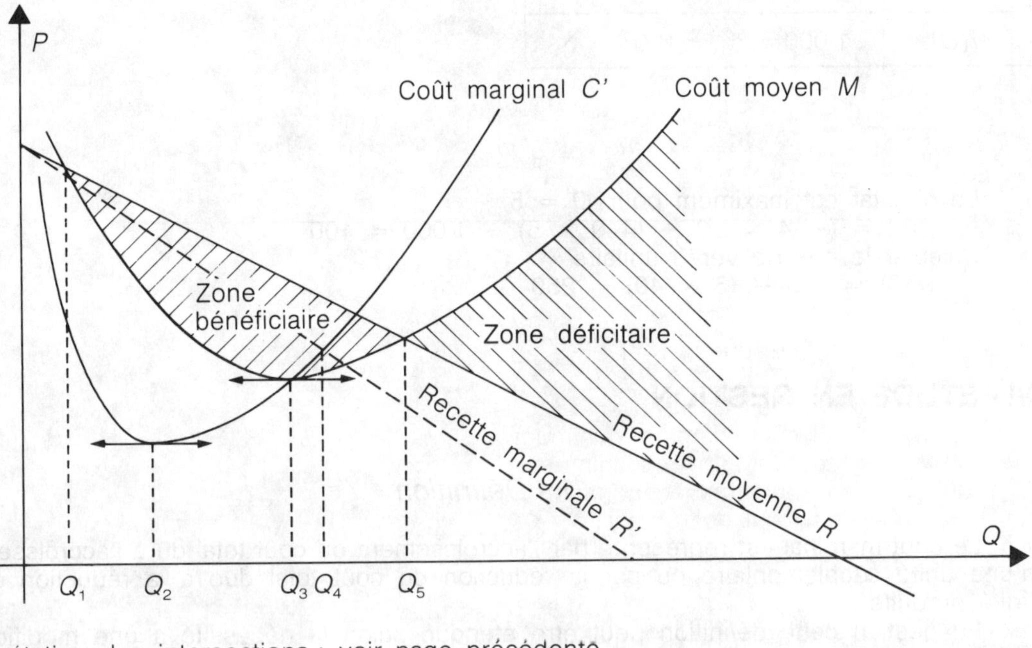

Interprétation des intersections : voir page précédente.

Application

Soit l'entreprise TULIPE dont le coût de production est $C(Q) = 1\,000 + 10Q + 4Q^2$.

Travail à faire

Calculer la quantité à vendre pour optimiser son profit, sachant que le prix de vente unitaire est :

$P(G) = 450 - 40Q.$

— 1re solution

Nous avons remarqué que le résultat était maximum lorsque le coût marginal était égal à la recette marginale :

- Coût marginal : $C' = 8Q + 10$.
- Recette totale : $R = (450 - 40Q)Q = 450Q - 40Q^2$.
- Recette marginale : $R' = 450 - 80Q$.
- Le profit est maximum pour $C' = R'$.

$$8Q + 10 = 450 - 80Q \Rightarrow Q = 5$$

— 2e solution

Nous allons calculer le résultat :

$r = (450Q - 40Q^2) - (1\,000 + 10Q + 4Q^2)$

$r = 450Q - 40Q^2 - 1\,000 - 10Q - 4Q^2 = -44Q^2 + 440Q - 1\,000$

Etudions la dérivée de r :

$r' = -88Q + 440$; $r' = 0$ pour $Q = 5$

Q	0		5	
$r'(Q)$		+	0	−
$r(Q)$	−1 000	↗	100	↘

Le résultat est maximum pour $Q = 5$

$r(5) = (-44 \times 5^2) + (440 \times 5) - 1\,000 = 100$

Calculer le prix de vente unitaire :

$P(5) = 450 - (5 \times 40) = 250$

III - ÉTUDE EN GESTION

1 - Définition

Le coût marginal est représenté par l'accroissement du coût total dû à l'accroissement d'une unité supplémentaire ou par la réduction du coût total due à la réduction d'une unité produite.

En gestion cette définition peut être étendue selon la nécessité à une modification plus importante.

Cette étude se situe toujours dans le futur.

Bien souvent la décision impliquera :

— **un coût supplémentaire** ou **une réduction de coût : coût marginal**,
— **une recette supplémentaire** ou **une économie sur les coûts : recette marginale.**
— la **comparaison** du **coût marginal** et de la **recette marginale : résultat marginal** ou **contribution marginale**.

2 - Principe

La comparaison coût marginal et recette marginale est souvent un critère de décision : on peut donc considérer que le coût marginal est un coût pertinent, et que la contribution marginale est un indicateur de même nature.

3 - Applications

Ces applications sont nombreuses :

— maximisation du résultat,
— décision de production,
— choix d'investissement,
— rentabilité des produits joints

et se situent souvent dans le cadre des décisions relatives à des opérations exceptionnelles par rapport aux opérations courantes.

Application n° 1 : Maximisation du résultat

L'entreprise BROC travaille en séries dans les conditions suivantes :

Nombre de séries	Charges fixes	Charges proportionnelles	Coût total
20	600	800	1 400
21	600	840	1 440
22	600	895	1 495
23	800	950	1 750
24	800	1 060	1 860
25	800	1 170	1 970
26	800	1 280	2 080
27	1 200	1 390	2 590
28	1 200	1 510	2 710
29	1 200	1 630	2 830
30	1 300	1 760	3 060

Prix de vente de la série : 100 F.

Travail à faire :

Calculer le coût moyen, le coût marginal de la série. Sélectionner la production optimale.

Solution :

Nombre de séries	Coût total	Coût moyen	Coût marginal	Recette marginale	Contribution marginale	
20	1 400	79	—	—	—	
21	1 440	69	40	100	+ 60	
22	1 495	68	55	100	+ 45	Décision optimale
23	1 750	76	255	100	−155	Effet de Seuil
24	1 860	78	110	100	− 10	
25	1 970	79	110	100	− 10	
26	2 080	80	110	100	− 10	
27	2 590	96	510	100	−410	Effet de Seuil
28	2 710	97	120	100	− 20	
29	2 830	98	120	100	− 20	
30	3 060	102	230	100	−130	Effet de Seuil

Dans cet exemple très simplifié, la décision est engendrée par **la contribution marginale qui, lorsqu'elle est positive, met en évidence une amélioration du résultat de l'entreprise et une détérioration dans le cas contraire.**

L'entreprise a son résultat optimal à la 22e série :

— Résultat pour 22 séries :
100 × 22 − 1 495 = 705
— Résultat pour 23 séries :
100 × 23 − 1 750 = 550

La comparaison vérifie bien l'incidence de la contribution marginale : − 155 (voir tableau ci-dessus).

Application n° 2 : Décision de production

L'entreprise ZAURI fabrique actuellement 8 000 moteurs par mois qu'elle distribue par son canal de grossistes dans les conditions suivantes :

— Capacité de production et de distribution utilisée en moyenne : 80 %.
— Coût unitaire moyen :
    — de production 1 500 F
    — de distribution 200 F
— Prix de vente hors TVA : 2 200 F.
— Les coûts incluent 30 % de frais fixes de production et 60 % de frais fixes de distribution.

Travail à faire :

1 - Comment traiter une commande mensuelle supplémentaire régulière de 1 500 moteurs :

— par une chaîne de revendeurs, les frais de distribution seraient réduits de 80 % (frais proportionnels) ;
— par un constructeur automobile qui les monte sur ses véhicules, les frais de distribution seraient réduits de 100 %.

2 - Le constructeur propose d'acheter, chaque mois, 4 000 moteurs au prix unitaire de 1 500 F.

Que faire ?

— l'accroissement de capacité de 4 000 unités coûte mensuellement 1 400 000 F (fractionnement impossible),
— le recours possible a la sous-traitance 1 550 F à l'unité.

Solution :

1re Question : Commande supplémentaire — Coût marginal ?

Cas de la chaîne de revendeurs

Cette chaîne se trouve sur le même marché que celui des grossistes ; la demande prévue est régulière, il n'est donc pas possible de traiter cette commande en coût marginal sans prendre à terme de gros risques de rentabilité globale.

Il est donc souhaitable de la traiter :

— pour le coût de production : sur le coût moyen,
— pour la distribution : sur le coût moyen corrigé par l'effet de masse indiqué.

Cette étude peut conduire à prendre la base suivante :

— coût de production :

— coût fixe :	1 500 × 30/100 × 8 000/9 500	≃	379
— coût proportionnel :	1 500 × 70/100	=	1 050
	Coût de production		1 429

— Coût de distribution :

— coût fixe :	200 × 60/100 × 8 000/9 500	=	101
— coût proportionnel :	200 × 40/100 × 20/100	≃	16
	Coût de distribution		117
Coût de revient de référence			1 543

au lieu de 1 700

La négociation du prix de vente pourra normalement se faire sur cette base — avec un effort sur la marge pour tenir compte de l'importance de la commande qui réalisera une baisse du coût de revient pour l'ensemble de la production.

Cas du constructeur automobile

Ce client **ne se trouve pas sur le même marché**, il s'agit bien dans ce cas d'une **commande additionnelle** que l'on peut traiter à l'aide du **coût marginal**.

Cette étude peut conduire à prendre en compte les bases suivantes :

— coût de production :

— fixe : il est nul puisque la production de 1 500 moteurs est dans le palier de frais fixes : production inférieure ou égale à 8 000 × 100/80 = 10 000 unités ;

— proportionnel : 1 500 × (100 − 30)/100 = 1050

coût de production = 1050

— coût de distribution :

— fixe : il est nul puisque la distribution de 1 500 moteurs est dans le palier de frais fixes : distribution inférieure ou égale à 10 000 unités = 0

— proportionnel : 200 × (100 − 60)/100 × (100 − 100/100) = 0

coût de distribution 0

Coût de revient de référence 1 050.

Ce coût peut servir de base à la négociation.

2e question : Décision de production ou de sous traitance

Le constructeur propose d'acheter 4 000 moteurs au prix unitaire de 1 500 F ; cette production nécessite un accroissement de la capacité de production, d'où un accroissement des charges fixes :

— charges fixes supplémentaires :	1 400 000
— charges proportionnelles supplémentaires :	1 050
Coût marginal : 1 400 000 + 1 050 × 4 000	= 5 600 000
Coût marginal unitaire : 5 600 000/4 000	=1 400
Prix proposé	1 500
Contribution marginale unitaire	+100

La contribution marginale est positive : l'entreprise a intérêt à accepter le marché et elle disposera d'une capacité disponible de 2 000 unités pour faire face à une augmentation de la demande.

— Doit-elle faire sous-traiter ou accroître sa capacité de production ?

- l'accroissement engendre une dépense supplémentaire de 1 400 000 F de frais fixes, ce qui lui donne un coût marginal pour les 2 000 unités au-delà de la capacité actuelle de :

— coût fixe : 1 400 000/2 000 = 700
— coûts proportionnels
— de production 1 050
— de distribution /
coût marginal 1 750

- la sous-traitance engendre un coût marginal de 1 450 F.

Choix : Au sens des coûts la sous-traitance est moins coûteuse que l'accroissement de la capacité.
La structure, au moindre coût, donne :

— 2 000 unités dans l'entreprise — coût : 1 050 × 2 000 = 2 100 000
— 2 000 unités en sous-traitance — coût : 1 450 × 2 000 = 2 900 000
Coût marginal 5 000 000

à l'unité 1 250
Recette marginale : 1 500
Contribution marginale unitaire 250

Cette contribution est nettement supérieure à la solution interne. La sous-traitance est moins coûteuse et plus souple : elle représente une solution intéressante qu'il ne faut pas négliger. Mais il faut tenir compte du fait que l'on peut faire naître un concurrent potentiel sur le marché : le sous-traitant.

La décision finale doit tenir compte
— de la tendance du marché (expansion ou récession),
— de la volonté d'indépendance,
— des termes du contrat.

Application n° 3 : Décision de production — Effet de gamme de produits

La société GAMCHOIX fabrique et distribue actuellement trois gammes de produits. Cette fabrication est distribuée actuellement dans les conditions suivantes :

Gammes / Eléments	CRA	CROC	BRIC	TOTAL
Ventes	250 000	300 000	90 000	640 000
Charges variables	160 000	200 000	50 000	410 000
Marges aux coûts variables	90 000	100 000	40 000	230 000
Charges fixes	30 000	40 000	65 000	135 000
Résultat	60 000	60 000	(25 000)	95 000

Les prévisions d'exploitant sont identiques aux réalisations.

Travail à faire :

Doit-on abandonner la gamme BRIC ?

Solution :

Le résultat déficitaire sur la gamme semble conduire à la suppression de la gamme, à condition que cette opération entraîne la suppression des frais fixes directs. Une étude des frais fixes montre que ceux-ci ne seraient réduits que de 10 000 F.

Avant de prendre la décision, il faut contrôler son effet sur le résultat global.

— Résultat de la gamme : déficit de 25 000.
— Suppression de la gamme :
  — Coût incompressible : 65 000 − 10 000 = 5 500 à transférer sur les autres produits sans modification de leur production si la capacité dégagée par BRIC ne peut être employée. Dans ce cas :
  — Un déficit de 25 000 est remplacé par un coût de 55 000, l'entreprise n'a pas intérêt à réaliser cette opération car elle perdrait alors : 55 000 − 25 000 = 30 000 et son résultat global deviendrait :
  60 000 + 60 000 − 55 000 = 65 000
  ou 95 000 − 30 000 = 65 000 Résultat en baisse

Cette suppression peut être intéressante s'il est possible :
— de supprimer les frais fixes,
— de transférer les capacités sur les produits à plus forte marge pour les facteurs rares...

Application n° 4 : Décision d'investissement

L'entreprise AVAR fabrique actuellement un produit à partir d'une matière première coûteuse à l'aide d'une machine qui génère une perte de 25 %. Il est possible de remplacer le système actuel par un matériel qui réduit la perte à 5 %.

Travail à faire :

Doit-on réaliser la modification ?

— Coût du traitement mensuel actuel :
  — amortissement de la machine : 10 000,
  — fonctionnement : 140 heures à 150 F,
  — matières utilisées (poids bruts) : 9 000 kg à 200 F.
— Coût du traitement envisagé :
  — amortissement de la machine : 40 000,
  — fonctionnement : 160 heures à 180 F pour un poids net identique. La machine réduit la perte par un allongement du temps de traitement.

Solution :

L'étude n'est conduite que sur le plan de l'exploitation sans tenir compte du financement et des impôts.

La décision doit être prise sur la base de la valeur de la contribution marginale.

— Coût du traitement actuel :
10 000 + 150 × 140 + 200 × 9 000 = 1 831 000.
— Coût du traitement envisagé :

$$40\,000 + 180 \times 160 + 9\,000 \times (100-25)/100 \times \frac{100}{95} \times 200 = 1\,489\,853$$

La contribution marginale serait de (1 831 000 − 1 489 853) **341 147 F** largement positive. L'opération est donc à réaliser.

Une autre solution pouvait être employée à partir des variations :

— Economie sur la matière :

$$\left(9\,000 - 9\,000 \times 0{,}75 \times \frac{100}{95}\right) \times 200 = 378\,947$$

— Coûts supplémentaires : = −37 800

— amortissements : 40 000 − 10 000 = 30 000

— fonctionnement 7 800
(180 × 160 − 150 × 140)

Contribution marginale **341 147 F**

Les résultats sont évidemment identiques pour chaque solution.

Application n° 5 : Rentabilité des produits joints

La fabrication du produit BASE de l'entreprise QUIK engendre un sous-produit, le SOUS, qui peut être vendu en l'état, ou être transformé pour être vendu plus cher.

Travail à faire :

Doit-on vendre au premier stade ou au deuxième stade le sous-produit ?

Conditions d'exploitation :

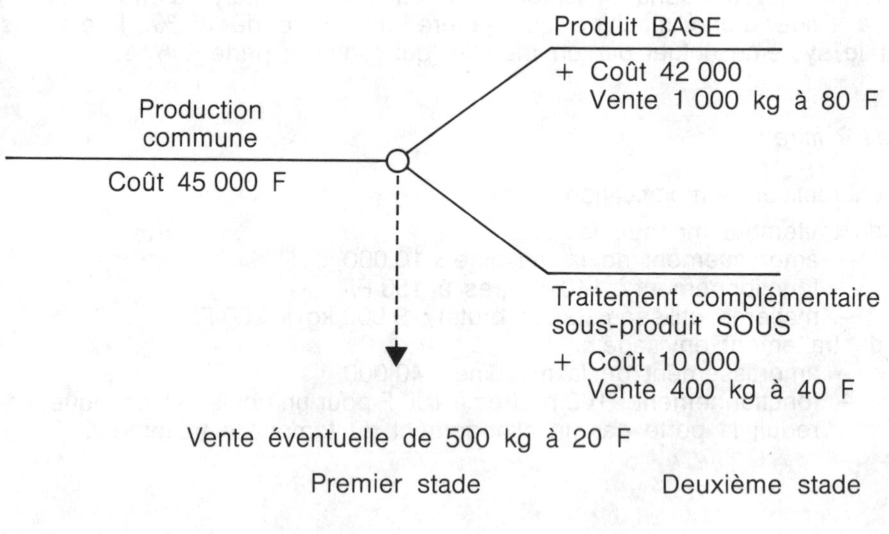

La solution peut être recherchée à partir des coûts complets, mais ceux-ci se trouveront fortement affectés par la répartition des coûts communs. Quel critère choisir ? Le prix, le poids... La sélection sera souvent délicate (chapitre 12). **Une analyse sur la contribution marginale est plus rapide et efficace :**

— Recette marginale : (40 × 400 − 20 × 500) = 6 000

— Coût marginal : 10 000

Contribution marginale − **4 000**

La contribution marginale négative montre que l'entreprise a intérêt à vendre le sous-produit au premier stade.

IV - AVANTAGES ET INCONVÉNIENTS DE LA MÉTHODE

Ces avantages et inconvénients ont déjà été évoqués dans le chapitre 3.

1 - Avantages

Cette méthode est orientée vers l'aide à la prise de décision : elle est souvent d'une application assez simple et pertinente.

2 - Inconvénients

Le coût marginal doit être utilisé avec circonspection lorsqu'il sert de base à la fixation du prix de vente :

— risque de baisse inconsidérée du prix,
— effet de masse sur le prix dans le cadre d'un marché très concurrentiel où le prix pourrait être ramené, pour l'ensemble de la profession, à un prix inférieur à celui du coût moyen.

Exercice n° 1 : Entreprise VITE

La fonction du coût total de l'entreprise VITE est la suivante :
$C = 20 + 24Q - 6Q^2 + Q^3$

Travail à faire :

Exprimer le coût marginal en fonction des quantités Q et étudier ses variations.

Exercice n° 2 : Entreprise JENO

La fonction du coût total de l'entreprise JENO est la suivante :
$C = 24Q - 8Q^2 + Q^3$

Travail à faire :

1 - Exprimer le coût moyen en fonction de Q.
2 - Exprimer le coût marginal en fonction de Q.
3 - Calculer la valeur de Q qui rend minimum le coût moyen.
Représenter sur un même graphique les deux fonctions précédentes. Commenter.
4 - Vérifier que le coût moyen est minimum lorsqu'il est égal au coût marginal.

Exercice n° 3 : Entreprise RENOIR

La fonction du coût total de l'entreprise RENOIR est la suivante (Q = Quantités) :
$C = 10\,000 + 100Q + 10Q^2$

Travail à faire :

1 - Calculer la quantité à vendre pour optimiser le profit, sachant que le prix de vente unitaire est de 1 000 F.

Utiliser toutes les solutions possibles.
Présenter sur un même graphe les fonctions :

— *recette marginale,*
— *recette moyenne,*
— *coût moyen,*
— *coût marginal.*

Interpréter le graphe. Calculer le seuil de rentabilité.

2 - Calculer la quantité à vendre pour optimiser le profit, sachant que le prix de vente varie en fonction de la quantité offerte Q d'après la relation suivante :
Prix de vente unitaire (P) = 1 000 – 2Q
Utiliser toutes les solutions possibles.
Présenter sur un même graphique les fonctions :

— *recette marginale,*
— *recette moyenne,*
— *coût marginal,*
— *coût moyen.*

Interpréter le graphe. Calculer le seuil de rentabilité.

Exercice n° 4 : Entreprise BIGRE

Dans une entreprise, BIGRE, la structure des coûts est la suivante, pour une production normale de 5 000 articles :

— *coûts proportionnels*	*5 000 000*
— *coûts de structure*	*2 500 000*

Cette production correspond, en fait, à un emploi de 80 % de sa capacité.

Travail à faire :

1 - Un client nouveau se présente pour une commande de 500 articles réalisée dans les conditions normales. Cette production supplémentaire entraînerait uniquement une augmentation correspondante des coûts variables. Le client propose un prix de vente unitaire de :

— *900*
— *1 050*
— *1 200*

Quel prix peut-on accepter ? Justifier la réponse.

Finalement le prix de vente retenu est de 1 050 F. Indiquer l'incidence de cette opération sur le résultat de l'entreprise.

2 - Après avoir accepté ce nouveau client, ce qui porte la production à 5 500 articles, un marché supplémentaire se découvre où il faudrait disposer d'une production supplémentaire de 4 000 articles.

La Direction voudrait accepter ce marché et chiffre la hausse de ses coûts fixes à 900 000 F et celle de ses coûts variables, outre l'augmentation normale, à 15 % ; cela est dû à l'amélioration de la qualité du produit.

Calculer le coût marginal, la recette marginale, le prix de vente minimum en fonction de la quantité supplémentaire x fabriquée et vendue.

Exercice n° 5 : Entreprise QUIROULE

L'entreprise QUIROULE fabrique un produit qu'elle vend sur le marché 85 000 F la tonne, considérée comme unité de fabrication.

Une analyse poussée des coûts montre qu'il est possible de distinguer trois catégories de charges :

— les charges fixes : 80 000 F ;
— les charges strictement proportionnelles : 35 000 F par tonne produite ;
— les charges proportionnelles au carré du nombre de tonnes produites : le coefficient de proportionnalité étant égal à 5 000 F.

Travail à faire :

1 - Exprimer en fonction du nombre de tonnes produites x le chiffre d'affaires, le prix de revient total et le bénéfice de l'entreprise. Les représenter graphiquement en déterminant les points correspondants à :

$x = 0$; $x = 1$; $x = 2$; $x = 3$; $x = 4$; $x = 5$; $x = 6$; $x = 7$; $x = 8$; $x = 9$; $x = 10$.

Quelle est la zone de rentabilité de l'entreprise ? Pour quelle production, le bénéfice est-il maximum ? A combien s'élève-t-il ?

2 - Déterminer le coût moyen unitaire de la tonne produite et le coût marginal correspondant pour les valeurs de x, citées précédemment.

Représenter sur le même graphique leur évolution en fonction de x, ainsi que la valeur du prix unitaire de vente.

Retrouve-t-on les conclusions de la première question ? Expliciter votre raisonnement.

Quelle est la signification des points d'intersection des courbes obtenues ?

Exercice n° 6 : Entreprise VIENDONC

Afin d'analyser la rentabilité de l'entreprise VIENDONC, sous forme de société anonyme qui fabrique et vend une seule catégorie d'articles, il a été procédé à l'étude de l'ensemble des charges pour différents niveaux d'activité. Les résultats sont regroupés dans le tableau suivant :

Charges \ Nombre d'articles	20 000	30 000	40 000
Matières	200 000	300 000	400 000
Main-d'œuvre directe	160 000	240 000	320 000
Frais Production	250 000	350 000	450 000
Frais Distribution	70 000	100 000	130 000
Frais généraux	120 000	120 000	120 000

Travail à faire :

1 - En appelant X le nombre d'articles fabriqués et vendus, donner, en fonction de X et sous une forme mathématique, la loi de variation de chacune des charges et la loi du prix de revient total.

2 - Sachant que le capital de l'entreprise est de 300 000 F et que le prix de vente unitaire est de 37 F, calculer le nombre d'articles qui doivent être fabriqués et vendus afin d'assurer à l'entreprise un taux de rentabilité de 8 % après impôt sur les bénéfices (taux de l'impôt : 50 %).

3 - L'ensemble de la clientèle était formé, jusqu'à ce jour, d'un nombre élevé de « petits clients ». On suppose qu'un nouveau et important client propose d'acheter 2 000 articles au prix de 35 F.

Compte tenu des moyens de production et de distribution de l'entreprise, la réalisation de cette commande n'entraînerait aucune variation des frais fixes globaux. De même la structure du coût proportionnel unitaire resterait inchangée, la production et la vente de ces 2 000 articles venant s'ajouter au nombre d'articles calculé dans la question 2.

En comparant le prix unitaire de vente au nouveau client et le nouveau prix de revient unitaire, l'entreprise a-t-elle ou non intérêt à accepter cette nouvelle commande ?

4 - Sachant que l'article est toujours vendu aux anciens clients au prix de 37 F et que l'entreprise accepte la nouvelle commande, calculer le nouveau bénéfice net avant impôt qui devrait en résulter ainsi que le nouveau taux de rentabilité.

Expliquer et justifier l'acceptation de cette nouvelle commande.

Exercice n° 7 : Laiterie de Climont

La Laiterie de Climont a organisé plusieurs centres de ramassage à la campagne pour le lait qu'elle traite.

1re Partie

Examen de l'exploitation actuelle :

Le centre de ramassage de Villé, vu le dernier décret fixant les prix, paye au producteur 36,9 F par hectolitre de lait. Ce prix est décompté tous les mercredis pour le lait acheté durant la semaine de sept jours qui précède.

Pour le moment, la collecte journalière dans les environs immédiats de ce centre, auprès des fermes faciles à atteindre, varie entre 15 et 20 hl. Elle occasionne :

— *des frais fixes de ramassage (indépendants du nombre d'hectolitres collectés), s'élevant à 52 F par jour,*
— *des frais variables de ramassage (directement proportionnels au nombre d'hectolitres collectés) qui sont de 3 F par hectolitre.*

Le « coût de ramassage » journalier comprend le prix d'achat du lait et les charges ci-dessus réparties sur deux sections :

— *Section de gestion : frais fixes de 20 F.*
— *Section de transport : frais fixes de 32 F et la totalité des frais variables.*

Les charges ainsi réparties comprennent entre autres des charges supplétives de 3 F par jour.

1 - Considérant que les quantités journalières sont comprises entre 15 et 20 hl, on désigne par C le coût global de la quantité de lait collecté par journée et par c le coût par hl.

Exprimer C et c en fonction du nombre x d'hectolitres de collecte journalière.

Calculer C et c lorsque x = 16, x = 17, x = 20.

2 - Pour une collecte d'un nombre d'hectolitres donné, il est convenu d'appeler coût marginal global le quotient de l'accroissement du coût total par l'accroissement du nombre d'hectolitres collectés lorsque ce dernier tend vers zéro. En d'autres termes, le coût marginal M est la dérivée du coût total.

Calculer le coût marginal M.

Vérifier que l'on trouve le coût global pour x = 17 à l'aide du coût global pour x = 16 et du coût marginal.

Commenter en quatre ou cinq lignes les éléments qui entrent dans sa composition.

3 - Les opérations de chaque semaine sont enregistrées dans la comptabilité analytique d'après la méthode de l'imputation rationnelle dans laquelle on prend comme activité normale du centre de ramassage considéré une collecte de 20 hl par jour. Pour la semaine du 14 au 20 mars, la quantité collectée est de 126 hl.

Présenter, pour la semaine indiquée, les calculs relatifs à la répartition des frais, à la détermination du coût d'achat et à l'entrée du lait collecté en inventaire permanent. Indiquer le coût de ramassage par hectolitre.

2e Partie

Etude d'un projet d'extension :

La capacité de traitement de la laiterie de CLIMONT dépasse les quantités actuellement collectées par les divers centres de ramassage. D'autre part, l'itinéraire actuel des camions ne joint pas la totalité des fermes productrices. La vente du lait dans la ville voisine paraissant assurée, la laiterie envisage les possibilités d'augmenter la collecte.

La situation géographique des fermes non prospectées jusqu'à présent par le centre de ramassage de Villé est telle que, pour avoir des quantités quotidiennes dépassant 20 hl, les véhicules auront à parcourir des chemins de plus en plus montagneux de plus en plus longs, de moins en moins bien entretenus. En définitive, chaque hectolitre supplémentaire donnera lieu à des difficultés nouvelles en plus de celles que causerait le nombre d'hectolitres déjà atteint.

Les frais supplémentaires qui en résultent, peuvent être chiffrés, après étude des itinéraires, à 0,2 F par hl. C'est ainsi que ces frais supplémentaires seront de 0,2 F pour le 21e hl, de 0,4 F pour le 22e hl, de 0,6 F pour le 23e hl et ainsi de suite.

Lorsque la collecte journalière dépassera 20 hl, les frais variables ne seront donc plus constants par hl, mais iront en augmentant au fur et à mesure que les quantités collectées croîtront. Ils comprendront les 3 F de frais constant à l'hectolitre et les « frais supplémentaires » qui viennent d'être spécifiés. Ils seront de 3,2 F pour le 21e hl, de 3,4 F pour le 22e hl, etc.

En ce qui concerne les frais fixes de ramassage, on peut valablement estimer qu'ils resteront de 52 F par jour et n'augmenteront pas avant que la collecte quotidienne atteigne 40 hl.

Considérant que les quantités journalières sont comprises entre 20 et 40 hl, on désigne par Y le coût global de la quantité de lait collecté par journée, par y le coût pour un hectolitre et par x le nombre d'hectolitres de collecte journalière.

On demande :

1 - D'exprimer, en fonction de x, la somme des frais supplémentaires.

2 - D'exprimer Y et y en fonction de x et de calculer y si $x = 20$, si $x = 30$ et si $x = 40$.

3 - De représenter graphiquement la fonction algébrique y, la partie utile de la courbe étant renforcée.

4 - D'interpréter commercialement la courbe ainsi obtenue :

- *spécifier le nombre d'hectolitres optimum,*
- *dire, d'après la représentation graphique de y, s'il y a intérêt à prospecter les fermiers de manière que cet optimum soit atteint en hiver ou en été. On sait à ce sujet que la collecte d'hiver est nettement inférieure à celle d'été, et qu'il est possible de négliger la différence entre les prix d'été et d'hiver, vu qu'elle se répercute sur le prix de vente.*

5 - De calculer l'expression donnant le coût marginal z. Commenter en quatre lignes les éléments qui les composent en précisant l'origine des éléments variables.

Exercice n° 8 : Entreprise COMMENT

L'entreprise COMMENT a acquis une position dominante sur le marché local. Elle fabrique et distribue actuellement un produit le PIL, dont le coût marginal par série de 100 articles est résumé dans le tableau ci-après :

Séries de 100 articles	*Coût marginal de la série*
0 série	*180 000 F*
1er série	*80 000 F*
2e série	*60 000 F*
3e série	*40 000 F*
4e série	*20 000 F*
5e série	*16 000 F*
6e série	*20 000 F*
7e série	*40 000 F*
8e série	*60 000 F*
9e série	*70 000 F*
10e série	*80 000 F*
11e série	*110 000 F*
12e série	*120 000 F*

Travail à faire :

1 - Représenter graphiquement la série.
Interpréter et réaliser l'ajustement (éventuellement).
Calculer le coût moyen minimum.
Déterminer le prix de vente correspondant, si l'entreprise réalise une marge moyenne de 15 000 F.

L'entreprise a fixé son programme de production et de vente sur le coût moyen minimum. Calculer le résultat.

2 - Le chef d'entreprise demande de donner un avis sur la politique de production et de vente : correspond-elle à l'optimum ? Dans le cas contraire, donner la production à réaliser et le résultat correspondant. Justifier la réponse.

3 - Le chef d'entreprise voudrait réaliser une vente réclame à partir du moment où les charges sont couvertes. Indiquer à partir de quelle série le prix pourra être baissé, et dans quelles proportions.

4 - La vente réclame est un succès, le chef d'entreprise décide de développer sa capacité de production ou d'avoir recours à la sous-traitance.

- *un accroissement de sa capacité de production de 8 séries lui coûterait 16 000 F en charges variables pour la série et nécessiterait un investissement de 200 000 F à amortir sur 5 ans ;*
- *le recours à la sous-traitance pourrait engendrer un coût proportionnel à la série de 25 000 F.*

Quelle solution choisir si le marché est effectivement de 8 séries, de 4 séries ? Comment apprécier le développement des frais fixes dans l'entreprise ?

Chapitre 20

LA COMPTABILITÉ ANALYTIQUE ET LA GESTION

La comptabilité analytique fournit aux responsables d'entreprises les données nécessaires pour résoudre quelques problèmes qui leurs sont posés dans la gestion.

Les méthodes étudiées dans cet ouvrage s'intègrent dans le système de contrôle de gestion de l'entreprise ; elles ne s'opposent pas mais se complètent bien souvent pour apporter l'information pertinente.

La structure de l'entreprise et les objectifs de la direction déterminent le système de gestion :

— qui peut être organisé sous la forme fonctionnelle ou non sans décentralisation de la décision,
— qui peut être organisé sous la forme fonctionnelle ou non avec décentralisation de la décision :
    — centres de responsabilité : centres de coûts,
    — centres de profit : centres de coûts et de produits,
    — centres d'activité.

Les directeurs de ces centres sont de véritables responsables des décisions relatives à leurs compétences. Ils se comportent comme de véritables chefs d'entreprise et peuvent dans le cas des cessions internes privilégier leur intérêt à celui de l'entreprise dans les évaluations, les décisions d'approvisionnements et de ventes : un centre de responsabilité peut préférer s'approvisionner à l'extérieur de l'entreprise plutôt qu'auprès d'un autre centre qui vend plus cher. Cette décision risque de provoquer le déséquilibre du centre-fournisseur, d'engendrer une sous-activité qui sera plus pénalisante au niveau global.

Une division en centres de profit ne doit pas faire perdre de vue l'intérêt général de l'entreprise.

SUJETS DE SYNTHÈSE

Exercice n° 1 : Société SONOFI

Coût réel.
Répartition avec prestations réciproques.
Résultats analytiques et différences d'inventaire (sujet assez complet).
Durée ≃ 3 h 30.

La société SONOFI est une entreprise de taille moyenne spécialisée dans la fabrication d'enceintes acoustiques.

ACTIVITÉ ET PRODUCTION

Elle fabrique et commercialise deux types de produits :
— des enceintes classiques à 2 voies référencées C_2 ;
— des enceintes haute fidélité à 3 voies référencées H_3.

Les deux enceintes C_2 et H_3 ont le même aspect extérieur : boîtier, ébénisterie et tissu acoustique spécial sont identiques.
Par contre :

- *les enceintes H_3 sont composées :*
  - *— de trois haut-parleurs : aigu, grave et médium ;*
  - *— et d'un filtre N 17 ;*
- *les enceintes C_2 ne sont composées que :*
  - *— de deux haut-parleurs : aigu et grave identique au modèle H_3 ;*
  - *— et d'un filtre « électra » moins performant que le filtre N 17.*

La société achète toutes les matières et composants mais fabrique elle-même le haut-parleur médium.

ORGANISATION DE LA PRODUCTION

La production est réalisée dans six services ou ateliers :

- *Le service approvisionnements est responsable des achats et de la gestion des stocks.*
- *Le service « tris et tests » assure le contrôle électronique des filtres et teste aussi les autres composants.*
- *L'atelier de préparation-fabrication réalise deux types de travaux :*
  - *— d'une part il produit des haut-parleurs médium à partir d'une carcasse bobinée et d'un cône verni ;*
  - *— d'autre part il assure le traitement spécial que nécessitent les haut-parleurs grave et aigu avant leur montage définitif.*

  Ce traitement est effectué dès réception des haut-parleurs.
  Le stockage ne se fait donc qu'après traitement.
- *L'atelier de menuiserie fabrique des ébénisteries à partir de plaques d'agglomérés et de tissu acoustique spécial.*
  Il utilise pour cela des matières consommables : colles, vernis et petite quincaillerie.
  Tout boîtier terminé est immédiatement envoyé en montage-finition.
- *L'atelier de montage-finition assemble les différents éléments de chaque enceinte et réalise le câblage.*
- *Le laboratoire d'essais contrôle les produits fabriqués mais aussi effectue des recherches en électro-acoustique.*

La SONOFI utilise cette méthode pour l'analyse de ses charges. Pour cela 3 centres auxiliaires et 5 centres principaux ont été définis (annexes 1 et 2).

Travail à faire :

1 - Détermination du coût des unités d'œuvre.

Achever le tableau de répartition des charges indirectes pour le mois de janvier 1990, à partir des annexes 1 et 2 et sachant qu'il faut aussi tenir compte de la rémunération de 1 200 000 F de capitaux propres au taux annuel de 10 %. Cette part mensuelle des charges supplétives se répartit comme suit :

8 % au laboratoire d'essais ;
18 % aux « tris et tests » ;
8 % à l'administration ;
5 % à l'approvisionnement ;
10 % à la fabrication préparation ;
21 % à la menuiserie ;
20 % au montage ;
10 % à la distribution.

2 - Calcul des résultats analytiques.

a) Calculer les coûts de production unitaires des trois types de haut-parleurs.

Quelles que soient les réponses trouvées à la question précédente on retiendra comme coût des unités d'œuvre

Approvisionnement .... 25 F
Préparation-Fabrication .... 68 F
Menuiserie .... 80 F
Montage .... 75 F
Distribution .... 4 F

b) Calculer le coût de production d'un boîtier.

c) Calculer le coût de production d'une enceinte H_3 et d'une enceinte C_2.

d) Calculer le coût de revient unitaire d'une enceinte H_3 et d'une enceinte C_2.

e) Dégager les résultats analytiques globaux et unitaires sur les deux produits vendus.

3 - Détermination du résultat global de la période.

a) Etablir l'état quantitatif des stocks théoriques au 31-1-90. En déduire les différences d'Inventaire.

b) Procéder au rapprochement des résultats de la comptabilité analytique et de la comptabilité générale.

ANNEXE 2

Répartition de centres auxiliaires

	Laboratoire d'essais	Tris et tests	Administration d'expl.	Approvisionnement	Préparation fabrication	Menuiserie	Montage finition	Distribution
Laboratoire d'essais	—	—	0,20	—	0,10	0,10	0,60	—
Tris et tests ...	0,10	—	0,10	—	0,10	—	0,70	—
Administration	1/15	1/30	—	1/5	1/5	1/5	1/5	1/10

ANNEXE 3

Données comptables du mois de janvier 1990

1° Stocks au 1-1-90

— Haut-parleurs aigus .... 81 180 F 1 230 unités
— Haut-parleurs graves .... 305 195 F 1 720 unités
— Haut-parleurs médium .... 123 136 F 832 unités
— Agglomérés .... 7 200 F 800 mètres carrés

(suite page 308)

ANNEXE 1

Tableau de répartition des frais et dotations indirects réfléchis de la période (janvier 1980)

Frais et dotations réfléchis	Centres homogènes								Charges non incorporables	Totaux
	Centres auxiliaires			Centres principaux						
	Laboratoire d'essais	Tris et tests	Administration d'exploit.	Approvisionnement	Préparation fabrication	Menuiserie acoustique	Montage finition	Distribution		
Consommations de matières consommables	—	—	—	—	—	35 000	45 000	—	—	80 000
Services extérieurs	9 200	17 800	2 900	3 000	35 000	74 000	84 000	7 200	—	233 100
Autres services extérieurs	1 700	3 300	1 800	33 800	15 000	21 500	3 500	53 000	—	133 600
Impôts, taxes et vers. assimilés	—	—	2 400	—	—	—	—	—	—	2 400
Charges de personnel	13 600	20 100	6 400	4 800	85 000	152 000	189 500	11 400	—	482 800
Autres charges de gest. courante	7 300	9 800	1 900	2 200	4 000	8 400	6 000	9 200	—	48 800
Dotations aux amortissements et aux provisions	7 000	6 000	1 800	1 000	12 000	19 000	15 000	8 000	9 400	79 200
Charges financières	—	—	2 400	—	—	—	—	—	—	2 400
Totaux après répartition primaire provisoire	38 800	57 000	19 600	44 800	151 000	309 900	343 000	88 800	9 400	1 062 300
Nature de l'unité d'œuvre				100 F d'achat H.T.	Heure de main-d'œuvre	Heure de main-d'œuvre	Heure de main-d'œuvre	100 F de ventes H.T.		
Nombre d'unités d'œuvre					2 500	4 050	5 640			

(suite de la page 306)

— *Absorbant phonique*	*9 000 F*	*900 unités*
— *Tissu acoustique*	*33 000 F*	*2 000 unités*
— *Filtres électra*	*77 900 F*	*950 unités*
— *Filtres N 17*	*132 225 F*	*1 203 unités*
— *Carcasses bobinées*	*81 696 F*	*1 702 unités*
— *Cônes vernis*	*9 150 F*	*1 500 unités*
— *Enceintes C_2*	*40 320 F*	*60 unités*
— *Enceintes H_3*	*45 662,40 F*	*48 unités*
— *En cours atelier menuiserie*	*28 000 F*	
— *Matières consommables*	*90 000 F*	

2° ACHATS DE JANVIER 1990 HORS TAXES

— *Haut-parleurs aigus*	*48 380 F*	*1 103 unités*
— *Haut-parleurs graves*	*78 900 F*	*700 unités*
— *Agglomérés*	*20 020 F*	*2 200 mètres carrés*
— *Filtres N 17*	*62 700 F*	*597 unités*

3° PRODUCTION DE JANVIER 1990

— Centre préparation-fabrication :
1 450 haut-parleurs médium fabriqués avec 1 685 unités d'œuvre ;
700 haut-parleurs graves préparés avec 325 unités d'œuvre ;
1 103 haut-parleurs aigus préparés avec 490 unités d'œuvre.

— Centre menuiserie-acoustique :
2 192 boîtiers ont été fabriqués avec 2 400 m² d'agglomérés et 1 300 mètres de tissu acoustique.

— Centre montage-finition : *il a fabriqué :*
840 enceintes C_2 avec 300 mètres d'absorbant phonique et 2 440 unités d'œuvre ;
1 352 enceintes H_3 avec 500 mètres d'absorbant phonique et 3 200 unités d'œuvre.

4° EXISTANTS À FIN JANVIER 1990

— *Haut-parleurs aigus*	*140 unités*
— *Haut-parleurs graves*	*228 unités*
— *Haut-parleurs médium*	*922 unités*
— *Agglomérés*	*600 mètres carrés*
— *Absorbant phonique*	*120 mètres*
— *Tissu acoustique*	*750 mètres*
— *Filtres Electra*	*100 unités*
— *Filtres N 17*	*448 unités*
— *Carcasses bobinées*	*252 unités*
— *Cônes*	*48 unités*
— *Enceintes C_2*	*100 unités*
— *Enceintes H_3*	*8 unités*
— *En cours atelier menuiserie*	*28 782 F*
— *Matières consommables*	*10 000 F*

5° VENTES DE JANVIER 1990

— *Enceintes C_2*	*800 à 972,50 F hors taxe*
— *Enceintes H_3*	*1 390 F à 1 120 F hors taxe*

Exercice n° 2 : Société NAPLEX

Coût réel — Equivalents — Durée : 2 heures

L'entreprise de confection industrielle NAPLEX tient une comptabilité analytique d'exploitation autonome qui détermine des coûts réels complets selon la méthode des centres homogènes :

1 - Pour le mois de juin 1989 la répartition des charges indirectes par nature donne lieu à la présentation du tableau suivant :

Charges non directes, mois de juin 1989

	Montant des charges par nature	Administration 920 d'exploitation	Création 921	Bureau Etudes Méthodes 922	Coupe 923	Machines 924	Presses finition 925	Distribution 926
Totaux	A déterminer	5 522,72	2 941,14	2 199,56	2 442,59	A déterminer	12 628,02	20 473,07
Nature des unités d'œuvre	....	....	Modèle de vêtement créé	Opération préparée	Vêtement standard coupé	Heure machine	Heure finition	10 F C.A.
Nombre d'unités d'œuvre	....	....	20	812	4 170	8 713	3 438	41 725
Coût de l'u/o	....	....	....	....	....	....	....	....

On sait également :

— que le coût du centre auxiliaire 920 « Administration » d'exploitation doit être réparti entre les autres centres selon les pourcentages suivants :
Centre 921 Création .... 25 %
Centre 922 Bureau études et méthodes .... 25 %
Centre 923 Coupe .... 5 %
Centre 924 Machines .... 10 %
Centre 925 Presses finition .... 10 %
Centre 926 Distribution .... 25 %

— que les achats de matières premières, de fournitures et de matières consommables sont entrés dans des comptes d'inventaire permanent ;

— que les consommations de matières premières et de fournitures, ainsi que les taxes sur le chiffre d'affaires, sont affectées directement aux commandes produites ou vendues ;

— que les sorties d'inventaire permanent des matières consommables s'élevant à 958,25 F sont considérés comme des charges indirectes ;

— que le total des charges autres que les achats et les taxes sur le chiffre d'affaires portées dans le compte Résultat s'élève à 77 879,30 F dont une part s'élevant à 1 312,70 F ne peut être comprise dans les coûts ;

— que des éléments ne figurant pas dans la comptabilité générale, dont le montant s'élève à 4 072,38 F, sont considérés comme des charges indirectes à incorporer dans les coûts du mois ;

— que les centres 921 « Création » et 922 « Bureau des études et méthodes » se fournissant des prestations réciproques, 10 % de l'activité du centre « Création » concernent le centre « Bureau des études et méthodes », tandis que ce dernier centre a consacré 20 % de son activité au centre « Création ».

Travail à faire :

Compléter le tableau de répartition et calculer, au millième près par défaut, le coût de l'unité d'œuvre de chacune des sections principales. Justifier les calculs.

2 - Le coût de production unitaire d'un vêtement comprend, en plus du coût des matières premières et des fournitures, les éléments suivants :

— frais de création : inversement proportionnels au nombre de vêtements de la série ;
— frais d'étude et de méthodes : proportionnels au nombre d'opérations de gamme de fabrication et inversement proportionnels au nombre de vêtements de la série ;
— frais de coupe : coût du vêtement standard, affecté d'un coefficient tenant compte de la difficulté de coupe ;
— coût des heures-machines ;
— coût de la finition.

Aux renseignements comptables fournis précédemment, on peut ajouter les informations suivantes concernant la production d'un vêtement référencé n° 1082 :

— ce vêtement n° 1082 a été créé, préparé et fabriqué pendant le mois de juin 1965 ;
— il a été coupé 2 000 vêtements de ce modèle : 1966 vêtements ont été prêts à la vente dès leur sortie de chaîne ; les vêtements n'ayant pas satisfait aux divers contrôles de qualité ont été retouchés et 4 vêtements ont été cédés au prix dérisoire de 30 F l'un, à cause de « coups de fer » ;
— la gamme de fabrication du vêtement n° 1082 comporte 52 opérations ;
— pour la coupe, le vêtement n° 1082 équivaut à 1,15 vêtement standard ;
— les temps de fabrication sur la chaîne de machines sont de 4 030 h ;
— la finition des 1 990 vêtements a nécessité 1 425 heures et les retouches faites également dans la section presse-finitions ont demandé 72 heures ;
— il a été utilisé 6 040 m de tissu K 16 à 11,85 F le mètre (coût hors taxes) et un ensemble de fournitures dont le coût est de 8 000 F (coût hors taxes). Ces consommations concernent à la fois la production normale et les retouches.

Travail à faire :

Déterminer le coût réel unitaire de production du vêtement n° 1082.

3 - Le prix de vente aux détaillants, toutes taxes comprises, du vêtement n° 1082 est de 83,02 F.

Travail à faire :

En tenant compte uniquement de la taxe sur la valeur ajoutée (au taux normal de 18,60 %) calculer le taux de marque de l'entreprise N sur le vêtement n° 1082.

Exercice n° 3 : SARL MADAC

Coût réel — Sous-produit — Déchet
Durée : 2 heures 30

PREMIÈRE PARTIE

COÛT COMPLETS CONSTATÉS

La SARL MADAC, société de caractère familial fondée en 1962 compte quatre établissements implantés respectivement à ARSIET, MELAME, RIVAIL et THOLE.

La diversification de sa production et une très bonne adaptation aux fluctuations du marché lui ont permis — jusqu'en 1981 — de conserver une rentabilité très acceptable, compte tenu de la conjoncture économique. En conséquence, l'utilisation de méthodes de gestion élaborées n'avait pas, jusqu'à présent, semblé indispensable.

Cependant, on note en 1988 une tendance à la dégradation des résultats ; la tendance se confirmant en 1989, les responsables de la société décident d'établir pour 1990 un système d'analyse des coûts historiques qui ne concernera, dans l'immédiat, que l'établissement de RIVAIL.

Celui-ci fabrique un seul produit fini PF à partir de deux matières premières MP 1 et MP 2. Le processus de transformation conduit à l'obtention d'un sous-produit SP vendable après traitement et d'un déchet D, sans valeur, qu'il convient d'épurer avant évacuation pour éviter la pollution de l'environnement.

Quatre ateliers assurent cette production :

- *Atelier A1 : utilisation de la matière première MP 1 pour obtenir le produit intermédiaire PI livré en continu (sans tockage) à l'atelier A2 ;*
- *Atelier A2 : adjonction de matière première MP 2 au produit intermédiaire PI pour obtenir le produit fini PF ; cette opération donne naissance au sous-produit SP et au déchet D ;*
- *Atelier A3 : traitement du sous-produit SP pour le rendre commercialisable. On admet que le coût de production du sous-produit SP à la sortie de l'atelier A3 est égal au prix de vente moyen sur le marché, c'est-à-dire 210 F/kg ;*
- *Atelier A4 : épuration chimique du déchet D avant évacuation par épandage canalisé, au fur et à mesure de la production, donc sans stockage.*

Pour l'exercice comptable 1990 — coïncidant avec l'année civile — les totaux des centres d'analyse, après répartition primaire des charges par nature de la comptabilité générale, de même que les clefs indiquant les cessions des prestations entre centres, se ventilent comme suit :

CHARGES	TOTAUX	CENTRES AUXILIAIRES		CENTRES PRINCIPAUX D'ANALYSE						
		Gestion du matériel	Gestion du personnel	Approvisionnement	Atelier 1	Atelier 2	Atelier 3	Atelier 4	Distribution	Administration
Totaux primaires	100 350	3 750	4 600	2 000	40 000	20 000	15 000	5 000	3 000	7 000
Gestion du matériel (%)			10	25	20	20	5	5	15	
Gestion du personnel (%)		5		15	25	25	5	10	10	5
Totaux secondaires										
Unités d'œuvre				(A)	(B)	(C)	(D)	(E)		
Nombre d'unités d'œuvre				(F)	(F)	(F)	(F)	(F)		

Renvois :
(A) kg de matière première achetée ;
(B) kg de matière première MP 1 consommée ;
(C) h de main-d'œuvre directe ;
(D) kg de sous-produit SP obtenu ;
(E) m³ de déchet D traité ;
(F) à calculer.

Données d'inventaire au 1er janvier 1990 :

MP 1	*500 kg à 8,10 F/kg ;*
MP 2	*900 kg à 50,40 F/kg ;*
PF (produit fini)	*250 kg à 88,00 F/kg ;*
PF en cours (atelier 2)	*pour 27 000 F ;*
SP (sous-produit)	*80 kg à 210 F/kg ;*
D (déchet)	*(néant).*

Achats de l'exercice 1990 :

MP 1	*1 500 kg à 7,80 F/kg ;*
MP 2	*2 500 kg à 51,40 F/kg.*

Consommations de l'exercice 1990 :

MP 1	*1 400 kg ;*
MP 2	*3 200 kg ;*
Eau (pour évacuer D)	*142,5 m³ à 1,90 F/m³ ;*
Produit chimique (pour D)	*45 kg à 6,50 F/kg.*

Main-d'œuvre directe utilisée :

Sur achats	*(néant) ;*
Atelier 1 (pour PI)	*510 h à 48,50 F/h ;*
Atelier 2 (pour PF)	*1 500 h à 51,00 F/h ;*
Atelier 3 (pour SP)	*605 h à 52,40 F/h ;*
Atelier 4 (épuration de D)	*169 h à 45,00 F/h ;*
Distribution (PF uniquement)	*210 h à 62,00 F/h.*

Production de l'exercice 1990 :

PF (produit fini)	*3 800 kg ;*
SP (sous-produit)	*250 kg ;*
D (déchet)	*142,50 m³.*

Ventes de l'exercice 1990 :

PF (produit fini)	*4 000 kg à 91 F/kg ;*
SP (sous-produit)	*270 kg à 210 F/kg.*

Données d'inventaire au 21 décembre 1990 *(extraits) :*

PF en cours (atelier 2)	*pour 35 000 F ;*
D (Déchet)	*(néant).*

Travail à faire :

Pour l'exercice 1990, présenter sous forme de tableaux complets, clairs et précis :
— tous les calculs de coûts (de l'analyse des charges indirectes au coût de revient) ;
— les comptes de stocks ;
— le calcul du résultat sur produits.

On précise qu'il convient :
— d'utiliser la méthode « Premier entré-premier sorti » pour valoriser les sorties de stocks ;
— d'arrondir les coûts unitaires au centime supérieur.

Exercice n° 4 : Société Tillier SA

Coût variable — Choix d'une solution
Durée : 30 mn

Le service de distribution de la Société « Tillier SA » compte 20 représentants, qui utilisent, dans les conditions suivantes, leur voiture personnelle pour les besoins de leur travail.

	Nord	*Est*	*Centre*	*Sud*
Effectif des représentants	*8*	*4*	*3*	*5*
Distances moyennes parcourues chaque année par chacun des représentants (exprimées en kilomètres)	*15 000*	*20 000*	*40 000*	*30 000*

La société les indemnise en leur versant 0,45 F par kilomètre parcouru.

En novembre 1990 la société « Tillier SA » reçoit de la société « Mobilrent » une proposition de location de voitures « Citrosim 5 ». Loyer annuel forfaitaire : 7 000 F. Durée du contrat : 5 ans.

Une fraction des coûts proportionnels au nombre de kilomètres parcourus, soit 0,12 du kilomètre, resterait à la charge de « Tillier SA ».

Les voitures « Citrosim 5 » peuvent être acquises en toute propriété, pour le prix de 10 000 F, payable au comptant.

L'exploitation d'une voiture « Citrosim 5 », acquise dans ces conditions entraînerait, sur la base de 20 000 kilomètres parcourus annuellement, les frais suivants (matières consommables et frais proprement dits) :

Frais proportionnels aux distances parcourues	*3 200 F*
Frais indépendants des distances parcourues	*3 600 F*
TOTAL	*6 800 F*

Les voitures sont amortissables, linéairement, en 5 ans.

Leur valeur résiduelle, après 5 années d'usage, est considérée comme nulle.

Travail à faire :

1 - Exprimer le coût annuel par véhicule, en fonction d'un kilométrage annuel x, suivant qu'il y a indemnisation, location ou acquisition.

2 - L'objectif étant de minimiser les coûts annuels d'exploitation des véhicules, quelles solutions proposeriez-vous aux responsables de la société « Tillier SA » ?

Ne tenir compte ni des problèmes posés par la TVA ; ni de ceux posés par l'impôt sur les sociétés.

3 - Chiffrer l'économie annuelle réalisée si les responsables adoptent votre solution.

Exercice n° 5 : SA CAPEX

Coût variable — Choix de production.
Durée : 1 heure

La société anonyme CAPEX fabrique notamment deux modèles de machines-outils : le modèle A26 et le modèle B14.

L'analyse de l'exploitation de ce secteur pour les douze derniers mois, ainsi que certains renseignements relatifs aux projets évoqués ci-dessous, sont fournis en annexe.

Lors de la dernière réunion d'Etat-Major, le Directeur général a défini les grandes lignes de l'objectif qu'il souhaitait atteindre en ce qui concerne ces deux fabrications, au cours du prochain exercice, en invitant les responsables à rechercher « un développement de 10 % des affaires réalisées ».

En conséquence, le Directeur technique a proposé un projet visant à augmenter de 10 % le nombre global d'unités produites. *Ce projet prévoit que le développement des fabrications et des ventes ne portera que sur un seul modèle, de façon à obtenir la rentabilité maximum.*

L'effort publicitaire nécessaire pour écouler la production ainsi définie a été évalué à 20 000 F, pour le prochain exercice.

Le Directeur commercial a considéré, pour sa part, que l'objectif à atteindre était une augmentation de 10 % du chiffre d'affaires global réalisé sur l'ensemble des deux modèles. *Là encore, l'effort de production et de vente ne concernerait que l'un des deux modèles fabriqués, afin de rendre le programme plus rentable. Les charges fixes annuelles supplémentaires de publicité s'élèveraient, dans cette hypothèse, à 25 000 F.*

Travail à faire :

1 - Calculer, en ce qui concerne les douze derniers mois d'exploitation :
a) La marge sur coût variable unitaire et en pourcentage pour chaque article.
b) Le résultat d'exploitation.

2 - Sur quel modèle, le Directeur technique envisage-t-il de faire porter l'effort de production ? Justifiez votre réponse. Quel bénéfice d'exploitation en résulterait-il, pour le prochain exercice ?

3 - Le projet du Directeur commercial prévoit-il d'accroître la fabrication du même modèle ? Pourquoi ? Justifiez votre réponse. Quel serait le bénéfice d'exploitation selon ce projet ? Commentez brièvement ces résultats.

ANNEXE

Données d'exploitation relatives aux douze derniers mois concernant les machines-outils A26 et B14

	A26	*B14*
Nombre d'unités produites et vendues	*2 000*	*2 000*
Prix de vente unitaires, hors taxes	*1 600 F*	*1 800 F*
Coûts variables de production	*1 500 000 F*	*1 740 000 F*
Coûts variables de distribution	*800 000 F*	*900 000 F*
Coûts communs de structure - de production	*1 070 000 F*	
- de distribution	*450 000 F*	

On peut admettre que le coût variable de production est rigoureusement proportionnel aux quantités produites et que le coût de distribution est rigoureusement proportionnel au chiffre d'affaires.

La production étant rapidement écoulée, on considérera qu'il n'existe pas de stock de ces deux machines au début ni en fin d'exercice.

Données prévisionnelles

Il est apparu au cours des études préalables qu'il était possible, tant du point de vue technique que du point de vue commercial, de faire porter le développement de 10 % soit sur les deux modèles conjointement, soit sur l'un ou l'autre des deux modèles exclusivement, sans modifier les coûts variables unitaires et sans accroître les coûts de structure de production. En revanche, l'effort de promotion des ventes envisagé aggravera les coûts de structure de distribution comme indiqué par ailleurs.

Les prix de vente unitaires demeureront bien entendu inchangés.

Exercice n° 6 : Entreprise QUIVOIT

Choix d'une unité de production
Durée : 45 mn

L'entreprise QUIVOIT décide d'abandonner la fabrication de PF, d'autant que, courant novembre 1989, une brève étude de marché avait démontré que le créneau de PF allait vite être saturé.

Le service commercial constate qu'un marché porteur s'ouvre début 1990 pour un nouveau produit, « NP », aux caractéristiques proches de celles de PF, ne présentant donc aucune difficulté d'ingénierie, de formation professionnelle ou d'approvisionnement. Si la société QUIVOIT saisit cette opportunité, il conviendra cependant d'investir, pour un montant d'ailleurs très limité, en matériels et installations.

Dans cette éventualité, les prévisions pour 1990, concernant trois hypothèses d'activité de l'établissement de SILOIN, s'établissent comme suit :

Hypothèses	*Hypothèse A*	*Hypothèse B*	*Hypothèse C*
Quantités produites et vendues	*600 NP*	*800 NP*	*950 NP*
Charges opérationnelles par produit (proportionnelles aux ventes)	*11 F*	*10 F*	*10 F*
Charges de structure	*50 000 F*	*80 000 F*	*80 000 F*

Remarque : Le surcroît de charges de structure à supporter dans les hypothèses B et C serait consécutif à un amortissement plus rapide des immobilisations : quant à la réduction des charges proportionnelles aux ventes, elle proviendrait, dans les mêmes hypothèses, du taux plus élevé de remise consenti par les fournisseurs.

Travail à faire :

1re Question :

Pour chaque hypothèse, déterminer le prix de vente minimal pour que l'établissement dégage un bénéfice.

2e Question :

La taille de l'entreprise l'oblige à envisager le prix de vente que lui imposerait le marché, soit 100 F par NP. Calculer dans les trois hypothèses :
— le chiffre d'affaires critique prévisionnel ;
— le chiffre d'affaires total prévisionnel ;
— le résultat prévisionnel.

Présenter sur un repère unique les résolutions graphiques correspondantes.

3e Question :

Indiquer :
— la solution la plus rentable ;
— la solution qui assure à l'entreprise la sécurité la plus grande.

4e Question :

La structure « A », finalement retenue, est mise en œuvre début janvier 1990. La pénétration sur le marché, plus aisée que prévu, conduit à passer à la structure « C » début mai 1990.
Calculer :
— les marges sur coûts variables au 30 avril 1990 et au 31 décembre 1990 ;
— le résultat de l'exercice 1990.

Exercice n° 7 : Entreprise JOGSPORT

Coût variable — Commande additionnelle
Durée 30 mn

L'entreprise JOGSPORT fabrique des survêtements. Les prévisions concernant la fabrication de 10 000 modèles training sont les suivantes :

— Métrage tissu : 2 mètres (prix du mètre : 18 F).
— Main-d'œuvre pour un modèle :

coupe	*2 minutes*	*coût de l'heure*	*42 F*
piquage	*21 minutes*	*coût de l'heure*	*35 F*
finition	*12 minutes*	*coût de l'heure*	*35 F*

— Charges de structure :

Frais de l'atelier coupe	*25 750*
Frais de l'atelier piquage	*70 000*
Frais de l'atelier finition	*27 750*
Frais administratif	*30 000*

Chaque survêtement est revendu à un réseau traditionnel de magasins de sport à un prix de 85 F.

Travail à faire :

1 - Calculer le résultat analytique dégagé par la vente de 10 000 survêtements en faisant apparaître la marge sur coût variable (tableau de résultat différentiel).

2 - Présenter le coût de revient d'un survêtement puis faire apparaître la marge sur coût variable et le résultat par survêtement.

3 - Calculer le seuil de rentabilité (global et nombre de survêtements).

Une chaîne de supermarchés propose de passer une commande de 3 000 survêtements, compte tenu de l'importance de la commande, le directeur de la chaîne de supermarchés propose de payer chaque survêtement 62 F.

Travail à faire :

La Société JOGSPORT peut-elle accepter cette commande qui ne nécessite pas de changement de structure ?

Exercice n° 8 : SA FUCHS

Coût réel — Imputation rationnelle
Durée : 1 h 30

L'entreprise industrielle « Fuchs SA », créée le 1er janvier, sans stocks initiaux, travaille sur commandes, en transformant une matière première unique.

100 tonnes de matière première ont été achetées au prix d'achat unitaire de 1 000 F.

Les seuls frais directs du mois de janvier sont constitués par :

— la force motrice des ateliers, soit 5 000 F ;
— la main-d'œuvre directe de production, soit 200 000 f pour 2 000 heures.

Les charges directes sont réparties entre les sections suivantes :
920. Centre d'administration et de financement ;
921. Centre d'approvisionnement ;
922. Centre de production (ateliers) ;
923. Centre de distribution.

L'étude des frais de centre, effectuée avans la sous-répartition du centre 920, fournit les informations suivantes :

	920	921	922	923
Totaux	*10 000*	*5 000*	*50 000*	*30 000*
Charges fixes	*10 000*	*2 000*	*40 000*	*15 000*
Charges variables	*0*	*3 000*	*10 000*	*15 000*
Unités d'œuvre	*Néant*	*1 tonne achetée*	*1 heure m.o.d.*	*100 F de vente H.T.*
Coefficients d'activité	*1*	*1*	*0,9*	*1,2*
Clés de sous-répartition	↳	*10 %*	*60 %*	*30 %*

m.o.d. = main-d'œuvre directe.
H.T. = hors I.V.A.

Les charges indirectes ne comprennent que des frais et dotations, à l'exclusion de tout élément supplétif.

En janvier, les ateliers ont travaillé sur les commandes suivantes :

	Commande n° 1	*Commande n° 2*
Matières premières utilisées	*70 tonnes*	*20 tonnes*
Main-d'œuvre directe	*1 500 heures*	*500 heures*
Force motrice	*3 000 F*	*2 000 F*
Avancement des commandes	*Terminée et livrée*	*En cours*
Facturation (prix de vente hors taxe)	*300 000 F*	*Non facturée*

Travail à faire :

1 - Après avoir, dans les deux cas, achevé le tableau de répartition, déterminer les différents coûts, l'état des stocks et le résultat sur commande n° 1 :

a) par la méthode des coûts réels ;
b) par la méthode de l'imputation rationnelle des charges fixes.

2 - En tenant compte des évaluations faites, par la méthode des coûts réels, établir le compte de résultat de la période, sachant qu'il n'y a pas de différences de traitement comptable en dehors de celles qui pourraient éventuellement résulter de l'arrondissement des calculs.

3 - Rapprocher et commenter brièvement les résultats obtenus en 1° a, 1° b et 2°.

4 - Le coefficient d'imputation rationnelle de la section 920 a été obtenu en fonction de ceux des centres principaux et des clés de sous-répartition.

Le vérifier.

Exercice n° 9 : Entreprise DUNANT

Recherche de production — Coûts directs — Programmation linéaire
Durée : 3 h 30

PREMIÈRE PARTIE

Première question

L'entreprise DUNANT fabrique trois produits différents A, B et C, qu'elle vend respectivement au prix unitaire hors taxes de F 60, 50 et 62.

Elle a tenu jusqu'à ce jour une comptabilité générale ne lui permettant pas de procéder à des analyses sectorielles et de prendre d'une façon rationnelle les décisions fondamentales concernant sa politique de produits. Une étude statistique des coûts permet cependant de dégager les coûts directs unitaires suivants pour chacun des articles :

	Article A F	*Article B* F	*Article C* F
Matières premières utilisées	*12*	*7*	*13*
Main-d'œuvre directe de fabrication	*18*	*17*	*22*
Frais proportionnels de fabrication	*6*	*4*	*8*
Frais proportionnels de vente	*4*	*3*	*5*

1. Stock au 1er janvier 1990	*371 000*
2. Matières premières consommées	*2 930 000*
3. Main-d'œuvre directe de fabrication	*5 140 000*
4. Frais proportionnels de fabrication	*1 640 000*
5. Frais proportionnels de vente	*1 089 000*
6. Autres frais et charges	*3 200 000*
7. Résultat de l'exercice	*1 549 000*
	15 919 000

Il vous précise en outre :

— que les en-cours sont nuls en raison du processus de fabrication ;
— que les produits finis, en stock au début et à la fin de l'exercice, ont été valorisés en fonction des coûts proportionnels de matières premières, de main-d'œuvre et de fabrication, à l'exclusion de tous autres éléments de coûts ;
— que les regroupements opérés aux lignes 2, 3, 4 et 5 du tableau d'exploitation correspondant rigoureusement à ceux pratiqués ci-dessus pour les calculs de coûts proportionnels consommés par catégorie d'articles ;
— que la rubrique 6 « Autres frais et charges » du tableau d'exploitation réunit la totalité des coûts devant être considérés comme indépendants de l'activité de l'entreprise.

Travail à faire :

En neutralisant pour votre commodité toutes les questions de fiscalité directe ou indirecte, il vous est demandé :

1 - de retrouver par le calcul le nombre des articles A, B et C fabriqués au cours de l'exercice (en cas d'impossibilité pour le candidat de trouver une solution à cette question, on adoptera les solutions : A = 100 000, B = 80 000, C = 90 000 pour la résolution de la question 2) ;

2 - de déterminer la contribution de chacun de ces articles à la formation du résultat global de l'entreprise (contribution = marge sur coût direct) ;

3 - de fixer le point mort en nombre d'articles, dans l'hypothèse où l'entreprise n'aurait fabriqué qu'un seul des articles A, B ou C.

On retire en outre des inventaires physiques de début et de fin d'exercice les précisions ci-dessous (nombre d'articles en stock) :

	Article A	Article B	Article C
Stock au 1er janvier 1990	2 000	3 000	5 000
Stock au 31 décembre 1990	4 000	4 000	3 000

Vous êtes appelé en consultation dans cette entreprise et vous demandez à un de vos collaborateurs de procéder à certains travaux préliminaires de façon à faciliter votre intervention.

Il vous livre le tableau d'exploitation suivant au 31 décembre 1990 :

Stock au 31 décembre 1990	*385 000*
Ventes	*15 534 000*
	15 919 000

Deuxième question

La direction de l'entreprise, étendant votre mission, vous demande de rechercher un programme de fabrication pour 1991 en partant des hypothèses suivantes :

— fabrication et vente d'un seul des produits A, B ou C, utilisant la capacité maximum de l'entreprise ;
— prix de 1991 égaux à ceux de 1990, qu'il s'agisse de prix de vente, de coûts proportionnels ou de charges de structure ;
— marché susceptible d'absorber tous les articles fabriqués par l'entreprise sans fléchissement des prix de vente ;
— existence d'un goulot d'étranglement au niveau de la main-d'œuvre directe de fabrication en raison de sa spécialisation. Par voie de conséquence, le budget de la main-d'œuvre directe de fabrication pour 1991 ne pourra dépasser F 5 140 000 ;
— absence de toute autre contrainte concernant l'approvisionnement ou la farication.

L'objectif qui vous est fixé par la Direction est de maximiser le résultat. Il vous est demandé en outre de chiffrer le profit le plus élevé que l'entreprise peut espérer réaliser.

Troisième question

La direction générale de l'entreprise vous demande également de vous placer dans une deuxième série d'hypothèses, pour l'aider à préparer son budget 1991 :

— abandon de la fabrication du produit C, qui amorce visiblement la phase descendante de sa courbe de vie ;
— le marché peut absorber, en 1991, sans difficulté et sans incidence sur les prix de vente, 300 000 articles A. La direction commerciale de l'entreprise vous demande toutefois de considérer ce chiffre comme un maximum ;
— sans effort publicitaire spécial, le service commercial se déclare prêt à vendre :
    150 000 articles B au prix unitaire de F 50,
    150 000 articles B au prix unitaire de F 48,
    100 000 articles B au prix unitaire de F 46,
  soit en tout 400 000 articles B ;
— aidé par une campagne publicitaire, dont le coût peut être évalué à F 1 000 000, le service commercial se déclare prêt à vendre les 400 000 articles B au prix unitaire de F 50 ;
— le service technique, questionné, répond qu'il est en mesure d'assurer la fabrication des 300 000 articles A ou de 400 000 articles B, sans augmentation des charges fixes et sans modifier les consommations de charges directes par article, telles qu'elles ont été calculées dans la question I ;
— il vous est demandé de faire abstraction, pour traiter cette question, du goulot d'étranglement fixé au niveau de la main-d'œuvre directe dans la question II.

L'objectif qui vous est fixé est double :

a) calculer les résultats prévisionnels de 1990 dans les hypothèses suivantes :

— *fabrication et vente de 300 000 articles A,*
— *fabrication et vente de 400 000 articles B, sans effort publicitaire,*
— *fabrication et vente de 400 000 articles B, avec l'aide d'une campagne publicitaire ;*

b) orienter le choix de la direction générale ; on admet que le produit B, en raison de son caractère de grande diffusion, est susceptible d'être écoulé en pratiquant une politique de marque.

DEUXIÈME PARTIE

La société TRINITE fabrique deux articles A et B qui passent tous deux successivement dans deux ateliers :

— *l'atelier I, où est réalisé l'usinage des articles A et B, dispose d'une capacité annuelle maximum de 300 000 heures.*
  Le temps nécessaire à l'usinage d'un article est de 45 minutes pour A et 30 minutes pour B ;

— l'atelier II, où s'effectue le montage des articles A et B, dispose d'une capacité annuelle maximum de 450 000 heures.
Le temps indispensable au montage d'un article est de 60 minutes pour A et de 50 minutes pour B.

On indique par ailleurs :

— que la marge sur coûts proportionnels de l'article A est de F 24 et celle de l'article B de F 18 ;
— que la demande peut être considérée comme illimitée pour chacun des deux produits A et B.

Il est demandé au candidat quelles quantités d'articles A et d'articles B cette entreprise doit produire annuellement pour que le profit soit maximum.

Exercice nº 10 : SA EM

Coût variable évolué
Imputation rationnelle
Durée : 2 h 30

La société anonyme EM fabrique 3 catégories de produits pour les industries alimentaires :

— des boîtes en fer blanc pour la conserverie,
— des capsules en tôle mince imprimée, destinées au bouchage des pots en verre,
— des machines à sertir livrées sur commande et destinées à la fermeture des boîtes et des pots.

La société EM, implantée à Paris, possède une usine à Clichy en banlieue et des bureaux dans le centre (Direction générale, comptabilité générale et ventes). L'étroitesse des locaux disponibles a d'ailleurs obligé la direction à installer une partie des services administratifs à Clichy. Monsieur Dupont, président-directeur général, détient la majorité des actions.

Depuis 1972, l'entreprise connaît une croissance régulière tant de son activité générale que de ses résultats. En 1980, Monsieur Dupont s'est préoccupé de mettre en application un système de calcul de prix de revient, tout en précisant qu'il n'était pas disposé à engager à ce sujet de grosses dépenses « en raison de la faible diversification de ses fabrications et de l'inutilité des calculs trop précis... » Au cours de cette même année, l'expert comptable de la société EM et le chef comptable ont mis au point un calcul simplifié de coûts directs, comportant essentiellement l'imputation des matières et de la main-d'œuvre directe. Les calculs effectués sur la base des résultats des exercices 1978 et 1979 ont montré qu'il était possible d'obtenir un bénéfice net de 20 % du chiffre d'affaires à un prix de vente égal au coût direct multiplié par un coefficient forfaitaire de 3,33 (les charges non imputables aux coûts représentant environ 50 % du chiffre d'affaires global). A partir de 1981, les calculs ont été effectués mensuellement, à partir des charges réelles et selon les principes énoncés ci-dessus. Monsieur Dupont s'est contenté de vérifier périodiquement l'exactitude du coefficient 3,33 du point de vue de la rentabilité, et a procédé à quelques ajustements des tarifs. A la fin de l'année 1989, il constate que, malgré une progression du chiffre d'affaires en 1988, les résultats se sont amoindris, et que, pour l'exercice en cours, les rapports du chef comptable font état d'une diminution encore plus sensible du bénéfice net. Par ailleurs, contrairement à son habitude, la clientèle fait preuve d'une certaine instabilité. Monsieur Dupont décide de procéder à un examen approfondi des charges et des coûts et choisit à cet effet le mois d'octobre 1989 qui apparaît comme une période d'activité normale pour l'entreprise. En particulier, il compare les résultats d'octobre 1989 à ceux d'octobre 1987, ce qui le conduit à analyser le comportement des charges (voir annexes).

L'usine de Clichy comprend deux grands ateliers dotés d'équipements à grand débit, l'un pour la fabrication des boîtes en fer blanc et l'autre pour la fabrication des capsules.

Elle comporte également un atelier de montage des sertisseuses dont l'activité est irrégulière. La main-d'œuvre de cet atelier, lorsqu'elle est disponible, est employée soit en renfort dans un des ateliers principaux, soit à l'entretien ou à l'outillage. L'usine abrite aussi une partie de la comptabilité, le service du personnel, les magasins et les services d'expéditions.

Travail à faire :

1 - Les résultats de l'exercice 1987 et ceux du mois d'octobre 1989, confirment-ils le bien-fondé du coefficient 3,33 ?

2 - Faites une étude critique de la méthode du direct-costing (coût variable évolué) appliquée à la société EM.

3 - En fonction de votre appréciation, procédez à une analyse détaillée de l'exploitation du mois d'octobre 1989. Comparez-la avec celle du mois d'octobre 1987.

Faites une étude critique du comportement des charges.

4 - Déterminez la marge nette sur capsules (mois d'octobre 1989) en tenant compte d'un amortissement normal.

5 - Rectifiez les résultats du mois d'octobre 1989 en pratiquant l'imputation rationnelle.

6 - Quel pourrait être le cadre général des décisions à prendre pour améliorer la situation et le système de calcul des coûts ?

Annexe I

A - Exploitation du mois d'octobre 1987 (en francs)

	Boîtes	*Capsules*	*Sertisseuses*	*Total*
Valorisation de la production du mois	*350 000*	*150 000*	*100 000*	*600 000*
Coûts directs (matières et main-d'œuvre directe)	*105 000*	*44 984*	*30 080*	*180 064*
Marge brute	*245 000*	*105 016*	*69 920*	*419 936*
Frais « usine »				*225 000*
				194 936
Frais « siège »				*75 000*
Résultat net				*119 936*

B - Exploitation du mois d'octobre 1989 (en francs)

	Boîtes	*Capsules*	*Sertisseuses*	*Total*
Valorisation de la production du mois	*262 236*	*366 885*	*52 475*	*681 596*
Coûts directs (matières et main-d'œuvre directe)	*78 710*	*110 100*	*21 000*	*209 810*
Marge brute	*183 526*	*256 785*	*31 475*	*471 786*
Frais « usine »				*341 419*
				130 367
Frais « siège »				*98 000*
Résultat net				*32 367*

Annexe II : *Compte « Résultat » de l'exercice 1987*

	Boîtes	*Capsules*	*Sertisseuses*	*Total*
Chiffre d'affaires	*3 850 000*	*1 650 000*	*1 100 000*	*6 600 000*
Coûts directs des produits vendus	*1 155 000*	*495 000*	*333 000*	*1 983 000*
Marge brute	*2 695 000*	*1 155 000*	*767 000*	*4 617 000*
Frais « usine »				*2 475 000*
				2 142 000
Frais « siège »				*825 000*
Résultat net				*1 317 000*

Annexe III : *Récapitulation des mouvements « matières » mensuels en valeur*

	Solde initial	Entrées	Sorties	Solde final
Octobre 1987 :				
fer blanc	3 050	75 720	68 570	10 200
soudure	1 540	2 100	3 430	210
tôle mince	3 400	26 700	23 400	6 700
compound (1)	4 800	8 000	11 600	1 200
pièces détachées	14 000	18 700	22 100	10 600
....	......	......	......	......
Octobre 1989 :				
fer blanc	11 205	50 263	53 120	8 348
soudure	212	15 600	2 630	13 182
tôle mince	6 290	59 000	61 500	3 790
compound (1)	11 275	30 000	29 700	11 575
pièces détachées	13 200	15 100	16 050	12 250

(1) fabrication des rondelles en caoutchouc.

Annexe IV : *Analyse des charges indirectes :*

A — RÉPARTITION DES CHARGES INDIRECTES VARIABLES PAR CENTRES DE FRAIS

Mois d'octobre 1987

Frais « usine »	*Atelier boîtes*	*Atelier capsules*	*Montage sertisseuses*	*Entretien et outillage*
Fournitures, matières consommables et frais d'impression	*5 000*	*20 000*	*10 000*	*27 000*
Energie	*2 000*	*10 000*	—	*1 000*
Main-d'œuvre	—	—	—	*45 000*
Entretien et outillage	*28 000*	*30 000*	*15 000*	*– 73 000*
Total	*35 000*	*60 000*	*25 000*	*0*

Mois d'octobre 1989

Frais « usine »	*Atelier boîtes*	*Atelier capsules*	*Montage sertisseuses*	*Entretien et outillage*
Fournitures, matières consommables et frais d'impression	*2 500*	*56 800*	*5 500*	*14 800*
Energie	*1 000*	*20 000*	—	*1 000*
Main-d'œuvre	—	—	—	*35 000*
Entretien et outillage	*1 800*	*44 000*	*5 000*	*– 50 800*
Total	*5 300*	*120 800*	*10 500*	*0*

Annexe V

B — RÉPARTITION DES AMORTISSEMENTS (abonnement mensuel sur onze mois)

	Octobre 1987	*Octobre 1989*
Matériel de l'Atelier « boîtes »	*10 000*	*10 500*
Matériel de l'Atelier « capsules »	*30 000*	*63 000 (1)*
Matériel de l'Atelier « montage sertisseuses »	*10 000*	*10 500*

(1) Dont une première dotation de 31 250 F calculée selon le système dégressif pour un nouvel équipement, acquis en janvier, mis en place fin février 1989 (répartition sur 9 mois), amorti sur 8 ans.

C — IDENTIFICATION DES FRAIS DE DISTRIBUTION VARIABLES

Frais de distribution (siège et usine) en pourcentage du chiffre d'affaires

	boîtes	*capsules*	*sertisseuses*
1987	*10 %*	*10 %*	*5 %*
1989 (2)	*20 %*	*20 %*	*20 %*

(2) Fin 1988, des mesures ont été prises pour améliorer l'emballage et les conditions de livraison à la clientèle.

D — AUTRES CHARGES

Les autres charges du siège et de l'usine n'ont pu faire l'objet d'aucune analyse particulière.

Annexe VI :

Analyse de l'activité

	Octobre 1987	*Octobre 1989*
Quantités vendues :		
— boîtes	*1 300 000 unités à 0,28 F*	*820 100 unités à 0,30 F*
— capsules	*1 000 milliers à 150 F*	*2 200 milliers à 155 F*
— sertisseuses	*120 000 F de devis*	*54 000 F de devis*

Analyse de l'activité (suite)

	Octobre 1987	Octobre 1989
Quantités fabriquées :		
— boîtes	1 250 000 unités	874 120 unités
— capsules	1 000 milliers	2 367 milliers
— sertisseuses	100 000 F de devis	52 475 F de devis
Activité des ateliers en heures de main-d'œuvre directe :		
— Atelier « boîtes »	550 h à 60 F = 33 000 F	328 h à 70 F = 22 960 F
— Atelier « capsules »	208 h à 48 F = 9 984 F	315 h à 60 F = 18 900 F
— Atelier « montage sertisseuses »	114 h à 70 F = 7 980 F	66 h à 75 F = 4 950 F
Activité normale des ateliers :		
— Atelier « boîtes »	550 h	550 h
— Atelier « capsules »	350 h	200 h
— Atelier « montage sertisseuses »	100 h	100 h

Exercice n° 11 : Société SAT

Coût réel — Imputation rationnelle
Durée : 3 heures

La SMT (Société Métallurgique de T.) est une société anonyme implantée dans l'Est de la France. Son originalité réside dans le fait que les deux actionnaires détenant plus de 99 % du capital sont ses deux principaux fournisseurs et ses deux seuls clients.

Elle emploie 592 personnes dont 495 dans deux ateliers :

- *l'atelier de calibrage qui effectue des opérations de calibrage de barres et de couronnes d'acier brut ;*
- *l'atelier de barres de torsion où sont réalisés des produits finis pour l'automobile à partir des barres précédemment calibrées.*

La SMT n'achète pas ses matières premières, elle n'a pas de service commercial et facture seulement la valeur qu'elle a ajoutée à la matière première fournie par ses deux actionnaires.

Jusqu'en 1978, cette société utilisait pour sa comptabilité analytique d'exploitation, la méthode des coûts réels. Pour l'année 1978, il a été décidé de pratiquer la méthode d'imputation rationnelle qui, compte tenu de l'importance des charges fixes dans l'entreprise, devait permettre une meilleure approche des coûts. Il ne s'agissait, en fait, que d'une transition avant la mise en place d'une gestion budgétaire dont étaient déjà dotées les deux sociétés actionnaires.

Pour la répartition de ses charges indirectes, la société a créé, depuis plusieurs années, cinq centres correspondant à un regroupement de ses services :

- *le centre administration qui comprend les services : direction, personnel, comptabilité, informatique et travaux neufs ;*
- *le centre entretien ;*
- *le centre méthodes et approvisionnement qui comporte les bureaux : méthodes, fabrication et contrôle auxquels a été joint le service d'approvisionnement dont la faible activité ne justifiait pas la création d'une section autonome ;*
- *les centres atelier de calibrage et atelier de barres de torsion ; les deux ateliers correspondant chacun à une entité dans l'entreprise.*

Pour le mois de janvier 1988, il a été décidé d'utiliser simultanément la méthode des coûts réels et la méthode d'imputation rationnelle des charges fixes.

Remarque *pour tout ce qui suivra :*

— *les sommes imputées dans les centres des divers tableaux de répartition seront arrondies au franc le plus proche ;*

— *les coûts des unités d'œuvre seront arrondies au centime le plus proche.*

Première partie. — *MÉTHODE DES COÛTS RÉELS*

Il a été relevé, au cours du mois de janvier 1988, les charges suivantes :

— *directes : main-d'œuvre rémunérée :*

— *atelier de calibrage : 55 100 heures pour 1 149 386 F ;*

— *atelier des barres de torsion : 23 200 heures pour 470 496 F.*

— *indirectes, suivant tableau de répartition ci-après :*

Éléments	*Total*	*Centres auxiliaires*			*Centres principaux*	
		Administration d'exploitation	*Entretien*	*Méthodes et approvi-sionnement*	*Calibrage*	*Barres de torsion*
Achats de matières consommables	322 301			322 301		
Charges de personnel	821 128	318 624	146 158	138 256	161 575	56 515
Impôts, taxes et versements assimilés	14 206	9 565	1 082	950	1 438	1 171
Services extérieurs	772 628	128 642	341 231	97 228	123 386	82 141
Autres services extérieurs	143 527	32 121	28 634	46 652	23 572	12 548
Autres charges de gestion courante	67 435	24 212	18 917	6 432	12 488	5 386
Charges financières	46 222	46 222				
Dotations aux amortissements	1 100 900	59 098	114 673	28 421	682 218	216 490
Totaux primaires	3 288 347	618 484	650 695	640 240	1 004 677	374 251
Administration					75 %	25 %
Entretien				10 %	75 %	15 %
Méthodes et approvisionnement			5 %		65 %	30 %
Totaux	3 288 347	0	0	0	....	....

Compte tenu des temps d'entretien, de mise en route et de réglage, on considère que le temps de marche représente :

— *0,7 du temps de main-d'œuvre directe rémunérée dans l'atelier de calibrage ;*

— *0,65 du temps de main-d'œuvre directe rémunérée dans l'atelier de barres de torsion.*

L'unité d'œuvre utilisée pour chaque atelier est l'heure de marche.

Travail à faire :

1 - Procéder à la répartition secondaire des charges indirectes.

2 - Calculer le nombre d'unités d'œuvre et le coût de l'unité d'œuvre de chaque atelier.

L'atelier de calibrage a produit au cours du mois de janvier 306 254 barres et 246 564 couronnes. Il est admis que l'ensemble des charges nécessaires au calibrage d'une couronne sont égales à une fois et demie celles du calibrage d'une barre.

3 - Calculer le coût du calibrage d'une barre et d'une couronne.

L'atelier de barres de torsion à produit 175 624 barres dont 1 366 ont été mises au rebut, elles seront reprises par les deux fournisseurs sans contre-partie.

4 - Calculer ce qu'a coûté à la SMT la production d'une barre de torsion utile.

Deuxième partie. — *MÉTHODE D'IMPUTATION RATIONNELLE*

Une analyse très poussée des charges indirectes du mois de janvier 1988 a permis d'obtenir, dès le mois suivant, la réparation ci-après :

— éléments variables : 100 % des Achats de matières consommables ;
40 % des Services extérieurs ;
70 % des Autres Services extérieurs ;
50 % des Autres charges de gestion courante.

— éléments fixes : le reste des charges indirectes.

Travail à faire :

1 - Procéder à la répartition primaire de ces charges indirectes en séparant, pour chaque centre, la partie fixe et la partie variable.

Les coefficients d'imputation rationnelle retenus pour le mois de janvier 1988 sont les suivants :

— centres auxiliaires :
- *— administration 1*
- *— entretien 0,9*
- *— méthodes et approvisionnement 1*

— centres principaux : les coefficients sont à calculer en sachant que l'activité considérée comme normale est de :
- *— 36 400 heures de marche pour l'atelier de calibrage ;*
- *— 16 250 heures de marche pour l'atelier de barres de torsion.*

Arrondir chacun de ces coefficients au centième le plus proche.

2 - Calculer par la méthode d'imputation rationnelle :

a) le coût de l'unité d'œuvre des sections de calibrage et de barres de torsion et l'écart global d'imputation rationnelle ;

b) le coût du calibrage d'une barre et d'une couronne ainsi que le coût de la fabrication d'une barre de torsion.

Achevé d'imprimer en juillet 1989
sur les presses de l'imprimerie Laballery
58500 Clamecy
Dépôt légal : juillet 1989
Numéro d'impression : 904021

Collection n° 52
Edition n° 01 — 58/5564/8